ÅSA NILSONNE

Der Psychologe

Buch

Die Beinverletzung, die sich Monika Pedersen bei den Ermittlungen in ihrem letzten Fall zugezogen hat, ist noch nicht ganz verheilt, und so nutzt die krank geschriebene Polizistin die Zeit, um zu lesen. Dabei stößt sie in dem Buch eines bekannten Stockholmer Psychologen auf eine Geschichte, die ihr auf unheimliche Weise bekannt vorkommt: Der dort beschriebene Fall einer schwangeren jungen Frau scheint das Schicksal ihrer eigenen Mutter zu erzählen, die aufgrund ihrer psychisch labilen Disposition ihr Kind zur Adoption freigegeben hatte und schon als junge Frau ums Leben gekommen war. Alle in dem Buch beschriebenen Details passen haargenau auf Monikas Mutter, bis auf die Tatsache, dass diese nicht, wie in dem Buch beschrieben, ermordet wurde, sondern bei einem Verkehrsunfall ums Leben kam. Monika war damals noch ein kleines Mädchen, aber jetzt sieht sie die Möglichkeit, endlich etwas mehr über das Schicksal ihrer Mutter zu erfahren. Ihre Ermittlungen in eigener Sache führen sie zunächst in die Praxis des Psychologen, der sich jedoch höchst verschlossen zeigt und jegliche Auskunft verweigert. Doch Monika lässt nicht locker. In der Stockholmer Anwaltskanzlei, in der ihre Mutter bis zu ihrem Tod gearbeitet hat, stößt sie schließlich auf entscheidende Hinweise. Je mehr Details Monika Pedersen in Erfahrung bringt, desto näher kommt sie dem tragischen Leben ihrer Mutter – und den wahren Umständen ihres Todes ...

Autorin

Åsa Nilsonne, sachkundige und »außerordentlich begabte Krimi-Autorin« *(Dagens Nyheter)*, legt mit »Der Psychologe« bereits ihren vierten Roman um die eigenwillige Polizistin Monika Pedersen vor. Für ihren dritten Roman »Rivalinnen« wurde sie in Schweden mit dem renommierten »Poloni-Preis« ausgezeichnet. Åsa Nilsonne lebt in Stockholm, ist verheiratet und hat drei Söhne. Sie arbeitet als Psychiaterin und Forscherin am Karolinska Institut.

Von Åsa Nilsonne außerdem lieferbar:

Im Verborgenen. Ein Monika-Pedersen-Roman (45441)
Dünner als Blut. Ein Monika-Pedersen-Roman (45440)
Rivalinnen. Ein Monika-Pedersen-Roman (45148)

Åsa Nilsonne
Der Psychologe

Roman

Aus dem Schwedischen von
Gabriele Haefs

GOLDMANN

Die Originalausgabe erschien 2003 unter dem Titel
»Bakom Ljuset«
bei Bokförlaget Forum, Stockholm.

Umwelthinweis:
Alle bedruckten Materialien dieses Taschenbuches
sind chlorfrei und umweltschonend.

1. Auflage
Deutsche Erstveröffentlichung November 2004
Copyright © der Originalausgabe 2003
by Åsa Nilsonne
Copyright © der deutschsprachigen Ausgabe 2004
by Wilhelm Goldmann Verlag, München,
in der Verlagsgruppe Random House GmbH
Published by agreement with Salomonsson Agency
Umschlaggestaltung: Design Team München
Satz: Buch-Werkstatt GmbH, Bad Aibling
Druck: GGP Media GmbH, Pößneck
Verlagsnummer: 45770
JE · Herstellung: Max Widmaier
Redaktion: Andrea Brandl
Made in Germany
ISBN 3-442-45770-X
www.goldmann-verlag.de

Für Hedvig, in memoriam

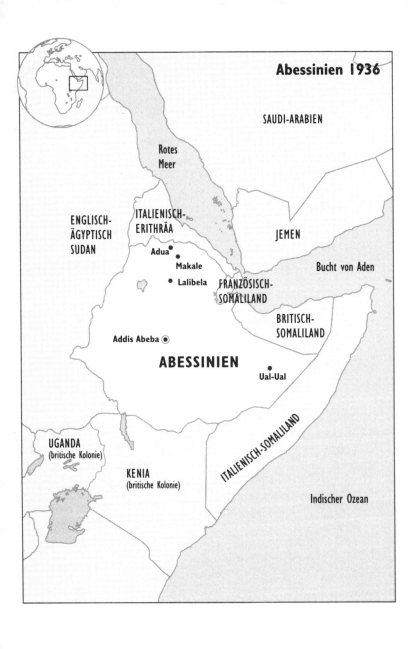

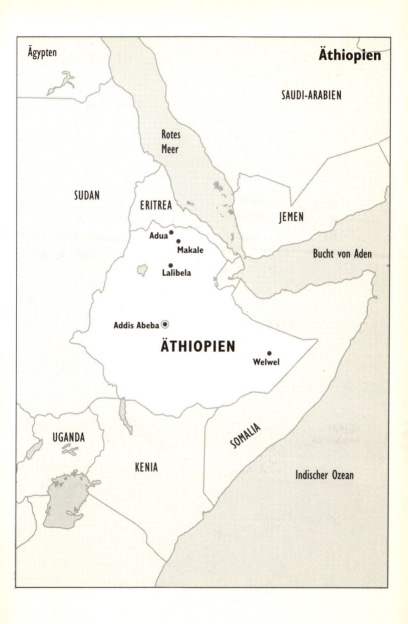

Prolog

Marie-Clothilde de Juniac fröstelte in der kühlen Kellerluft. Die schwarze Steinmauer neben ihrem dünnen Arm war klamm wie ausgekühlte Haut, und es fiel ihr schwer, sich zu konzentrieren.

Inzwischen war sie allein mit Schwester Miséricorde, die an dem kleinen Pult vorn im Raum Aufsätze korrigierte, was auch die nächste Dreiviertelstunde noch so bleiben würde. Marie-Clothilde bereute den nächtlichen Raubzug durch die Schulküche trotzdem nicht; es war die zwei Stunden Nachsitzen eindeutig wert gewesen.

Sie tunkte die Spitze des schweren Zirkels ins Tintenfass. Seit undenklichen Zeiten schrieben die Mädchen in der Klosterschule mit Tinte, und die Schwestern sahen keinen Grund, etwas daran zu ändern, nur weil man mittlerweile das Jahr 1959 schrieb. Marie-Clothilde drückte die Spitze durch das Papier, stellte sie so ein, dass die Linie exakt die richtige Breite hatte und zeichnete ihren Kreis.

Sie hörte vage, dass Schwester Miséricorde sich vom Pult erhob und ihren Stuhl zurückschob. Der Kreis war zur Hälfte fertig. Die Schwester sollte sehen, dass Marie-Clothilde fleißig arbeitete. Plötzlich stand die Schwester direkt neben ihr. Durch den groben Stoff der schwarzen Tracht spürte Marie-Clothilde ihren breiten Oberschenkel an ihrem nackten Oberarm. Sie zog ihn zurück, als sei sie selbst im Weg und nicht die Schwester ihr zu nah gekommen.

Aber Schwester Miséricorde legte Marie-Clothilde die Hand auf die Schulter, schob sie zurück und drückte sie an ihre weich geschwungene Hüfte. Die Nonne roch nach Küche, nach der Lavendelseife, die in der Schule benutzt wurde, nach Talg und alternder Haut. Sie hatte breite, platte Fingernägel.

Marie-Clothilde machte Anstalten, sich zu wehren, aber die Schwester war stärker und hielt sie fest. Ihre andere Hand befand sich plötzlich auf Marie-Clothildes Rücken und wanderte langsam nach oben.

Marie-Clothilde saß stocksteif da und wagte kaum zu atmen. Am Ende erreichte die Hand der Schwester Marie-Clothildes Nacken, wo die dicken weißen Finger vorsichtig die weichen Haare betasteten, sie zu einer kleinen Schlinge drehten und sie durch ihre Fingerspitzen gleiten ließen.

Die Schwester keuchte wie nach einem Dauerlauf, und ihre Stimme war nicht wiederzuerkennen, als sie sprach.

»Vor der Liebe braucht man sich nicht zu fürchten«, sagte sie so dicht neben ihr, dass Marie-Clothilde ihren warmen, feuchten Atem deutlicher spürte, als sie die Worte hörte.

Es war offenbar so weit.

Langsam setzte Marie-Clothilde sich gerade, drehte sich ein Stück und blickte Schwester Miséricorde in die Augen. Ihr fiel auf, dass in einem Augenwinkel ein wenig getrocknetes Augensekret klebte.

Marie-Clothilde hielt den Zirkel noch immer in der rechten Hand, während sie mit der linken nach ihrer Feder suchte. Sie klappte den Zirkel gerade und betastete die scharfe Spitze mit dem Zeigefinger. Der keuchende Atem der Schwester kam jetzt in regelmäßigen Stößen und legte sich auf ihren Hals und ihre Wange.

Es war eindeutig so weit.

Marie-Clothilde holte tief Luft, stemmte ihre Unterarme gegen die weiche Körpermitte der Schwester und stieß sich ab, was ihr den nötigen Raum verschaffte, um die Hände zwischen sich und die Nonne zu schieben. Der Zirkel funkelte wie ein Messer, als sie ihn vor dem Gesicht der Schwester hochhob. Mit der linken Hand legte sie die Feder quer davor, so dass ein Kreuz entstand.

»Arrière de moi, Satan«, sagte sie, ehe sie, mehrsprachig, wie sie war, hinzufügte: »Get thee behind me, Satan« und »Apage Satanas!«

Die Wirkung fiel genauso dramatisch aus, wie sie erhofft hatte. Schwester Miséricorde verstummte zuerst, dann erbleichte sie, wich mit weit aufgerissenen Augen zurück und stürzte stolpernd davon, als hätte sie den Teufel gesehen und nicht das Kreuz.

Um der Wirkung willen sandte Marie-Clothilde noch ein »vade retro, Satan« hinterher, obwohl die Schwester schon halb zur Tür hinaus war.

Marie-Clothilde seufzte, schüttelte ihren mageren Leib wie ein Hund, der sich vom Wasser befreit, und wandte sich wieder ihrem Kreis zu. Jetzt standen nur noch vierundvierzig Minuten Nachsitzen aus, die sie brav hinter sich zu bringen beabsichtigte.

Als sie am nächsten Tag ihren wöchentlichen Brief nach Hause schickte, fügte sie ein PS an:

»Merci maman pour tes conseils regardant les soeurs amoureuses, ils ont servi à merveille.«

(»Danke, Mama, für deine Ratschläge zu den amourösen Nonnen – sie haben wunderbar gewirkt.«)

I

Die Härchen auf Monika Pedersens Armen sträubten sich. Die Bewegung setzte in der Nähe der Armbeuge ein und pflanzte sich wie eine Welle oder eine Seuche bis zu den Händen fort.

Rasch ließ sie das Buch sinken und atmete tief durch. Der harte Einband schlug gegen ihr verletztes Bein, und sie verkrampfte sich in Erwartung eines Schmerzes, der jedoch überraschenderweise ausblieb. Das musste ein Zeichen des Fortschritts sein. Ihr Unfall lag jetzt fast drei Monate zurück, aber die Heilung war nur langsam vorangeschritten. Monika war noch immer krankgeschrieben und brauchte also nicht zum Dienst bei der Kriminalpolizei zu erscheinen.

Misstrauisch blickte sie auf die dicht beschriebenen Seiten, die mit einem Mal anonym und unpersönlich aussahen. Offenbar hatte sie das Gelesene missverstanden. Ein Buch, von dem sie nie in ihrem Leben gehört hatte, konnte wohl kaum von ihrer Mutter handeln. Vielleicht kam es häufiger vor, dass jemand auf Buchstellen stieß und sich darin wiederzuerkennen glaubte.

Um sich im Krankenhaus die Zeit zu vertreiben, hatte sie angefangen zu lesen und auch nach ihrer Entlassung damit weitergemacht. Nach den ersten fünf oder sechs Büchern hatte sie förmlich eine Art Hunger entwickelt.

Sie wollte die Welt durch anderer Menschen Augen sehen und näherte sich neuen Büchern jetzt mit großer Freude und Neugier.

In den vergangenen drei Monaten hatte sie mehr Bücher gelesen als während der gesamten fünfundzwanzig Jahre davor. Liebesromane, historische Romane, Fantasy und Science Fiction, Biografien, alles mit einer bedingungslosen Entdeckungslust. Das Einzige, was sie nicht anrührte, waren Kriminalromane – sie hatte mit mehr Morden zu tun gehabt, als sie sich erinnern konnte, und das Letzte, worüber sie lesen wollte, waren fiktive Ermittlungen, vor allem, da die Morde oft reichlich grotesk dargestellt wurden und die Arbeit der Polizei geradezu lächerlich unwahrscheinlich wirkte.

Das Buch, das jetzt auf ihren Knien lag, hatte lange warten müssen, bis es an die Reihe gekommen war – weder Einband noch Klappentext hatten sonderlich verlockend gewirkt. Aber die Krankenhausbibliothekarin hatte sie mit den fröhlichen Worten auf ihren wöchentlichen Bücherstapel gelegt: »Sie interessieren sich doch für Menschen, da wird Ihnen dieses Buch gefallen.«

Der Titel hatte alles andere als verheißungsvoll ausgesehen – *Meine Patienten – mein Leben*, dazu der Untertitel: »Vierzig Jahre psychoanalytische Erforschung der menschlichen Psyche«. Monika hatte sich das Buch nur geben lassen, weil sie hoffte, der Autor könne hilfreiche Hinweise geben, wie man einen stetigen Strom von Patienten, von menschlichem Elend überlebte. Vielleicht wussten Psychologen in dieser Hinsicht ja etwas, von dem die Polizei noch nicht gehört hatte.

Die Frage war nur, ob dieses Wissen noch immer relevant war. Sie war mit der brutalen Arbeitssituation, in der sie bisher gelebt hatte, doch fertig. Vielleicht war dies eine Erklärung dafür, dass sie das Buch noch nicht gelesen hatte, aber ein wenig neugierig war sie ja doch gewesen, deshalb hatte sie es nach ihrer Entlassung aus dem Krankenhaus mit nach Hause genommen. Dort war es dann wieder liegen geblieben, aber nun hatte sie es endlich hervorgeholt. Sie hatte es neben Teetasse und Morgenzeitung auf den Küchentisch gelegt, als Puffer zwischen sich und dem langen, planlosen Tag, der ihr bevorstand.

Der Umschlag war abgegriffen, doch innen hatte das Buch unberührt ausgesehen – vielleicht hatten es andere ausgeliehen und als Unterlage benutzt, es aber nicht gelesen? Aber das sollte sich jetzt ändern!

Sie hatte sich bequem hingesetzt, zu frühstücken angefangen und gelesen. Wie sie festgestellt hatte, bestand das Buch aus einer Sammlung von Fallstudien – Zusammenfassungen von Lebensschicksalen und Therapieverläufen. Das Lesen war ihr schwer gefallen, da die Sprache mit Fachbegriffen gespickt war und keinerlei stilistischen Ehrgeiz aufwies, und nach ein paar frustrierenden Minuten hatte Monika beschlossen, dem Buch nur noch eine Stunde Zeit zu gewähren. Wenn es nicht spannender wurde, konnte sie es immer noch beiseite legen.

Aber bei der zweiten Fallstudie hatten sich ihre Haare gesträubt.

Sie griff nach dem Buch und las weiter.

»Wer berühmt wird, entdeckt plötzlich, dass dieser Ruhm andere berühmte Menschen anzieht. Auch in meinem Fall war das so. Eine unserer prominenten Politikerinnen suchte mich auf, um ihrer Tochter zu helfen, und ich nahm mich wider besseres Wissen ihrer an, weil ich Hilfe bieten wollte, fast als patriotische Pflicht. Deshalb konnte ich die tragische Entwicklung einer ganz besonders schweren Charakterneurose über fünfzehn Jahre verfolgen, leider ohne sie wirklich beeinflussen zu können. Das Ganze gipfelte im Tod der Patientin, nicht durch Selbstmord, wie man doch meinen könnte, sondern durch Mord, was eine ungewöhnliche und reichlich erschütternde Art ist, eine Patientin zu verlieren, auch wenn dieser Mord in diesem Fall durchaus seine Logik hatte.«

Hier war Monikas Interesse ein wenig geweckt worden –

ein Mord könnte den spröden Text vielleicht zugänglicher machen, und es handelte sich immerhin nicht um Gewalttaten, die der Unterhaltung dienen sollten.

Mordermittlungen waren ihr selbstgewählter Lebensinhalt gewesen, ihre Art, sich für eine bessere Gesellschaft zu engagieren. Die ersten Jahre waren auch zufrieden stellend verlaufen, aber ihre Arbeitsfreude hatte immer mehr nachgelassen und war am Ende ganz verflogen.

In den vergangenen Monaten hatte sie versucht, nicht an ihre Arbeit zu denken, doch nun tauchte ein Mord in einem ganz unerwarteten Zusammenhang auf.

Das erinnerte sie daran, dass sie zum ersten Mal in ihrem Erwachsenenleben nicht wusste, was aus ihr werden sollte.

Sie las weiter.

»Es war eine hoch gewachsene, elegant gekleidete Frau, die meine Praxis aufsuchte. Sie war am Vortag aus New York eingetroffen und schien höchst energiegeladen zu sein, vielleicht lag das aber nur an ihrer professionellen Disziplin. Es war eine Frau, die keine der üblichen weiblichen Schwächen oder irgendeine Form von Empfindsamkeit an den Tag legte. Eine Erklärung dafür bekam ich viel später: Ihr Vater hatte sie wie den Sohn aufgezogen, den er sich gewünscht hatte. Sie hatte diesen kastrierten Zustand mit dem innigen Wunsch kompensiert, es in einer männlichen Sphäre weit zu bringen, was ihr auch gelungen war. Doch wie meist in diesen Fällen hatte das einen hohen Preis gefordert, der teilweise von ihrem einzigen Kind bezahlt werden musste, einer Tochter, die sie mit knapp dreiundvierzig Jahren zur Welt gebracht hatte. Und diese Tochter, die nun ihrerseits schwanger war, wurde meine Patientin.«

An dieser Stelle hatte Monika innegehalten. Monikas Großmutter war groß gewesen, hatte in New York gearbeitet und mit knapp dreiundvierzig Jahren ihr erstes und einziges Kind bekommen. Sie hatte spät geheiratet und nie ein Geheimnis daraus gemacht, dass die Geburt dieser Tochter ein unvorhergesehenes und in Wahrheit unerwünschtes Ereignis in ihrem Leben gewesen war.

Monika hatte sich gesagt, dass es nicht allzu selten passierte, dass beruflich erfolgreiche Frauen erst spät Kinder bekamen, und erfolgreiche Frauen durchaus häufig in New York arbeiteten. Die Ähnlichkeiten mit ihrer eigenen Familie hatten gewiss nichts zu bedeuten.

»Ich traf diese tief und bereits früh gestörte junge Frau, nennen wir sie Fräulein F., zu zwei Behandlungsrunden. Sie war zwanzig, als die erste Behandlung anfing, oder genauer gesagt, der erste *Behandlungsversuch*, denn es fehlte ihr an der Fähigkeit zu konstruktiver Introspektion und Objektkonstanz, die notwendig ist, um von einer analytischen Behandlung zu profitieren. Fräulein F. war zu diesem Zeitpunkt von zwei ausländischen Schulen verwiesen worden und hatte in der dritten, einer schwedischen, lediglich aufgrund des starken Drucks der Mutter bleiben dürfen. Sie war eine angespannte und unreife junge Frau, die unter offensichtlichen Problemen mit der Impulskontrolle und Grenzen litt, die ich nun in die analytische Arbeitsweise einführen sollte. Sie war unmotiviert und verbrachte viel Zeit mit unbegründeten Anklagen gegen ihre Mutter und andere Autoritätsgestalten. Ihr Vater – das war natürlich von größter Bedeutung – war zu diesem Zeitpunkt seit vierzehn Jahren tot.«

An dieser Stelle hatten sich Monikas Haare gesträubt.

Das konnte nun wirklich kein Zufall mehr sein. Monikas Großvater war gestorben, als ihre Mutter sechs Jahre alt gewesen war. Ihre Mutter war von einer Schweizer Klosterschule verwiesen worden, die von der Schule in New York, die sie nicht mehr haben wollte, empfohlen worden war. Am Ende war sie in einem schwedischen Internat gelandet, dessen Leitung es nicht gewagt oder nicht geschafft hatte, sie auch von dieser Schule zu werfen.

Die junge Frau, dieses anonyme Fräulein F., konnte eigentlich keine andere sein als Monikas Mutter.

»Disruptive influence«, hatte Monikas Mutter in den seltenen Momenten oft gesagt, wenn sie in Stimmung für einen Rückblick gewesen war. »In New York haben sie behauptet, ich sei ein *disruptive influence*, und damit hatten sie wohl Recht …« Ihr amerikanischer Akzent war übertrieben. Sie lachte über die Unfähigkeit der Schulleitung, mit einer Dreizehnjährigen fertig zu werden, machte sich lustig über die Vorstellung, wie eine Schülerin die anderen so negativ beeinflussen konnte, dass der Schule nichts anderes übrig blieb, als die Eltern zu bitten, sich eine andere Lehranstalt zu suchen.

Eine andere Lehranstalt in einem anderen Erdteil – eine Schweizer Klosterschule, deren jahrhundertelange Erfahrung mit Mädchen aller Art dafür bürgte, dass sie auch dem schwierigsten Fall gewachsen wären. Eine Schule mit klaren Regeln und wohltuender Disziplin. In dieser Schule hatte Monikas Mutter nicht einmal ein halbes Jahr verbracht.

Aber »Fräulein F.«? Das klang erfunden und anachronistisch.

Monika las aufmerksam weiter. Bestimmt würde sie bald weitere Details finden, die bewiesen, dass Fräulein F. eine ganz andere Frau gewesen war, die sie nicht kannte.

Sie verstand nicht, was sie las.

Aggressions- und Sexualpathologie. Identitätsdiffusion. Primitive Affektivität. Unbewusste und verdrängte infantile Sexualität. Primitive Aggressivität in der Sexualität. Distorsion – feuchtes und genitales Vokabular, das Monika unangenehm war. Es war noch peinlicher als die Gelegenheiten, wenn sie in das enge Badezimmer geplatzt war und ihre Mutter überrascht hatte, wie sie sich die Beine rasierte oder Haare aus einem Muttermal auf ihrer Wange zupfte.

Noch dazu war es unverständlich und hörte sich alles andere als normal an.

Monika las weiter.

»Ihr Leben endete – wenig überraschend – jäh und brutal, als sie im Alter von fünfunddreißig Jahren ermordet wurde, vermutlich von einem Mann, dessen Verteidigungsmaßnahmen nicht ausreichten, um den heftigen Hass zu bezwingen, der durch die ungelösten Überführungsbeziehungen entstand, die sich einstellten, als Fräulein F.s unintegrierte infantile Wut auf die Menschen in ihrer unmittelbaren Nähe projiziert wurde.«

Fräulein F. war mit fünfunddreißig Jahren gestorben, genau wie Monikas Mutter.

Das konnte kein Zufall mehr sein.

Aber Fräulein F. konnte unmöglich ihre Mutter sein. Ihre Mutter war nicht ermordet worden. Und bei einem Psychologen war sie auch nicht in Behandlung gewesen.

Oder vielleicht doch? Monika ging auf, wie wenig sie über sie wusste. Über ihre Mutter wurde so selten gesprochen, dass allein Monikas Existenz einen unwiderlegbaren Beweis dafür bot, dass sie überhaupt gelebt hatte.

Es war unbegreiflich. Von dem, was Monika verstand, stimmte alles, bis auf den Kontakt zu diesem Psychoanalytiker und auf den Mord. Danach stimmte gar nichts mehr.

Sie legte das Buch beiseite. Das hier brachte doch nichts.

Sie wurde wütend. Was bildete sich dieser Autor eigentlich ein? Wie konnte er auf diese Weise über eine Frau schreiben, die dadurch wiederzuerkennen war?

Olzén hieß er. Sören Olzén, Psychoanalytiker.

Sie griff wieder zu dem Buch und schlug das Erscheinungsjahr des Buches nach. 1992. Damals war ihre Mutter seit fünfzehn, ihre Großmutter seit zehn Jahren tot gewesen. Vielleicht hatte der Autor geglaubt, es spiele keine Rolle mehr, er könne über Leute, die durch ihren Tod ihre Menschenrechte eingebüßt hatten, sagen, was er wollte. Oder hatte er vielleicht zwei Patientinnen miteinander vermischt – hatte er die Geschichte von Monikas Mutter genommen und mit dem Tod einer anderen Patientin verbunden?

Diese Frage ließ ihr keine Ruhe. Monikas Gehirn, das sich in letzter Zeit so sehr mit fruchtlosen Überlegungen über ihre Zukunft und der Frage beschäftigt hatte, wieso alles so schief gegangen war, stürzte sich dankbar auf diese neue Problematik.

Sie räumte das Frühstücksgeschirr weg und versuchte sich auf diese Tätigkeit zu konzentrieren, was ihr jedoch nicht gelang. Ihre Gedanken kreisten unablässig um Olzéns seltsamen Text.

Eine Bewegung unten auf dem Hof erregte ihre Aufmerksamkeit. Eine junge Frau in einer verschlissenen Jacke stemmte sich mit einer Zigarette in der einen und einer Einkaufstüte in der anderen Hand gegen den Wind. Ihr folgte ein kleines Mädchen, dessen abgenutzter roter Overall an den Beinen Falten warf. Die Ärmel waren so lang, dass die Hände der Kleinen nicht zu sehen waren. Das Ganze wurde von einer schief sitzenden, flauschigen weißen Mütze gekrönt.

Die Winterstiefel der Kleinen waren klobig, so dass sie plötzlich stolperte und der Länge nach auf den Asphalt fiel, sich jedoch rasch wieder aufrappelte. Soweit Monika sehen konnte, schrie sie nicht, sondern rannte einfach so schnell weiter, wie sie in ihrer dicken Kleidung konnte, und versuchte, ihre Mutter einzuholen, die ihr Tempo nicht verlangsamt hatte. Monika spürte den starren Nylon und die Füße, die in den breiten Stiefeln herumrutschten, fast am eigenen Leib. Dann hatte die Kleine die Mutter erreicht und griff vorsichtig nach der Tüte. Die Mutter blickte nach unten, schien sie aufzufordern, loszulassen, und zog abermals an ihrer Zigarette. Sie hatte die schmalen Schultern hochgezogen, gegen die Kälte, gegen den Wind, gegen die Armut.

Beeindruckt von der Entschlossenheit der Kleinen, wählte Monika die Telefonnummer ihres Vaters. Sie musste in Erfahrung bringen, ob ihre Mutter Olzéns Patientin gewesen war.

Besetzt.

Während sie wartete, liefen ihre Gedanken abermals mit ihren Gefühlen um die Wette. Was sollte sie sagen?

»Hallo, wie geht's dir? Weißt du zufällig, ob Mama psychisch krank war und von einem Psychanalytiker behandelt wurde?«

Unmöglich.

»Hast du je von einem Psychologen namens Olzén gehört?«

Auch unmöglich.

Also fragte sie, ob sie kurz vorbeikommen könne – seine Wohnung war nur fünf Gehminuten von ihrer entfernt, in einem Haus, das nach demselben Plan gebaut war wie alle Häuser in der Gegend.

Er schien sich über ihr Kommen zu freuen, und das machte ihr ein schlechtes Gewissen. Es würde kein schmerzloser Besuch werden, daran bestand kein Zweifel.

Monika wusste, wie ihre Mutter ums Leben gekommen war. Sie war ein kleines Stück von ihrer Wohnung entfernt auf einem Zebrastreifen überfahren worden. Doch Monika hatte keiner Menschenseele jemals verraten, dass sie alles gesehen hatte.

Sie war auf dem Heimweg von einer Freundin gewesen, an einem späten, fast stockdunklen Novembernachmittag. Es hatte heftig geregnet, und der Regen war so kalt gewesen, dass er fast schon in Eisregen übergegangen war. Als Monika um die Ecke bog, sah sie eine Menschenmenge, die sich um ein kleines schwarzes Bündel unmittelbar neben dem Bürgersteig scharte. Auf der anderen Seite des Bündels waren buschige schwarze Haare zu sehen, bei denen es sich jedoch nicht um Haare handelte, sondern um einen Kragen aus Webpelz, einen Kragen, der Düfte ansammelte und an den Monika manchmal heimlich ihre Wange schmiegte. Die hintere, dem Gesicht zugewandte Seite, war von Creme beige verfärbt.

Was hatte dieser Kragen auf der Straße zu suchen? Wieso lag er im Rinnstein, im Schneematsch? Monika wurde von einer Stille erfasst, die sich immer dann über sie legte, wenn in ihrer Nähe eine Katastrophe drohte. In diesem Kragen, in diesem Mantel durfte ihre Mutter nicht stecken. Das reglose Bündel musste etwas sein, das jemand verloren hatte, irgendjemand, der einen ähnlichen Geschmack besaß, hatte auf dem Weg zur chemischen Reinigung etwas fallen lassen. Aber so war es nicht. Die Leute rannten umher, und ihre Körpersprache verriet, dass etwas passiert war, dass niemand etwas verloren hatte.

Monika stand stocksteif und unsichtbar da und weigerte sich, zu glauben, was sie sah. Es war drei Tage vor ihrem dreizehnten Geburtstag.

»Mama«, murmelte sie, aber vielleicht dachte sie es auch nur. Ihre Mutter reagierte nicht, wie so oft, nur dass es diesmal endgültig war.

Später, als der Krankenwagen fort war, war sie wie betäubt nach Hause gegangen, hatte die leere Wohnung betreten, in der es ebenfalls nach Rauch und Parfüm roch. Ihr Vater kam immer erst gegen halb sieben nach Hause, und sie hatte auf ihn gewartet, ohne ans Telefon zu gehen, das alle fünf Minuten läutete, ohne Licht zu machen, ohne zu denken.

Als ihr Vater nach Hause kam und sie im Dunkeln sitzen

sah, schaltete er die Lampen ein und nahm das Telefon ab. Sein Gesicht lag im Schatten, deshalb hatte Monika seine Miene nicht erkennen können, sondern hatte nur gesehen, wie er die Schultern anspannte, während sein Körper in sich zusammensackte. Das Gespräch war ziemlich wortkarg verlaufen.

»Ja, ich bin das ... woher? Ja, das ist meine Frau ... was? ... wann? ... sicher? Ich kann sofort kommen.«

Er hatte weiter ins Leere gesprochen, nachdem er aufgelegt hatte, obwohl er sich Monika zuwandte, die hinter ihm auf dem Sofa saß.

»Das war das Krankenhaus. Mama hatte einen Unfall, ich muss hin. Du wartest hier, oder, nein, geh nach unten zu Ahlgrens. Nein, warte, ich komme mit.«

Sie waren die beiden Treppen zu den Ahlgrens hinuntergegangen, deren Tochter in Monikas Klasse ging. Monikas Vater hatte mit Frau Ahlgren gesprochen, als wäre nichts Außergewöhnliches passiert. Es war ihr deutlich anzusehen gewesen, dass ihr Monikas Besuch ungelegen kam, aber niemand konnte schließlich ein Kind zurückweisen, dessen Mutter eben überfahren worden war.

Als er sie abholen gekommen war, hatte er sich verändert. Er war grauer geworden, kleiner und stummer.

Fahrerflucht, hieß es schließlich, als die Ermittlungen abgeschlossen waren. Ein Auto, das niemals identifiziert werden konnte, war aus der Dunkelheit aufgetaucht, hatte Monikas Mutter in hohem Tempo angefahren und war dann verschwunden. Niemand hatte es danach noch gesehen, und falls der Fahrer unter Drogen oder Alkohol gestanden hatte, dann hatte es ihn nicht daran gehindert, sich vom Unglücksort zu entfernen. Der Wagen hatte offenbar ähnlich ausgesehen wie ein Volvo, aber die Zeugenaussagen gingen auseinander, was das Fahrzeug und eventuelle Insassen anging.

Fest stand nur, dass Monikas Mutter sofort tot gewesen war. Die offizielle Todesursache war ein gebrochenes Genick, aber auch sonst wäre sie an ihrem eingedrückten Brustkorb gestorben oder verblutet. Als der Krankenwagen eintraf, lebte sie schon nicht mehr.

Sich an diesen Tag zu erinnern war, als sehe man sich ein altes Video von schlechter Qualität an – veraltet, schwarzweiß, körnig. Wieso aber sprach der Psychologe von Mord, wenn Babs und Fräulein F. ein und dieselbe waren? Meinte er, sie sei vorsätzlich überfahren worden? Die einfachste und wahrscheinlichste Erklärung war wohl, dass er die Todesursache nicht klar definiert hatte – für ihn bestand vielleicht kein Unterschied zwischen Mord, Totschlag und fahrlässiger Tötung. Andererseits sprach er von Menschen, die Fräulein F. gehasst hatten, und von einem Mann, der sie angeblich ermordet hatte.

Nein, der Analytiker hatte bestimmt eine ganz andere Frau behandelt, eine, die erschossen oder erwürgt oder erschlagen worden war. Es bestand vermutlich kein Grund, Monikas Mutter mit einem Mord oder mit verwirrenden sexuellen Problemen in Verbindung zu bringen. Aber Monika war sich darüber im Klaren, dass ihre Mutter schon lange versuchte, die Aufmerksamkeit ihrer Tochter zu wecken. Ihr letzter Fall – vermutlich im wahrsten Sinne des Wortes ihr letzter, der zu ihrer Beinverletzung geführt hatte – hatte ihre Gedanken auf das Thema Mütter und Töchter gelenkt.

Es war offenbar Zeit, sich mit den Erinnerungen auseinander zu setzen.

Ihre Mutter hatte ein seltsames Vakuum hinterlassen, einen Teil von Monikas Innerem, der ihr stets verschlossen geblieben war. Dieser Teil musste geöffnet werden.

Monikas Mutter. Barbara Ellen.

Monika hatte sie stets Babs genannt, und ihre Bekannten

hatten sie mit Babbie, Babsan, Babba, Babsie oder Babette angesprochen.

In einer der wenigen Anekdoten über ihre Großmutter, die Monika zu Ohren gekommen war, ging es darum, wie Barbara Ellen sich ihres Namens angenommen hatte.

»Ich war noch ziemlich jung. Sie nannte mich immer Ellen, aber ich fand diesen Namen so schrecklich. Sie sagte immer, sie habe mich nach Ellen Key so genannt.«

Babs war eine gute Imitatorin gewesen, und Monika, die ihre Großmutter nicht oft genug gesehen hatte, um sich ein eigenes Bild von ihr zu machen, hatte sich mit Hilfe von Babs' Vorstellungen eines zurechtgelegt.

Babs hatte sich kerzengerade hingestellt, die Lippen zu einer schmalen Linie zusammengepresst und mit leiser, klangvoller Stimme verkündet:

»Du heißt so nach Ellen Key, die dafür gesorgt hat, dass Frauen das Stimmrecht bekommen. Sie war eine starke Frau, die etwas erreichen wollte und ihr Leben dem Versuch widmete, dieser Geißel ein Ende zu machen, die der Krieg so viele Jahrtausende hindurch dargestellt hatte. Sie hatte eine Vision. Ist der Name dir plötzlich nicht gut genug? Du darfst dich nicht Babsie nennen.«

»Aber da«, fügte Babs an dieser Stelle stets hinzu, »da habe ich gesagt dass es überhaupt keine Rolle spielt, ob es ihr recht war oder nicht. Ich hätte nicht vor, noch weiter Ellen zu heißen.«

Sie hielt einen Moment inne.

»Barbara, nach der du ebenfalls heißt, war eine elegante Frau, die sich niemals anders genannt hat als mit ihrem vollständigen, richtigen Namen«, fuhr Babs mit ihrer Imitation fort.

»Darauf scheiß ich, denn ich kann schließlich nichts dafür, nach wem du mich genannt hast, meine Namen gehören jetzt mir, MIR!«

»Reg dich doch nicht auf, Ellen …«

»Ich heiße Babsie!«

»Du heißt Barbara Ellen!«

Und dann hatte Babs ihre Trumpfkarte ausgespielt.

»Ellen. Ellen Key. Spielt es denn keine Rolle, dass sie sich geirrt hatte? Nur, weil das Frauenstimmrecht eingeführt wurde, haben die Leute doch nicht aufgehört, Kriege zu führen! Die Alte war doch verrückt. Ihr seid allesamt verrückt. Und ich werde nicht mehr reagieren, wenn du mich Ellen nennst. Und da«, endete Babs mit einem zufriedenen Lächeln, denn von diesem Triumph hatte sie ihr ganzes Erwachsenenleben hindurch gezehrt, »konnte sie einfach nichts mehr sagen oder tun.«

Monikas Großmutter hatte ihre Tochter weiterhin Ellen genannt. Babs hatte sich konsequent geweigert, darauf zu reagieren, was zu allerlei Verwicklungen, Missverständnissen und zurückgesandten Briefen geführt hatte. Keine der beiden hatte jemals nachgegeben.

Dann war Babs ums Leben gekommen, und einige Jahre später war ihre Mutter in ihrer Wohnung in New York im Schlaf gestorben.

Monika konnte sich nicht an ein wirkliches Gefühl von Verlust erinnern, stattdessen hatte sie sich vor allem leer und stumm gefühlt. Sie hatte es vermieden, an Babs oder an ihre Großmutter zu denken.

Doch nun war Babs in Monikas Gedanken zurückgekehrt – ein reichlich unverständlich geschriebener Text in einem Buch, das Monika unter anderen Umständen niemals gelesen hätte, hatte das Tor aufgestoßen. Der Zeitpunkt kam ihr nicht gerade gelegen, aber in solchen Fällen hatte man wohl keine Wahl.

Sie wollte fragen, was Niels über Olzén wusste, ihre stumme Vereinbarung brechen, nicht über Babs zu sprechen. Sie zog ihren Mantel an und dachte an das kleine Mädchen in dem großen Overall.

Was die konnte, konnte Monika ja wohl auch.

2

Vaterlos war Monikas nicht einmal in ihrer Fantasie jemals gewesen, da ihr Vater sich an ihr schon rein äußerlich viel zu deutlich zeigte. Sie besaß die gleichen dünnen, hellblonden Haare, die gleiche Augenfarbe, irgendwo zwischen Grau, Grün und Blau, und die gleiche runde, ein wenig flächige Gesichtsform. Von Babs' schmalem Gesicht und ihren braunen Haaren war bei Monika nicht einmal ein Hauch zu erkennen. Auch der gedrungene Körperbau verband Niels und Monika, während Babs lange Arme und Beine und schmale Füße und Finger gehabt hatte.

Jetzt öffnete er die Tür und trat einen Schritt zurück, um sie eintreten zu lassen. Er lächelte, sein gewohntes Lächeln und sagte mit gewohnter Stimme »Willkommen.«

Monika ließ sich wie immer auf dem Sofa nieder und fragte sich, wo sie anfangen sollte.

Am Ende zog sie einfach das Buch aus der Tasche und legte es auf den Couchtisch.

»Ich habe gerade eine Fallstudie in diesem Buch gelesen, die so gut auf Babs passt, dass sie es eigentlich sein muss.«

Niels' Blick streifte das Buch, dann hob er den Kopf und schaute aus dem Fenster, wo es jedoch offenbar nichts Besonderes zu sehen gab.

»Papa?«

Am Ende blickte er sie mit ausdrucksloser Miene an.

»Darüber will ich nicht sprechen«, sagte er tonlos.

»Du brauchst nur eine einzige Frage zu beantworten. War Babs bei diesem Mann in Behandlung?«

Ihr Vater schwieg eine Weile.

»Hör auf damit, das habe ich doch schon gesagt. Woher hast du dieses Buch überhaupt?«

»Aus der Krankenhausbücherei.«

Er schaute jetzt wieder aus dem Fenster, und sie stellte mit einem unbehaglichen Schauder fest, dass die Existenz des Buches keinerlei Überraschung für ihn darstellte.

»Du hast davon gewusst, ja? Du hast gewusst, dass Olzén über Babs geschrieben hat, aber du hast kein Wort gesagt.«

»Ich sage, dass du damit aufhören sollst. Sie ist jetzt seit zweiundzwanzig Jahren tot, und es bringt nichts, in den alten Geschichten herumzuwühlen.«

»Dann weißt du also auch von seiner Behauptung, dass sie ermordet worden ist.«

»Ich will nicht darüber reden. Ich meine es ernst.«

»Spielt es keine Rolle, was ich will? Ich will wissen, ob Fräulein F. in dem Buch Babs ist.«

Doch die Worte schienen von Niels' gekrümmtem Rücken abzuprallen. Er hatte sich mühsam aufgerichtet und war in die Diele gegangen, wo er seinen Mantel anzog, um das Haus zu verlassen, fort von diesem Gespräch, mit dem er nicht umgehen konnte. Sie wusste, dass es einige Stunden dauern würde, bis er zurückkehrte, durchnässt und halb erfroren. Sie wusste auch, dass er durch die Tür kommen würde, als sei nichts geschehen, er würde wie immer »Hallo« rufen, und wenn Monikas Fragen noch immer unbeantwortet waren, wenn sie noch immer wütend oder empört war, würde er sie gequält und beleidigt ansehen: Alles sollte wieder gut sein. Alles sollte sein wie immer.

So war es immer gewesen.

Die Tür fiel hinter ihm ins Schloss.

Monika schlug mit der Faust auf die Armlehne des Sofas – verdammt, warum hatte sie in all diesen Jahren keine Gegenstrategie entwickelt? Wieso konnte er sie mit so einfachen Mitteln manipulieren? So dass eine Frage, der er den Rücken kehrte, einfach zu Boden fiel und starb?

Aber diesmal sollte das nicht passieren.

Sie schaute sich in der Wohnung um.

Niels hatte das Kapitel Babs in der Tat endgültig abgeschlossen. Es gab nirgendwo ein Foto von ihr, weder Aschenbecher noch Stofftiere. Früher hatte die Sofaecke, wo Monika jetzt saß, ein wuscheliger großer Eisbär in Beschlag genommen, während in der Küche ein hübsches Stoffhuhn Staub gesammelt hatte. Babs hatte ihr Bett mit so vielen Schmusetieren geteilt, dass gar nicht alle Platz gehabt hatten und wie Opfer einer schrecklichen Katastrophe in den seltsamsten Stellungen und mit blinden Augen auf dem Boden herumlagen. Babs nahm oft ein Schmusetier auf den Schoß oder in den Arm und liebkoste es in einer Weise, wie sie Monika oder Niels niemals liebkost hatte.

Der Eisbär, das Huhn, der Muminvater, sie alle waren verschwunden gewesen, als Monika eines Tages aus der Schule gekommen war. Ins Kinderheim in der Sowjetunion, hatte Niels gemurmelt, für Kinder, die sie brauchen. Für Monika, die oft heimlich an den Tieren geschnuppert hatte, da Babs' Duft noch in ihrem Fell hing, waren die Tiere eine viel deutlichere Erinnerung gewesen als Fotos, aber sie hatte nicht dagegen protestiert, da es ohnedies zu spät war.

Die Bilder von Babs hatten einst das Regal über dem Herd gefüllt und die Kühlschranktür bedeckt. Egoistisch, hatte Niels geklagt, aber Monika wusste noch, wie Babs sie bisweilen angestarrt hatte, als könnten die Bilder ihr verraten, wer sie war. Sie hatte sich mit einem breiten, aber unpersönlichen Lächeln gesehen, mit ihrem schlanken Körper in vorteilhaften Positionen, rein äußerlich eine junge

Frau, die in ihrem Inneren dorthin zu gehören schien, wo sie sich gerade aufhielt.

Am liebsten hatte sie Bilder gemocht, auf denen sie Ähnlichkeit mit Frauen in der Werbung gehabt hatte und ihr eigenes Aussehen nicht so deutlich hervorgetreten war.

Ein Foto, das jahrelang den Kühlschrank geschmückt hatte, war von einem jungen Fotografen mit großem künstlerischem Ehrgeiz aufgenommen worden. Monika, die damals sieben oder acht gewesen war, hatte in der nackten Frau, die vor weißem Hintergrund saß, die Arme um die Knie geschlungen, die Haare vor dem Gesicht, ihre Mutter nicht wiedererkannt.

»Wer ist das denn?«, hatte sie gefragt, verblüfft von der Größe des Bildes, der glänzenden Oberfläche und den harten Kontrasten.

Babs hatte stumm und müde am Küchentisch gesessen; die Luft war vom Zigarettenrauch schon vernebelt gewesen.

Sie war zusammengezuckt und hatte Monika aus rot unterlaufenen Augen angestarrt.

»Was soll das heißen? Erkennst du deine eigene Mutter nicht?«

Eilig war sie gefährlich dicht an Monika herangetreten.

»Glaubst du, ich könnte nicht gut aussehen? Glaubst du, niemand sieht meine Möglichkeiten?«

»Reg dich ab!«, hatte Niels sich eingeschaltet.

Diese Mahnung zeigte niemals irgendeine Wirkung, trotzdem brachte er sie immer wieder an, da er zu glauben schien, Babs werde seinem Rat eines Tages doch noch folgen, sich abregen, wie andere sein.

»Kommandier mich hier ja nicht herum, verdammt noch mal! Reg dich doch selber ab. Reg dich ab, bis du tot bist. Und unbeschreiblich öde. Und …«, doch dann hatte ihre

Stimme versagt, und sie war in Tränen ausgebrochen. »Ich weiß nicht, warum ich überhaupt versuche ...«

Monika hatte sich inzwischen Cornflakes geholt, Milch darauf gegossen und angefangen zu essen, obwohl sich ihr Magen zusammenkrampfte, denn sonst würde Niels sie zurechtweisen. Zu einem normalen Leben gehörte schließlich ein Frühstück, und Monika hätte so gern ein normales Leben geführt.

Babs hatte immer heftiger geweint, das machte sie immer so.

»Was tue ich überhaupt hier? Niemand kümmert sich um mich. Ihr habt ja keine Ahnung, wie einsam ich bin ...«

Und dann hatte Babs sich aufs Sofa zu ihrem Eisbären zurückgezogen, während Niels und Monika schweigend gefrühstückt hatten. Außer Babs' Schniefen war es totenstill gewesen.

Inzwischen waren die Fotos lange verschwunden, aber Monika sah sie immer noch vor sich; sie wusste genau, wo sie gestanden und wie sie ausgesehen hatten. Ein einziges Bild von damals war noch da – das der kleinen Bethlehem, die wie immer auf dem Sims über dem Herd stand.

»Bethlehem«, hatte Monika eingewandt, als ihre Mutter das kleine Foto in einem billigen neuen und etwas zu großen Rahmen aufgestellt hatte. »Bethlehem ist doch eine Stadt, oder? So kann sie doch nicht heißen.«

Babs hatte den Text auf der Rückseite des Bildes noch einmal gelesen, kurz gezögert und noch einmal gelesen.

»Doch. In Äthiopien kann man offenbar Bethlehem heißen, hier steht jedenfalls Name und nicht Geburtsort. Sie wissen wohl nicht, wo sie geboren worden ist, sondern schreiben nur, ›in der Nähe von Mekele‹.«

Monika hatte Bethlehem lange betrachtet. Bethlehem trug ein schmutziges kariertes und zu weites Kleid, ihre Füße waren nackt und staubig, und um ihren Hals hing ein

Amulett oder Anhänger an einem Lederriemen. Was vor allem überraschte, war ihr Lächeln. Es hätte zu einem kleinen Mädchen gepasst, das bei einem lustigen Spiel zusah oder es gerade auf dem Fahrrad bis zum Tor geschafft hatte, ohne umzukippen oder mit den Füßen den Boden zu berühren.

Dank Monika und ihren Eltern konnte sie jetzt in einem Heim wohnen, wo sie etwas zu essen und Kleider bekam und zur Schule ging.

Aber Bethlehem!

Man konnte doch keine Schwester haben, die Bethlehem hieß, so wenig wie eine Schwester Göteborg oder Helsingfors heißen konnte. Bettie, das war ein passender Name für eine Schwester. Bettie sollte sie heißen, wenn Monika an das kleine Mädchen mit dem strahlenden Lächeln dachte, an das Mädchen, das glücklicher und munterer lächelte, als Monika auf irgendeinem Foto, das sie in demselben Alter zeigte.

Und Bethlehems Foto war noch da gewesen, als alle Bilder von Babs verschwunden waren. Monika hatte nicht mitbekommen, wie Niels sie entfernt hatte, wie sein Gesicht ausgesehen hatte, als er die Bilder von der Wand genommen, die Klebestreifen abgepult und den Klebstoff weggekratzt hatte. Sie wusste nicht einmal, ob er die Fotos weggeworfen oder nur verpackt und irgendwo verstaut hatte. Sie fragte sich, ob er getrauert hatte. War er wütend gewesen, oder hatte er sich vielleicht geschämt?

Hier in der Wohnung war jedenfalls keine Spur von Babs mehr. Und wenn Niels nicht über sie sprechen wollte, gab es kaum jemanden, der Monika sonst helfen konnte. Babs hatte keine Geschwister gehabt, und ihre Eltern waren schon seit vielen Jahren tot.

Monika ging zurück zum Bücherregal. Dort hatte Niels nicht so sorgfältig Ordnung geschaffen wie in der übrigen

Wohnung. Die Bücher der Großmutter standen immer noch da. Ihre dreibändige Autobiografie. Monika hatte sie nie gelesen – teils, weil sie sich an Babs' Reaktion auf den dritten Band erinnerte. Monika zog ihn hervor – ja, er war noch immer verzogen, und die eine Ecke war geknickt, weil Babs das Buch an die Wand geworfen hatte, als sie festgestellt hatte, dass sie nicht darin vorkam. Wer es nicht besser wusste, hätte durchaus glauben können, Babs habe niemals existiert, sei niemals geboren worden. Der trockene Kommentar von Monikas Großmutter, das Buch handele von dem, was in ihrem Leben wichtig war, nämlich von dem, was sie geleistet hatte, war ebenfalls alles andere als hilfreich gewesen. Auf dem Vorsatzblatt stand mit schwarzer Tinte und kleiner Handschrift:

»Für meine liebe Ellen von Mutter.«

Die Lektüre dieser Bücher wäre Babs gegenüber unsolidarisch gewesen, außerdem waren sie schwer verständlich und langweilig, zumindest hatte Monika es als Zwölfjährige so empfunden.

Aber vielleicht halfen sie ihr weiter, schließlich hatte die Großmutter Babs ihr Leben lang gekannt.

Als Monika das Buch in der Hand hielt, musste sie wieder an die Beerdigung der Großmutter denken. Damals sie war siebzehn gewesen, und sie und Niels hatten als die einzigen Verwandten daran teilgenommen. Aber es war eine große Trauerfeier gewesen. Was der Großmutter an Verwandtschaft gefehlt hatte, hatte sie durch ihre beruflichen Kontakte wettgemacht. Es hatte viele prachtvolle Kränze gegeben – von der UNO, vom Außenministerium (ein Kranz in den schwedischen Landesfarben), von Organisationen und Verbänden jeglicher Art.

Die Frau, über die der Pastor sprach und die so vielen Menschen offenbar so viel bedeutet hatte, hatte kaum Ähnlichkeit mit Monikas vagen Erinnerungen an ihre Großmutter besessen. Die Großmutter war groß, sehnig und ungeduldig gewesen, und bei den seltenen Gelegenheiten, wenn sie einander begegnet waren, hatte Babs sich stets seltsam angespannt und schnippisch gezeigt. Monika war so gut wie nie allein mit ihrer Großmutter gewesen, erinnerte sich aber noch genau daran, dass sie ständig hatte wählen müssen – zwischen Puppen, die sie nicht haben wollte, zwischen Kuchen, von denen sie wusste, dass sie sie niemals aufessen würde. Sie erinnerte sich an die Gereiztheit ihrer Großmutter und an ihre eigene Unzulänglichkeit: nicht einmal eine so einfache Wahl konnte das Kind treffen. Es waren alte, undeutliche Erinnerungen, die das Gedächtnis zu einer Stimmung, zu einer Reihe verblasster Empfindungenreduzierte.

Aus einem Impuls heraus nahm Monika alle drei Bücher mit, als sie ging. Das erste hieß »Anlauf« und behandelte die Jugend der Großmutter in Sundsvall, der zweite Band mit dem undurchsichtigen Titel »Der Einsturz des Weltengebäudes« schilderte die Jahre vor dem Zweiten Weltkrieg, und das letzte hieß »Die Jahre bei den Vereinten Nationen«. Der Umschlag des ersten Bandes zeigte Schwarzweißbilder der Großmutter als weißblonder Backfisch, den Blick in die Ferne gerichtet. Der zweite bestand aus einer Collage – die Großmutter, Mussolini und ein geschmeidiger, braunhäutiger Mann mit würdevoller Haltung und festem Blick. Der dritte Umschlag war so nichtssagend wie der Titel. Vor dem UNO-Gebäude war die Großmutter an einem Rednerpult zu sehen.

Auf dem Heimweg schmiedete Monika Pläne. Sie wollte wissen, ob Fräulein F. Babs war – und wenn Niels nicht mit ihr reden wollte, musste sie eben Olzén fragen.

Sie hoffte nur, dass er noch lebte. Und dass die gesuchten Informationen noch in der kollektiven Datenbank namens Menschenhirn zu finden waren.

Zum ersten Mal seit langer Zeit kam sie gern nach Hause.

Sie hatte eine Aufgabe, ein Ziel, und die freie Zeit, die vor ihr lag, hatte plötzlich einen Sinn, statt ein Problem darzustellen.

Wie immer fing sie mit dem einfachsten Teil der Aufgabe an. In diesem Fall griff sie zum Telefonbuch. Als sie die Hand danach ausstreckte, schien etwas mit dem Zimmer zu geschehen: das Licht war mit einem Mal schärfer, und es wurde kälter. Ihr Körper verriet Monika, dass jetzt der Arbeitsgang eingeschaltet war, ob sie wollte oder nicht. Offenbar glaubte ihr Körper, dass sie mit einer neuen Ermittlung begann. Monika staunte, dass ihr Körper sie so verraten konnte.

Sie wusste, dass dies keine normale Ermittlung war, was auch immer ihr Körper glauben wollte, sie wusste es, obwohl sie von einem höchst vagen Verdacht ausging und die Wahrscheinlichkeit, mehr als zwanzig Jahre zurückliegende Sachverhalte aufklären zu können, gering war. Gleichzeitig fragte sie sich, ob es ein formaler Fehler war, sich in ihrer eigenen Branche sozusagen freiberuflich zu betätigen. War sie überhaupt befugt, eine inoffizielle kleine Mordermittlung in eigener Sache zu starten?

Sie unterbrach sich bei diesem Gedanken. Das hier war keine Mordermittlung, sondern sie war einfach eine Tochter, die wissen wollte, was mit ihrer Mutter passiert war. Daran konnte ja wohl niemand Anstoß nehmen.

Und, Fehler hin oder her, der Startschuss war gefallen.

Sie blätterte im Telefonbuch.

Olzén, das konnte kein gängiger Name sein, sondern eine Variante, die Namen wie Olsson und Nilsson und Andersson in individuellere, historisch gesehen jedoch belanglose Nachnamen verwandelte.

Einen Sören Olzén gab es nicht. So leicht sollte es also nicht sein.

Der nächste Schritt war die Auskunft – er konnte immerhin nach Sigtuna oder Vadstena oder an einen anderen ruhigen Ort gezogen sein, wo alte Leute gern ihren Lebensabend zubrachten.

Aber das hatte er offenbar nicht getan, denn er hatte eine Geheimnummer, was annehmen ließ, dass er noch lebte und nach wie vor in Stockholm wohnte.

Also musste sie ihr Glück beim Berufsverband versuchen, den sie im Telefonbuch fand: die Psychoanalytische Vereinigung.

Eine freundliche Frauenstimme meldete sich, und Monika schilderte ihr Anliegen.

»Soll das heißen, Sie wissen nicht, ob Ihre Mutter bei Herrn Olzén in Behandlung war?«

»Ja. Aber als ich sein Buch gelesen habe, kam mir der Verdacht, das meine Mutter Patientin bei ihm war.«

»Was ist danach aus ihr geworden?«

»Nichts Gutes. Sie ist gestorben. Und in seinem Buch behauptet er, dass sie, wenn sie es denn tatsächlich war, ermordet worden ist.«

»Und Sie wissen auch nicht, ob Ihre Mutter ermordet worden ist?«

»Nein, deshalb würde ich ja gern Kontakt zu ihm aufnehmen.«

»Und wie alt waren Sie, als das passiert ist?«

»Zwölf.«

Das Gespräch wurde langsam zum Verhör.

»Über das alles möchte ich mit ihm selbst sprechen. Ich wollte Sie wirklich nur um seine Telefonnummer bitten«, sagte Monika.

»Seine Geheimnummer?«

»Ja.«

»Dann haben Sie wohl nicht verstanden, warum er eine Geheimnummer hat. Bei unserer Arbeit stoßen wir auf so viele Probleme, auf so vieles, das starke Gefühle weckt.

Nicht alle können uns als Fachleute und Privatpersonen auseinander halten. Ich gebe Ihnen den Rat, falls Sie nicht damit fertigwerden, dass Ihre Mutter Sie in einem so verletzlichen Alter im Stich gelassen hat, und ich kann wirklich verstehen, dass so etwas möglich ist, jedenfalls lautet mein Rat, suchen Sie sich einen eigenen Therapeuten, mit dem Sie über das alles reden können.«

»Ich will aber keine Therapie machen. Ich werde doch das Recht haben zu erfahren, ob meine Mutter bei diesem Olzén in Behandlung war.«

»Wenn sie bei ihm in Therapie oder Analyse war und zu Hause nichts davon erwähnt hat, dann hatte sie sicher ihre Gründe. Er musste ihren Wunsch respektieren und auf ihrer Seite stehen, auch wenn sie jetzt tot ist, und auch wenn er aller Wahrscheinlichkeit zum Trotz über sie geschrieben haben sollte.«

»Das ist doch lächerlich. Sie können doch nicht wissen, wie groß die Wahrscheinlichkeit ist, und es kann wohl nichts schaden, wenn ich mit Olzén spreche.«

»Ich glaube, wir kommen hier nicht weiter. Sie können einen Brief schreiben und an uns schicken. Wir leiten ihn gern an ihn weiter. Dann kann er selbst entscheiden, ob er mit Ihnen sprechen will. Aber eigentlich können Sie sich die Mühe sparen – er wird nicht mit Ihnen reden wollen, aus berufsethischen Gründen.«

Monika spürte, wie die Wut in ihr hochstieg, was im Vergleich zu der Gleichgültigkeit der vergangenen Monate immerhin ein Fortschritt war.

Und es machte ihr Mut. Sie hatte Widerstand immer schon zu schätzen gewusst und würde nicht lockerlassen, bis sie Olzéns Nummer hatte.

Wer nicht durch die Tür ins Haus gelangt, muss eben das Fenster nehmen. Sie rief den Verlag an, der Olzéns Buch veröffentlicht hatte.

Sie überlegte, was sie sagen sollte. Die Wahrheit, dass sie eine Tochter war, die ihre Mutter suchte, schien als Strategie nicht zu funktionieren, jedenfalls hatte sie bei der Analytiker-Vereinigung keine Wirkung gezeigt. Monika entschied sich daher für eine andere Methode.

In ihrer Eile hätte sie sich der Verlagsangestellten beinahe als Kriminalkommissarin vorgestellt, ehe sie in letzter Sekunde auf Journalistin umschwenkte. Sie arbeitete angeblich an einer Reportage über Psychoanalyse und wollte deshalb gern mit Sören Olzén sprechen. Die Lüge kam ihr überraschend leicht über die Lippen, und als Belohnung erhielt sie ohne weitere Fragen seine Adresse und seine Telefonnummer.

Wenige Minuten später brachte sie mit derselben Leichtigkeit noch einmal die gleiche Lüge vor. Seine dünne Greisenstimme hatte der Journalistin, die ihn interviewen wollte, nichts entgegenzusetzen. Sie sei jederzeit willkommen, jedenfalls ab dem nächsten Tag, da er sich erst vorbereiten müsse.

Monika bemerkte, dass sich nicht nur das Zimmer verändert hatte – plötzlich hatten die Zeiger ihrer Uhr einen großen Sprung nach vorn gemacht. Die Minuten, die nach dem Unfall so lang gewesen waren, waren nun kürzer, strömten vorüber und waren unwiederbringlich verschwunden.

Sie bemerkte auch, dass sie Angst hatte.

Unmittelbar nach Babs' Tod war sie in Monikas Träumen und Erinnerungen ebenso unkontrolliert aufgetaucht wie früher in ihrem Leben. Im Traum stand Babs zumeist in der Tür zu Monikas kleinem Zimmer. Es war spät, und im Schein der Dielenlampe konnte Monika nur eine dünne, dunkle Frauengestalt sehen, die sich schwankend gegen den Türrahmen lehnte und hungrig an ihrer Zigarette zog.

Angst und Sehnsucht keimten gleichzeitig in ihr auf, neutralisierten sich gegenseitig und wichen Enttäuschung und

Zorn, nur um kurz darauf wieder aufzuflammen und jedes andere Gefühl zu überflügeln. Monika wollte Mammmm-maaaa schreien, wollte gestreichelt werden, und sei es mit noch so ungeschickter Hand. Doch gleichzeitig wollte sie nicht von Babs angefasst werden, da es keine echte Berührung war und sie am nächsten Morgen schon keine Gültigkeit mehr hätte. Sie wollte nicht, dass Babs hereinkam, und sehnte sich zugleich brennend danach, dass sie es tat.

Babs' Auftauchen in Monikas Träumen hatte dieselbe Wirkung wie früher im Leben – wie erstarrt lag Monika da, wie gelähmt, konnte sich nicht rühren, war erfüllt vom raschen, ängstlichen Schlag ihres Herzens, eines Herzens, das sich in ihrem kleinen Brustkorb auszudehnen schien und sie im nächsten Augenblick in einer Explosion aus heißem Blut zerfetzen würde. Dieser Traum, diese Erinnerung hatten ihr viele Jahre Angst gemacht.

Mit anderen Erinnerungen an Babs wurde sie besser fertig. Einige wenige waren harmlos, wie zum Beispiel Babs hinter dem Verkaufstresen in der Kosmetikabteilung eines Kaufhauses, von wo aus sie Monika zuwinken konnte wie eine normale Mutter. Oder Babs' Gesicht, wenn sie sich konzentrierte und Mund und Augenbrauen zusammenzog, was sie so witzig aussehen ließ, ein Gesicht, über das man sogar lachen konnte, das keineswegs beängstigend wirkte. Ebenso wie ihr seltenes, kumpelhaftes Lächeln.

Und jetzt wollte Monika dieses Muster durchbrechen. Sie wollte versuchen, sich deutlicher zu erinnern statt weniger – ein Gedanke, bei dem ihr Körper sich anspannte.

Aber andererseits hatte sie ja keine Wahl.

Sie musste es tun.

Und wenn nicht jetzt, wann dann?

Sie holte tief Atem und versuchte bewusst, die Mauer, die sie zwischen sich und ihren Erinnerungen an Babs errichtet hatte, zum Bröckeln zu bringen. Die Mauer wies ohnedies etliche Risse auf, die Bildern und Gedanken Durchlass gewährt hatten – sei es in nächtlichen Träumen oder in kleinen, beängstigenden Momenten im Alltag, wenn etwas eine magische Schleuse geöffnet hatte. Ab und zu reichte es, eine große schlanke Frau in einem bodenlangen Mantel davoneilen zu sehen, oder zu beobachten, wie sich das Gesicht einer jungen Frau verzog, wenn das Nikotin durch ihre Venen strömte.

Die Mauer war unzuverlässig gewesen, aber nun, da Monika versuchen wollte, sich ganz bewusst zu erinnern, hielt sie auf einmal stand.

Ihr wollte beim besten Willen nichts einfallen.

Doch sie brauchte diese Erinnerungen. Vielleicht lag die Antwort auf ihre Fragen in ihr selbst, irgendwo hinter der Mauer. Immerhin hatte sie mit Babs zusammengelebt, hatte sie gesehen, gehört, sie so geliebt, wie sie es eben gekonnt hatte, hatte sie gehasst und Angst vor ihr gehabt.

Sie machte einen neuen Versuch.

Doch da war nichts als Leere.

Sie war zu ihrer eigenen widerwilligen Zeugin geworden. Vor ihrem geistigen Auge entstand ein Bild von ihr selbst in zwei Versionen, die einander an einem Tisch in einem Verhörzimmer gegenüber saßen. Bei diesem Bild musste sie auflachen, und dann passierte es plötzlich.

Eine winzige Erinnerung tauchte auf, nicht an Babs selbst, sondern an das Gewimmel aus kleinen Tuben, Flaschen, Hülsen und Döschen um sie herum. Die meisten davon waren klebrig, staubig und verschmutzt, als hätten sich die unterschiedlichen Produkte miteinander vermischt, während sie in Schminkbeuteln, Handtaschen, Küchenschubladen, Manteltaschen oder einfach an der Stelle lagen, wo Babs sie gerade deponiert hatte. Das Bild erweiterte sich zu einem Bild von Babs' Haut – sie war hell und leicht sommersprossig gewesen, abgesehen vom Gesicht, wo sie einen gleichmäßigen matten Beigeton aufwies. Auf ihren Wangen waren dunkelrote Striche zu sehen gewesen, die die Wangenknochen betonten – das hatte Babs gesagt –, obwohl Monika im ovalen Gesicht ihrer Mutter niemals Wangenknochen entdeckt hatte. Dieses Gesicht, diese Schminke hatte sie nie berühren dürfen.

Monika fragte sich unvermittelt, ob ihre eigene Abneigung gegen Make-up darin begründet sein könnte.

Das musste reichen. Sie war völlig erschöpft.

Außerdem brauchte sie unbedingt jemanden zum Reden. Sie schaffte es nicht, ihre Gedanken ganz allein zu ordnen, und es gab nur einen, an den sie sich wenden konnte: Mikael, ihren besten Freund. Er war zwar gerade erst mit Patrik zusammengezogen, aber sie würde eben sehen müssen, wie sich ihr Verhältnis nach dieser Veränderung entwickelte. Sie war den beiden aus dem Weg gegangen, um nicht zu stören, was ihr mit einem Mal reichlich töricht vorkam.

Sie rief an. Mikael war am Apparat und schien sich zu freuen.

»Wie schön, dass du anrufst – hier ist es ein bisschen chaotisch, aber damit kannst du sicher leben. Klasse!«

3

Auf dem Weg zum Jaktvarvsplan kam sie am Revier vorbei. Der gewaltige Gebäudekomplex lag vor ihr wie die ehelichen Besitztümer nach einer Scheidung – verlassen, aber verkrampft durch so übersteigerte unrealistische Hoffnungen, durch so viel falsch investierte Zeit, dass Monika sich abwenden musste. Zwischen ihr und der Wache gab es keine Verbindung mehr. Eilig ging sie weiter, während sie überrascht feststellte, dass sie sich schämte, wie ein hinterhältiger Liebhaber oder eine treulose Ehefrau.

Als sie den Jaktvarvsplan erreichte, bemerkte sie, dass ihre Schultern sich senkten. Sie hatte das Gefühl, einen Ort zu betreten, an dem die Kräfte der Ruhe wohnten. Die Kastanie mitten auf dem Platz erschien ihr heilig und kraftvoll, ein Baum, der in einer anderen Kultur mit Opfergaben behängt worden wäre, mit Öl oder Butter einbalsamiert, bis die Rinde glänzte. Die letzten Reste der winterlichen Eishügel umgaben die kleine Rasenfläche um den Baum. Es knirschte unter ihren Füßen, als sie sie überquerte, ehe sie sich wie gewohnt mit dem Rücken an den Baum lehnte und zu Mikaels Haus hinaufsah. Zu Mikaels und Patriks Haus. Die beiden hatten die magische Schwelle zwischen dem Leben als Singles und der Zweisamkeit überschritten. Die magische Schwelle, die immer höher zu werden schien, je mehr Zeit verging.

Das Haus schien geradezu zu strahlen – es war kürzlich in einem freundlichen Hellgelb gestrichen worden, ein typisches Haus aus den dreißiger Jahren, inspiriert vom Bauhausstil und für Monikas Geschmack wunderschön.

Die Haustür bestand aus so viel Glas, wie die damalige Technologie hatte verarbeiten können, hinter der ein klassischer schwarzweiß karierter Steinboden zu sehen war. Monika fand, dass der Eingang Stil hatte, ohne protzig zu wirken, ebenso wie die glänzenden hellgrauen Wände im hellen Treppenhaus. Sie stieg die vier Treppen hoch, langsam und aufmerksam, und freute sich darüber, dass sie ihr verletztes Bein benutzen konnte. Dass ihr bester Freund hier wohnte, war fast, als wohne sie selber hier, und sie fuhr mit den Fingerspitzen über die saubere, glatte Wand, als wolle sie sie begrüßen oder ihre Beziehung wieder aufleben lassen.

Sie klingelte. Mikael machte auf, und alles war genauso wie immer, doch als sie ihn umarmte, fiel ihr auf, dass sich sein Duft oder aber der Geruch der Wohnung verändert hatte. Monika hatte sich schon gefragt, ob er sich wohl eine neue Frisur oder einen Schnurrbart zulegen würde, um diese neue Lebensphase zu markieren. Das hatte er nicht getan. Sein blondes Haar war zur selben Standardpolizeifrisur geschnitten wie immer. Trotzdem sah er verändert aus. Neue Gefühle spiegelten sich auf seinem Gesicht wieder. Sie hatte es immer schon schön gefunden, aber jetzt war es offen und zugänglich, verletzlicher und unendlich anziehend. Es war ein wenig beängstigend.

Auch die Diele sah anders aus. Mikael hielt in seiner Umgebung stets Ordnung, als Gegengewicht, wie er sagte, zu der Unordnung, die sein Berufsleben prägte. Nun stand ein Karton an der Wand, und die Garderobe war hoffnungslos überladen. Der Teppich lag schief.

Mikael verschwand in der Wohnung.

»Setz dich schon mal, wir müssen nur kurz aufräumen«, rief er ihr über die Schulter hinweg zu.

Jetzt war sie also ein Gast, ein echter Gast, jemand, der untätig auf dem Sofa wartet, während die Gastgeber in der Küche beschäftigt sind. Besser, sie gewöhnte sich gleich an diesen neuen Status.

Sie erkannte das Wohnzimmer fast nicht wieder. Über dem Sofa war Mikaels gerahmtes Plakat durch ein riesiges abstraktes Gemälde ersetzt worden, das den gesamten Raum dominierte. Es war geometrisch und auf warme Weise organisch. Monika blieb davor stehen und versank in der bunt gemischten Sammlung von Figuren, zwischen denen das Auge vergeblich nach vertrauten Formen suchte – ein Blatt, nein, kein Blatt. Ein von oben gesehener Käfer? Nein, kein Käfer. Eine Knospe, eine Larve, eine Schneeflocke? – Nein. Hier wurde Leben geschildert, aber ein anderes Leben, eines, das abstrakt und zugleich so konkret war, dass es unvorstellbar erschien, diese Geschöpfe oder Formen nicht auch in der Natur finden zu können.

Monika war fasziniert und überwältigt.

Auch die Farben waren überraschend – hier fand sich Hellblau neben dunkelstem Blutrot, Orange neben Bleigrau. Das Licht kam von nirgendwoher, einige der Figuren schienen von innen her erleuchtet zu sein. Wäre das Bild ein Musikstück, müsste es ein ohrenbetäubendes sein.

Patrik – denn das hier musste Patriks Werk sein – hatte einen neuen Maßstab in das Zimmer eingeführt. Einen Maßstab, der Mikaels Zuhause ansonsten unzulänglich und banal aussehen ließ. Für einen Moment hasste Monika Patrik dafür, ehe ihr klar wurde, dass dies einen Teil seiner Anziehungskraft ausmachen musste.

In diesem Augenblick kamen sie zusammen aus der kleinen Küche, Patrik und Mikael, mit Kaffee, dicht gefolgt von einer hoch gewachsenen, schlanken Frau mit üppiger roter Mähne.

Patrik schien Monika umarmen oder auf die Wange küssen zu wollen, aber offenbar hatte ihre Körpersprache ein falsches Signal gegeben, denn er hielt inne und begnügte sich mit einem Lächeln.

»Hallo. Willkommen im Chaos! Das hier ist Eloïse, meine Schwester. Oder genauer gesagt, Halbschwester, daher der Name. Keine Frau würde ihr eines Kind Patrik und das andere Eloïse taufen. Meine Eltern heiraten beide in regelmäßigen Abständen, deshalb habe ich jede Menge Halbgeschwister, aber Eloïse ist meine Lieblingsschwester, hab ich Recht, Eloïse?«

Eloïse nickte. Ihre blasse, sommersprossige Haut ließ vermuten, dass ihre Haarfarbe echt war. Monikas erster Eindruck war der von aufgestauter Energie. Die Luft um diese Frau wirkte geladen, fast elektrisch, und ihre Bewegungen waren zurückhaltend, als würden gigantische Kräfte entfesselt, sowie sie sich entspannte. Ihr breites Lächeln entblößte die perfekten Zähne, die reiche Menschen als Entschädigung für eine mit Zahnklammern verbrachte Kindheit erhalten.

Mikael setzte sich und sah Patrik an, ehe er sich Monika zuwandte. Seine Züge waren immer noch weich vor Verliebtheit.

»Heute haben wir etwas zu feiern und etwas zu bedauern. Was möchtest du zuerst hören?«

»Die schlechte Nachricht.«

»Wir haben ein Angebot auf eine Wohnung in Kungsklippan abgegeben und gerade erfahren, dass wir sie nicht bekommen. Ja, und damit ist die gute Nachricht ja eigentlich keine Überraschung mehr. Wir wollen zusammenziehen. Nicht nur auf diese provisorische Weise zusammenwohnen, du weißt schon, man hängt seine Bilder an irgendeine Wand, bekommt ein paar eigene Garderobenfächer, stellt seine Zahnbürste ins Glas ... nein, jetzt wollen wir Ernst machen – wir kaufen zusammen eine Wohnung, richten sie zusammen ein, nehmen zusammen ein Darlehen auf und fangen ganz von vorn an.«

Mikaels Lachen war strahlend und offen, Patriks eher vorsichtig, und Eloïse beobachtete sie alle hinter einem freundlichen kleinen Lächeln, das nichts verriet.

Monika wusste nicht, was sie sagen sollte. Die beiden wollten den Jaktvarvsplan verlassen? Sie wollten diese Wohnung aufgeben, die ihr immer als Juwel unter den Behausungen erschienen war?

Als habe er ihre Gedanken gelesen, breitete Patrik die Arme aus.

»Wir brauchen Platz. Wir brauchen ein Gästezimmer und ein Arbeitszimmer und einen wunderschönes großes Wohnzimmer. Wir brauchen Platz für unsere Bilder.«

Natürlich wirkte das große Bild ein wenig zu groß für den Raum, wie ein Fisch in einem zu kleinen Aquarium.

Monika musterte ihn überrascht. Für ihre Begriffe war

die Wohnung groß genug für zwei oder sogar für drei Bewohner. Für die meisten Leute war eine solche Wohnung ein unerfüllbarer Wunschtraum, während sie für Patrik einfach zu eng war.

Eloïse deutete auf die Kaffeetassen.

»Hilf dir doch zu einer Tasse Kaffee.«

Ihre Stimme war leise und doch kraftvoll.

Patrik verdrehte die Augen.

»Eloïse spricht vier Sprachen fast wie eine Einheimische. Aber eben nur fast. Auf Schwedisch sagt man das nämlich nicht so.«

Eloïse nahm die Kritik gelassen zur Kenntnis.

»Monika hat sicher verstanden, was ich sagen wollte.«

Sie plauderten über Wohnungen und Immobilienpreise, und niemand fragte, ob Monika vielleicht etwas auf dem Herzen hatte.

Sie war hergekommen, weil sie mit einem anderen Menschen über Olzén und sein Buch reden musste, überlegte sie. War sie bereit, über sich zu sprechen, darüber, was in ihrem Leben vorgefallen war und noch immer vorfiel, und zwar nicht nur mit Mikael, sondern auch mit Patrik, den sie kaum, und mit Eloïse, die sie überhaupt nicht kannte? Das wäre eine ganz neue Erfahrung. Sie stellte fest, dass sie es satt hatte, ihre Mutter zu verschweigen. Sie wollte den Gesprächen über Mütter nicht mehr ausweichen, wollte keine Energie mehr damit verschwenden, sich Babs vom Leib zu halten.

Außerdem brauchte sie hier keine Schweigepflicht zu beachten, sie riskierte weder die Gefährdung einer Ermittlung noch ein Dienstvergehen.

Wollte sie darüber sprechen? Ja. Traute sie sich? Sie musste es einfach.

»Mir ist etwas Seltsames passiert«, begann sie.

Drei fragende und freundliche Augenpaare richteten sich auf sie.

»Was würdet ihr sagen, wenn ihr eine Fallstudie läst, die von eurer Mutter handelt?«, fragte sie.

Alles schwieg, und Monika zog das Buch aus der Tasche.

»In diesem Buch taucht eine Frau namens Fräulein F. auf, die bei dem Autor in Therapie oder Analyse war. Sie stammt aus genau denselben Familienverhältnissen wie meine Mutter, hat dieselbe komplizierte Schulkarriere hinter sich – nicht viele werden hintereinander von zwei Schulen geworfen, die erste in den USA und die andere in der Schweiz. Und mit fünfunddreißig starb Fräulein F., genau wie meine Mutter. Und damit nicht genug – der Autor behauptet, sie sei ermordet worden.«

Noch immer schwiegen die anderen. Aber Monika konnte sich nicht über die mangelnde Aufmerksamkeit ihres Publikums beklagen, denn allem Anschein nach waren sie damit beschäftigt, die Fakten zu verarbeiten.

»Wie ist deine Mutter gestorben?«, fragte Eloïse schließlich.

»Bei einem Autounfall. Das hab ich jedenfalls immer geglaubt – sie wurde auf einem Zebrastreifen überfahren, und weder der Wagen noch der Fahrer konnte jemals gefunden werden.«

»Streng genommen kann sie also die Frau aus dem Buch sein?«

»Ja.«

Und mit einem Mal erschien Monika diese Möglichkeit gar nicht mehr so abwegig.

Niemand lachte sie aus, niemand schien ihre Reaktion auf Olzéns Text für übertrieben oder makaber zu halten.

»Ich habe zuerst meinen Vater gefragt, aber der weigert sich rigoros, über sie zu sprechen. Immerhin hatte ich den Eindruck, dass er von diesem Buch wusste, was vielleicht bedeuten kann, dass Fräulein F. und Babs ein und dieselbe sind. Ich weiß aber auch, dass eine Therapie teuer ist, und Babs hatte nie Geld, was wiederum dagegen spricht.«

Sie ließ sich im Sessel zurücksinken. Wenigstens er fühlte sich wie immer an, was bei all den neuen Eindrücken eine gewisse Erleichterung darstellte.

»Ich weiß einfach nicht, wie ich mit dieser ganzen Sache umgehen soll.«

Mikael, der als Einziger wusste, welches Chaos Babs hinterlassen hatte, sagte nachdrücklich: »Natürlich musst du versuchen, dir Klarheit zu verschaffen. Es wird sowieso Zeit, dass du mit deiner Beziehung zu deiner Mutter ins Reine kommst.«

»Die ist doch tot!«

»Deshalb kannst du trotzdem mit deiner Beziehung zu ihr ins Reine kommen.«

Monika lächelte. Inzwischen fühlte sie sich leichter, leichter und erleichtert.

»Ich habe den Autor angerufen, weil aus Niels nichts herauszuholen war. Wir sind morgen verabredet, dann werde ich wohl erfahren, ob er Babs behandelt hat und warum er ihren Tod für ein Verbrechen hält.«

Eloïse schüttelte den Kopf.

»Wenn er deine Mutter behandelt hat, wird er wohl kaum darüber reden.«

»Sie meint, dass er nicht über eine Patientin sprechen wird, oder was, Eloïse?«, übersetzte Patrik

Eloïse sah beleidigt aus.

»Das hab ich doch gerade gesagt.«

»Nein, aber das hast du gemeint.«

»Warum glaubst du, dass er nichts sagt? Er hat doch über sie geschrieben, falls sie es ist«, meinte Monika.

»Das ist immer schwer. Ich habe einmal versucht, mir meine eigene Krankenakte zu besorgen. Es gab einen Wahnsinnsaufstand, aber bekommen habe ich sie trotzdem nicht.«

»Ich muss mich eben bemühen. Sicherheitshalber habe ich mich als Journalistin ausgegeben ...«

Monika erzählte von Olzéns Geheimnummer und von der abweisenden Frau bei der Analytiker-Vereinigung.

Patrik musterte sie beifällig.

»Das war nicht dumm. Aber wenn er sich weigert, muss es doch noch andere Leute geben, die du fragen kannst. Hatte sie keine Freundinnen, die du aufsuchen könntest?«

»Nicht dass ich wüsste. Ich kann mich aber noch erinnern, dass sie im letzten Jahr in einer Anwaltskanzlei gearbeitet hat. Im Strandvägen. Der Name hatte irgendwas mit Stein zu tun ... Granit, nein, ich glaube, Granat.«

Eloïse erhob sich mit einer geschmeidigen Bewegung und schaltete den neuen Computer ein, den Monika bisher noch nicht bemerkt hatte.

»Die haben doch sicher eine Homepage.«

Patrik schüttelte den Kopf und schaute Monika kläglich an.

»Ich muss wohl noch einmal für sie um Entschuldigung bitten. Eloïse hat noch nie begriffen, warum man auf den Startschuss warten sollte.«

»Hier ist sie! Strandvägen 5 A. Anwaltskanzlei Granat & Hamid.«

Die drei traten hinter Eloïse und starrten auf den flachen, großen Bildschirm, auf dem die elegante, nüchterne und Vertrauen einflößende Fassade zu sehen war, die Granat & Hamid der Welt zukehrte. Ein menschliches Gesicht war nirgendwo zu erkennen, stattdessen bildete der üppig dekorierte Eingang zum Strandvägen 5 A den Hintergrund der geschickt aufgebauten Startseite. Die Firma per Internet zu besuchen sollte offenbar so sein wie ein realer Besuch. Vermutlich kostete diese Adresse ein Vermögen, was bedeutete, dass man sie bis zum Äußersten ausnutzen musste.

Eloïse klickte zu »Mitarbeiter« weiter.

»Wann ist deine Mutter noch mal gestorben?«
»1978.«
Eloïse klickte zurück und ging zur Firmengeschichte über.
»Das hier ist schon besser. Die Firma wurde 1976 von Erik Granat gegründet, geboren 1930. 1989 wurde Anwalt Émile Hamid, Jahrgang 1954, Teilhaber.«
Ein altes Foto aus dem Jahr 1976 zeigte einen lächelnden Erik Granat – einen eleganten Mann von sechsundvierzig mit rundem Kopf und dünnen, rötlichen Haaren. Neben ihm stand Émile Hamid, zweiundzwanzig, wie Monika rasch überschlug. Er war einen Kopf größer als Erik Granat, gut gewachsen und perfekt gekleidet, mit einem übermütigen Lächeln, als habe er bei der Verteilung der irdischen Güter immer in erster Reihe gestanden und beabsichtige nicht, dafür um Entschuldigung zu bitten.
Monika betrachtete Émile genauer. Ein schöner Mann, mit einem Gesicht, dessen Linien allesamt sanft geschwungen waren – Augenbrauen, Nase, Wangen, Lippen, der Fall der dunklen Haare.
Mikael horchte auf, als der Name Émile Hamid fiel.
»Émile Hamid? Die alte Tunte?«
»Davon steht nichts auf der Homepage. Kennst du ihn?«
»Er ist schon seit den Siebzigern Stammgast in sämtlichen Schwulentreffs. Ein Wunder, dass er überhaupt noch lebt.«
»Weißt du etwas über ihn?«
»Er hat Geld wie Heu.«
»Sonst noch was?«
»Charmant, wenn er will, ansonsten ziemlich anstrengend, was meistens der Fall ist.«
»Woher kommt er?«
»Ursprünglich aus dem Libanon, glaube ich. Angeblich aus reichem Haus. Vielleicht ein schwarzes Schaf, das weit weg geschickt worden ist, um nicht noch mehr Schaden anzurichten.«

Monika und Eloïse bemerkten Patriks flüchtigen Blick, der fragte, woher Mikael so genau über Émile Bescheid wusste, ob er einer von Émiles jungen Gespielen gewesen sein könnte. Monika versuchte in Patriks Gesicht zu lesen – wenn er auf Mikaels Vergangenheit eifersüchtig war, hatte er weiß Gott ein abendfüllendes Programm vor sich.

Eloïse hatte sich inzwischen weitergeklickt.

»Seht mal! Swedish Ethiopian Childrens Fund. Wird von der Firma Granat & Hamid geleitet, das wusste ich ja gar nicht. Als ich klein war, hatten wir über die ein Patenkind!«

Monika lächelte.

»Wir auch, ein kleines Mädchen. Ich stellte mir immer vor, sie sei meine Schwester.«

Eloïse hatte ein großes Foto des Aufsichtsrates gefunden, eine Vertrauen erweckende Gruppe gut angezogener, älterer Herrschaften. Der Vorsitzende schien ein pensionierter Industriemagnat zu sein, groß, mit silbernen Haaren, den Monika aus zahllosen Berichten in Zeitungen und Fernsehen kannte.

Émile Hamid war für das Unternehmen verantwortlich. Er lächelte herzlich und bot eine Mitgliedschaft per Internet an, für zweihundertfünfzig Kronen pro Monat, am liebsten per Bankeinzug. Dann folgten die üblichen Fotos kleiner schwarzer Kinder und die üblichen Danksagungen an die Paten.

Eloïse druckte Monika die Startseite mit Adresse und Telefonnummer aus.

»Jetzt weißt du immerhin, an wen du dich wenden kannst, wenn dein Psychologe nicht mit der Sprache rausrücken will. Und schreib dir auch meine Nummer auf, ich hab sie auf der Rückseite notiert. Melde dich, wenn ich dir irgendwie helfen kann, das meine ich ernst.«

Eloïse begleitete Monika in die Diele. Als sie sich den Schal um den Kopf wickelte, hob Eloïse in gespielter Verzweiflung die Hände.

»Das geht doch nicht!«

Mit einer leichten Berührung, wie Monika sie noch nie gespürt hatte, legte sie ihr die Hand auf die Schulter. Sie duftete nach einem trockenen, leicht würzigen Parfüm.

»Warte.«

Eloïse nahm Monikas andere Schulter und drehte sie so um, dass sie einander gegenüber standen. Monika erstarrte, unsicher, was hier von ihr erwartet wurde. Hatte sie irgendein subtiles Signal übersehen? Erwartete Eloïse einen Kuss auf die Wange, und könnte sie sie wirklich dazu zwingen? Oder wollte Eloïse sie küssen? Eloïse blickte Monika konzentriert und ernst ins Gesicht, sah ihr in die Augen, forschend und gelassen zugleich. Ihre Augen funkelten golden und grün, und ihre Haut war so blass, dass sie fast durchsichtig wirkte.

Doch Eloïse küsste sie nicht, sondern nahm Monikas Schal und lockerte ihn ein wenig. Der Schal schien sich in den Händen der Schlangenbeschwörerin in eine Schlange zu verwandeln, war erfüllt von deren Vitalität. Schließlich legte Eloïse ihn um Monikas Gesicht, band einen lockeren Knoten und arrangierte die herabhängenden Enden.

»Sieh mal.«

Sie schob Monika vor den Dielenspiegel. Und Monika sah ihr Gesicht weich umrahmt von dem scheinbar in der Flucht gefangenen Schal.

Hinter ihr stand Eloïse, groß und kraftvoll.

»Deine Mutter hat es wohl nicht mehr geschafft, dir beizubringen, wie ein Schal gebunden wird.«

Und damit nahm sie ihn behutsam von Monikas Kopf und reichte ihn ihr.

»Versuch es selber.«

Doch Monika wollte nicht, sondern versuchte, den Schal zusammengeknüllt in ihre Manteltasche zu stopfen, aber

Eloïse hinderte sie mit einem freundlichen und aufmunternden Lächeln daran.

»Jetzt mach schon.«

»Ich kann nicht.«

»Irgendwo musst du anfangen. Komm schon.«

Monika brachte die Kraft nicht auf, ihr zu widersprechen. In Eloïses Händen war der Schal fügsam gewesen, während er sich in ihren eigenen steif und unkooperativ anfühlte.

Eloïse wollte sich offensichtlich nicht geschlagen geben.

»Fass ihn ganz locker an, behandel ihn so, wie du selbst behandelt werden möchtest.«

Monika lockerte ihren Griff ein wenig und ließ den Schal in ihren Händen ruhen.

»Großartig. Schon viel besser! Ich höre erst auf, wenn du das automatisch machst, geschmeidig und schön. Denk an Ballett. Denk an Schwan. Denk an Liebkosung.«

Ballett! Graziöse Frauen in weißen, zarten Kleidern. Frauen, die sich anmutig in die wartenden Arme der Männer fallen ließen. Frauen, die hochgehoben wurden, furchtlos und vertrauensvoll.

Wenn das Ballett ein Pol ist, dann bin ich sein Gegenpol, dachte Monika, sprach es aber nicht laut aus. »Denk an Ballett« – da könnte sie auch gleich an Mars oder Pluto denken.

Eloïse legte ihre weißen Hände auf Monikas, lenkte Monikas Hände in weichen, langsamen Bewegungen, und zusammen arrangierten sie den Schal.

Kaum hatte Monika das Haus verlassen, zog sie daran, bis er wie gewohnt um ihren Kopf saß.

Auf dem Heimweg überlegte sie sich, dass die Frage nach Babs als potenzieller Patientin und potenziellem Mordopfer ein neues Gewicht erhalten hatte, da auch Mikael, Patrik und Eloïse es für sinnvoll hielten, sich ein Bild der Ereignisse von damals zu machen. Das war eine Bestätigung, die Monika beruhigte, und als sie nach Hause kam, schlief sie sofort erschöpft ein.

4

Am nächsten Morgen erwachte Monika zum ersten Mal seit langer Zeit mit einem Plan für den kommenden Tag, und ihr wurde bewußt, wie sehr sie eine konkrete Aufgabe vermisst hatte.

Sie musste sich auf die Begegnung mit Olzén vorbereiten. Es könnte doch nicht so schwer sein, herauszufinden, ob Babs seine Patientin gewesen war, und warum er ihren Tod für einen Mord hielt.

Sie konnte sich Babs noch immer nicht bei einem Psychiater vorstellen. Sollte die ewig verschlossene Babs einem Außenstehenden wirklich alles über ihr Leben erzählt haben? Hatte Babs, die nie Geld gehabt hatte, sich plötzlich eine Therapie leisten können? Und wenn sie eine Therapie gemacht hatte, warum hatte sie das nie erwähnt? Sollte Babs, die nie ein Geheimnis hatte bewahren können, das Monika ihr anvertraut hatte, eine so wichtige Tatsache für sich behalten haben?

Allerdings waren Monikas Erinnerungen über zwanzig Jahre alt, und Erinnerungen verändern sich mit der Zeit, wie alles andere. Darüber hinaus waren ihre Erinnerungen an Babs aus der Perspektive einer Zwölfjährigen gesehen, und damit in der Gegenwart vielleicht nicht mehr zuverlässig. Ein niederschmetternder Gedanke.

Halb elf, hatte er vorgeschlagen. In seiner Wohnung im Djurgårdsbrunnsvägen, wo sich nur Botschaften und Museen befanden, soweit Monika wusste.

Jedenfalls war es nicht schwer zu finden – sie nahm den

Bus und stieg einige Minuten vor der vereinbarten Zeit bei Djurgårdsbrunn aus.

Monika schaute sich um – hier lag noch immer Schnee. Schmutzige Schneewehen, die inzwischen vor sich hinschmolzen, lagen am Straßenrand, eher braun als weiß. Es war um einige Grad wärmer geworden, und feine Regentropfen fielen vom weißgrauen Himmel.

Trotz der Grautöne war der nahende Frühling nicht zu leugnen: die Singvögel waren schon voll im Einsatz. Ihre Mitteilungen bildeten eine Geräuschkulisse in Hochfrequenz, und ein dumpfes Klopfen verriet, dass auch der Specht schon am Werk war.

Der Kaknästurm ragte wie ein graues Periskop hinter den Bäumen auf und erinnerte sie an das, was vor Weihnachten passiert war – an den Sturz, durch den sie sich ihre Beinverletzung zugezogen hatte, sozusagen als Schlussakkord ihrer Karriere. Der Turm schien sie anzustarren, und sie starrte zurück. Sie musste ihre alten Erinnerungen hinter sich lassen, es musste vorwärts gehen.

Über ihr flatterte etwas auf. Hoch oben im nächsten Baum sprangen zwei Elstern auf den kahlen Zweigen um ein massives, buschiges Elsternnest herum, das gerade von einer großen Krähe, die voller Konzentration am Reisig zerrte, abmontiert wurde. Die Krähe entschied sich für ein Stöckchen, zog daran, doch es saß zu fest. Die Elstern hatten es solide angebracht. Am Ende lies es sich jedoch trotzdem lösen. Die Elstern wagten sich ein wenig näher heran, aber die Krähe brauchte nur eine drohende Bewegung in ihre Richtung zu machen, und schon wichen sie wieder zurück. Ihr Protest klang nicht wirklich überzeugt, und die Krähe, die doppelt so groß war wie die Elstern, hatte es nicht eilig. Irgendwann flog sie mit ihrem billig erworbenen Baumaterial davon, und die Elstern stürzten zu ihrem Nest, um den Schaden zu begutachten.

Offenbar ging es überall gleich zu.

Das Haus des Therapeuten stand auf der anderen Straßenseite und kehrte der Straße eine Längsseite zu. Davor befand sich ein gelber Holzkiosk, in dem Eis, Würstchen und Kaffee verkauft wurden. Er war geschlossen, aber Monika konnte sich vorstellen, wie die Leute im Sommer hier fast bis zu der kleinen Brücke zum südlichen Teil von Djurgården Schlange standen. Die Wohnung im ersten Stock hatte über dem Kiosk einen überdachten Balkon bekommen, der mit Wacholdersträuchern in Krügen dekoriert worden war.

Monika trat zurück, um sich das ganze Haus anzusehen. Drei Stockwerke, sieben Fenster in der Breite. Mit braunen Wänden, gelben Holzverkleidungen und einer dunkelbraunen, von zwei schmalen Pfeilern flankierten Haustür. Die Regenrinnen waren in derselben dunkelbraunen Farbe gestrichen wie die Pfeiler und wurden oben von riesigen glitzernden Eiszapfen gekrönt, während sich das Kupferdach hellgrün vor dem grauen Himmel abhob. »1743« stand auf einer kleinen Wetterfahne.

Monika klingelte und wurde in einen Eingangsbereich mit ungewöhnlichen Proportionen eingelassen – die Wände waren niedrig, dafür war der Raum sehr weitläufig. Mitte des 18. Jahrhunderts war es sicher nicht leicht gewesen, in die Höhe zu bauen, die Breite dagegen hatte keinerlei Problem dargestellt, jedenfalls nicht draußen auf dem Land, wo Djurgårdsbrunn damals gelegen haben musste.

Sie fragte sich, was es für ein Gefühl sein mochte, in einem Haus zu wohnen, das so ganz andere Verhältnisse widerspiegelte, als heutzutage in der Gesellschaft herrschten, ehe sie sich zur Ordnung rief. Sie musste sich auf Olzén konzentrieren.

Er wohnte im ersten Stock. Bei jedem Schritt staunte Monika, dass ihr Fuß die Stufe nicht an der erwarteten Stelle fand. Der Architekt oder Zimmermann hatte beim Bau des Hauses die Höhe der Stufen offenbar ganz nach Lust und Laune festgelegt.

Schließlich stand sie vor der dunkelbraunen Holztür mit Blumenmotiv, bei der es sich möglicherweise um ein sorgsam gepflegtes Originalstück handelte. Die Blumen mochten durchaus aus dem 18. Jahrhundert stammen, doch der Türspion und die beiden blanken Schlösser gehörten eindeutig in die Gegenwart und sahen aus, als wären sie erst vor einer Woche eingebaut worden.

Eine ältere Frau öffnete vorsichtig die Tür und ließ Monika mit einem Anflug von Widerwillen herein. Sie sprach leise, als befände sie sich in einer Kirche.

»Guten Tag. Er sitzt in seinem Arbeitszimmer und wartet schon auf Sie.«

Olzén sah aus wie auf dem Foto hinten im Buch. Allerdings war auf dem Foto nicht zu sehen gewesen, dass er im Rollstuhl saß. Seine langen schlanken Beine waren angewinkelt, als sei der Stuhl ein wenig zu klein oder Olzén eine Spur zu groß.

Er reichte ihr eine knochige Hand und zeigte auf einen Sessel.

»Bitte. Nehmen Sie Platz.«

Der Schreibtisch, hinter dem er saß, war vollkommen leer. Hinter ihm standen in staubfreien Regalen Bücher.

Sein kurzes, sorgfältig geschnittenes Haar, die Bügelfalte der grauen Hose und der symmetrische Schlipsknoten verrieten Monika, dass sie ihn erlebte, wie er war. Dies hier war ein Mann, der seine Umgebung bis hinunter zur kleinsten Büroklammer zähmen und kontrollieren musste.

Er deutete auf die Frau, die die Tür geöffnet hatte.

»Das ist Schwester Marit. Sie hilft mir seit vielen Jahren.«

Marit stellte Tassen, Teller, einen Korb mit frisch gebacken duftenden Rosinenbrötchen auf den Tisch, und von irgendwoher zog Kaffeeduft heran. Marits bewundernde Blicke ließen vermuten, dass nur noch der Weihrauch fehlte.

Olzén ergriff das Wort.

»Wir Analytiker«, sagte er und hob die Hand zu einer albernen, kaiserlichen Geste, »widmen uns der Aufgabe, die menschliche Psyche in all ihren Formen zu erforschen. Keine Perversion, keine Bosheit ist uns fremd.«

Monika wusste nicht so recht, ob das nun eine verheißungsvolle Einleitung war oder nicht. Sie zog eilig einen Notizblock hervor, um zu signalisieren, dass er das Gespräch führte und sie folgte.

Das war offenbar die richtige Strategie. Er lächelte überlegen; Schwester Marit ebenfalls, wenn auch etwas gedämpfter. Ihr Blick wanderte zwischen Olzén und Monika hin und her, als wäre sie eine Regisseurin, die bei einer wichtigen Szene in Großaufnahme jede Änderung in den Gesichtern der Schauspieler registriert.

»Ich habe es als meine Lebensaufgabe angesehen«, fuhr er fort, »weitere kleine Ziegelsteine für die riesige Kathedrale herbeizutragen, die die psychoanalytische Kenntnis errichtet.«

Kathedrale, schrieb Monika. Warum nicht Moschee oder Synagoge?

Er richtete sich auf, schien in seinem Rollstuhl förmlich zu wachsen, schaute in die Ferne.

»Die menschliche Bosheit – sie tritt in so vielen Gestalten auf, sie kann so schwer zu durchschauen sein.«

Monika nickte zustimmend.

»Diese Erfahrung habe ich auch gemacht.« Sie dachte an die vielen Mörder, denen sie so nahe gekommen war. Fast ausnahmslos waren sie stärker als ihre Opfer gewesen. Gleichzeitig jedoch waren die meisten jämmerliche Gestalten gewesen, von denen man sich kaum vorstellen konnte, dass sie über andere Menschen hergefallen waren. Etliche hatten ihr Mitgefühl mit ihren Opfern mit denselben Medikamenten getilgt, die Millionen Eltern zu sich nehmen, um einschlafen zu können.

Olzén schaute sie überrascht an, und ihr ging auf, dass er keine Erwiderung von ihr erwartet hatte. Schwester Marit schaute sie vorwurfsvoll an.

»Das lässt sich ja wohl kaum vergleichen«, sagte Olzén und wollte damit zweifellos sagen, dass keins ihrer Erlebnisse in diesem Zusammenhang von besonderer Bedeutung sein konnte. »Ich rede hier von einem tieferen Verständnis.«

Was weißt du denn schon?, schrieb Monika auf ihren Block. Warum sollte mein Verständnis weniger tief gehen? Ich bin sicher mehr Mördern begegnet als du.

»Der analytische Prozess verschafft uns eine einzigartige Möglichkeit zu verstehen, was sich in den dunkelsten, verbotensten Teilen unseres Ich abspielt – unsere sadistischen Triebe, unsere perverse Sexualität.«

Schwester Marit konzentrierte sich nun voll und ganz auf Olzén. Sie saß reglos da und ließ sich von seinen Worten erfüllen. Sie war so nackt, dass Monika sich wie ein Eindringling in ihre Privatsphäre vorkam, als sie sie ansah.

Hingebungsvoll, schrieb sie auf ihren Block. Ihre Lektüre hinterließ jetzt ihre Spuren in ihrer Sprache. Hohepriesterin.

»Man weiß nie, was in einem Menschen vor sich geht. Dieser Mensch weiß es selbst nicht, aber zusammen kann man weiterkommen und ein Verständnis erlangen, durch das man später in seinem Alltag auf nicht-neurotische, freie Weise handeln kann.«

Verständnis, schrieb Monika. Freiheit. Das klingt ja schon mal gut. Selbstbezogen, fügte sie hinzu. Wann wird er mich wohl an diesem Gespräch teilhaben lassen?

»Menschen zu Einsicht führen zu können, ist eine große Freude. Es ist zugleich eine schwere Verantwortung, die ich viele Jahre lang getragen habe. Es ist natürlich auch ein Privileg, dafür bezahlt zu werden, dass man man selbst ist. Ich konnte mich dadurch ernähren, dass ich das Leben anderer im Licht meiner Erkenntnisse gezeigt habe.«

Im Licht zeigen. Licht werfen. Selbstleuchtend sein. Du schweifst ab, Monika. Reiß dich zusammen, schrieb sie.

»Ich hatte bereits mit siebzehn Jahren ein, wie sagt man, Aha-Erlebnis, als ich zum ersten Mal ein Buch von Sigmund Freud gelesen habe. Es war keine leichte Lektüre, ich musste mich dabei wirklich anstrengen, aber was brachte es mir doch für Erkenntnisse!«

Sein Blick wurde milder, als er an seine Jugend dachte, an seine ersten Schritte auf dem Weg, den er danach sein Leben lang beschritten hatte.

Auch Schwester Marits Gesicht war sanfter geworden. Offenbar ließ auch sie sich von dem Bild des großen Mannes als junger Wissenssucher erwärmen.

Olzén schilderte weiter, wie sich sein Bild von sich selbst und seiner Umwelt verändert hatte, nachdem er eine Theorie entwickelt hatte, die er auf seine und auf die Reaktionen anderer anwenden konnte, und Monika wartete auf eine Pause, um das Gespräch in Richtung Babs lenken zu können.

Wie soll ich ihn dazu bringen, dass er aufhört, nur von sich selbst zu reden, schrieb sie. Das kann ja den ganzen Tag so weitergehen.

»Danke! Ich würde eigentlich auch gern über Ihr Buch sprechen, schließlich bin ich vor allem deswegen gekommen«, sagte sie hastig, als er kurz innehielt.

Olzén und Marit starrten sie an, als habe sie mitten in einem gefühlvollen Solo einen Hustenanfall erlitten.

»Sie brauchen diesen Hintergrund, um die Fortsetzung zu verstehen«, warf Olzén vorwurfsvoll ein und fuhr fort, als sei er niemals unterbrochen worden.

Stör mich nicht, wenn ich mein Spiegelbild anlächele,

schrieb Monika. Das ist Freiheit, notierte sie dann. Ich kann schreiben, was ich will. Das hier ist kein polizeiliches Verhör.

Aus einer spontanen Laune heraus schaute sie Olzén aufmerksam an und schrieb: Die Wirklichkeit ist das, was bleibt, wenn man nicht mehr daran glaubt. Dieses seltene Zitat war ihr gerade eingefallen, aber sie hatte vergessen, von wem es stammte.

Olzén redete weiter, Monika trank Kaffee, wartete, hörte ein wenig zerstreut zu und notierte ab und zu ein Stichwort. Primitive Verteidigung, projektive Identifikation, Sublimierung, Penisneid, hysterische Phantasien, die narzisstische Verletzung ... was Olzén ihr hier bot, war eine kurze Führung durch seine theoretischen Paradigmen, und Monika bemühte sich zu spät, nicht den Faden zu verlieren. Vielleicht würde sie all das ja brauchen, um zu verstehen, was er später über Babs sagen würde, falls er tatsächlich über sie geschrieben hatte.

Nein, sie brauchte nichts über unzulängliche Über-Ich-Funktionen zu wissen, um eine Antwort auf ihre beiden einfachen Fragen zu erhalten. Erstens: War Babs damals bei Olzén in Therapie gewesen? Und zweitens: Wenn ja, weshalb behauptete er, sie sei ermordet worden?

Doch es erschien ihr höchst schwierig, sich überhaupt Gehör zu verschaffen.

Nach fast vierzig Minuten fand er offenbar, dass es jetzt genug sei, und blickte Monika an.

»Es dauert ein ganzes Leben, all das wirklich zu verstehen, aber jetzt haben Sie immerhin einen kleinen Einblick gewonnen. Ein Mikrowissen«, fügte er mit einem Lächeln hinzu, das ihr zeigen sollte, dass es sich um einen Scherz handelte und nicht um eine Beleidigung. Doch es war kein überzeugendes Lächeln.

Monika lächelte ebenfalls, wie das brave Mädchen, das

sie nicht mehr war, und bedankte sich. Er lächelte abermals. Bitte sehr.

Alter Arsch, schrieb sie.

»Ich fand Ihr Buch überaus interessant«, schmeichelte sie.

»Ja, es ist ja auch die Frucht der Erfahrungen eines langen Lebens. Ich wurde von allen Seiten bedrängt, zu schreiben. Man wollte nicht, dass mein erworbenes Wissen verloren geht.«

Die Erinnerung an die Bitten, seinen intellektuellen Schatz für die Nachwelt zu sichern, ließ ihn erneut lächeln.

Monika nutzte die kleine Pause.

»Ich interessiere mich vor allem für zwei Fälle in Ihrem Buch. Einerseits für den latent homosexuellen Lehrer, der Frauen jagte, und andererseits für die Frau, die ermordet wurde.«

Olzén ließ sich mit halb geschlossenen Augen im Rollstuhl zurücksinken und nickte nachdenklich.

Das Schweigen im Zimmer sprach nicht nur für seine finanziellen Möglichkeiten – dicke Wände und eine ruhige Lage konnten sich schließlich viele kaufen –, es sättigte auch Marits Andacht. Sie saß noch immer reglos da und schenkte Olzén ihre ganze Aufmerksamkeit. In diesem Zimmer befanden sich drei Menschen, aber außer Olzéns Stimme war nichts zu hören. Kein leises Knacken eines Stuhls, kein Rascheln von Stoff, von Schuhsohlen auf dem Boden.

»Ja. Beides interessante Fälle. Leider waren sie nicht in der Lage, großen Nutzen aus dem analytischen Prozess zu ziehen. Streng genommen war es vielleicht falsch von mir, es überhaupt zu versuchen, aber ich wollte den beiden eine Chance geben«, erwiderte er nach einer Weile und lächelte.

»Ich wollte den Menschen immer helfen, selbst den hoffnungslosesten Fällen. Ich hatte immer schon eine Schwäche für Herausforderungen.«

»Und das waren zwei hoffnungslose Fälle?«

Die Falten in seinem schmalen Gesicht änderten ihre Richtung. Die Augenbrauen wanderten hoch, während die Mundwinkel nach unten sanken.

»Ja, leider.«

Marits Gesicht spiegelte seine Miene wider. Sie waren wie Tänzer und Tänzerin, die sämtliche Bewegung verdoppelten.

»Ich fand diese Berichte ungeheuer ergreifend«, stellte Monika nicht ganz unwahrheitsgemäß fest. »Ich konnte sie fast vor mir sehen, obwohl Sie ja nicht viel über ihr Aussehen sagen.« Inzwischen sprach sie ebenfalls leiser, als verlange das die Umgebung.

Olzén lächelte zufrieden.

»Ja, ich habe allerlei positive Reaktionen auf meine Personenschilderungen bekommen.«

»Den Lehrer stelle ich mir mittelblond vor, mit straffer Körperhaltung und einem kleinen Schnurrbart.«

Olzén legte den Kopf schief, während sein Lächeln einem nachsichtigen Grinsen wich.

»Und die Frau als kleine, kurvenreiche Blondine ...«

»Beides falsch.«

»Was tut man eigentlich als Autor, wenn man über real existierende Menschen schreibt, die nicht erkannt werden dürfen? Ändern Sie zum Beispiel Geschlecht und Beruf? War der Lehrer in Ihrem Buch in Wirklichkeit eine Pilotin, die Männer jagte, weil sie sich mit ihrer lesbischen Veranlagung nicht abfinden konnte?«

Olzén schaute auf. Seine Miene verriet einen Anflug von Unzufriedenheit, als sei Monika zu weit gegangen.

»Durchaus nicht. Er war natürlich Lehrer, und wenn Sie den psychodynamischen Hintergrund verstanden hätten, den ich im Buch detailliert erkläre, wüssten Sie auch, dass es keine Frau sein kann.«

»Ich dachte nur, dass dies eine Methode sein könnte, um die Identität Ihrer Personen zu schützen. Die ermordete Frau war also wirklich eine Frau, und sie stammte aus den von Ihnen beschriebenen Familienverhältnissen?«

»Natürlich. Aber die Initialen sind natürlich ausgedacht, und ich gebe kein Geburtsjahr oder solche Details an«, antwortete er kurz angebunden. Er schien sich mit einem Mal unbehaglich zu fühlen.

»Diese beiden Fälle habe ich eigentlich nur aufgenommen, um zu zeigen, wie schwer es sogar ein erfahrener Kliniker wie ich haben kann. Ab und zu …« Jetzt hatte er sich auf sein altes Niveau zurückgezogen und entspannte sich sichtlich. »… ab und zu, wenn man über die Fälle von Kollegen liest, bekommt man den Eindruck, dass die Arbeit so einfach war, so selbstverständlich, dass die Deutungen so leicht zu finden waren, dass sich die Erkenntnisse mühelos einstellten. Ich will verdeutlichen, wie selbst der beste Analytiker auf Patienten stoßen kann, denen nicht geholfen werden kann. Patienten, deren Widerstand zu groß oder deren Hass so riesengroß ist, dass er sich nicht in einen Verbündeten umwandeln lässt.«

»Und bei diesen beiden war das der Fall?«

»Bei Homosexualität geht es doch wie bei anderen Perversionen darum, dass sich die Libido, die sexuelle Energie, auf das falsche Objekt richtet, in diesem Fall auf andere Männer.« Jetzt war sein Tonfall wichtigtuerisch, dozierend. Er war die Autorität, die die Wahrheit verkündete. »Die Relation zwischen Perversion und Neurose ist überaus kompliziert. Ich habe übrigens in einer unserer Fachzeitschriften darüber geschrieben. Es ist eine überaus geschätzte Darstellung der Entwicklung der Partialtriebe.«

Monika stellte sich vor, wie Mikael und Patrik lachen

würden, wenn sie das hier hörten. Der Opa ist noch antiker als sein Haus, schrieb sie. Das Kratzen des Kugelschreibers hallte in der Stille wider.

»Und was war mit der Frau?«, fragte sie schließlich.

»Sie war höchst immatur, also eine unreife und bereits in jungen Jahren gestörte Person.«

Monika rang mit der Flut an Information, die auf sie einströmte.

»Sie hatte eine prominente Mutter, die für die Vereinten Nationen arbeitete, und war von mehreren Schulen geflogen?«

Olzén nickte.

»Allerdings. Das ist so in der Forschung. Jedes Detail muss korrekt sein, sonst ist alles falsch. Ihr Journalisten könnt es euch etwas einfacher machen, hier ein wenig hinzufügen, dort ein wenig wegnehmen. Die Leute lesen, die Leute vergessen. Wir Autoren müssen da schon vorsichtiger sein. Alle Details in meinem Buch sind korrekt, hundertprozentig. Das bin ich meinen Lesern und meinem Thema schuldig.«

Monika versuchte ihre Reaktion zu verbergen, indem sie ihren Notizblock anstarrte.

Dann muss es Babs gewesen sein, schrieb sie.

Sie bemühte sich um eine ausdruckslose Miene, doch Olzén, der sein Leben den Gefühlen anderer Menschen gewidmet hatte, ließ sich nicht in die Irre führen. Er schaute sie zum ersten Mal aufmerksam an.

»Warum wollen Sie das wissen?«

Monika versuchte ihn durch ihre nächste Frage abzulenken.

»Wie wurde sie ermordet?«

Aber sie hatte ihre Distanz verloren, sprach mit ihrem Herzen. Und deshalb stand sie auf verlorenem Posten.

»Mit Gegenfragen kommen Sie bei mir nicht weiter. Worum geht es hier eigentlich?«, wollte Olzén argwöhnisch wissen.

Angesichts seines kalten Blicks, seines überaus ordentlichen Zimmers und seiner Hohepriesterin und Pflegerin beschloss Monika, die Wahrheit zu sagen.

»Meine Großmutter, die ich leider nie wirklich kennen lernen durfte, war Juristin und arbeitete bei den Vereinten Nationen. Meine Mutter besuchte zunächst eine Schule in New York, wurde dann jedoch auf eine Klosterschule in der Schweiz geschickt, von der man sie verwiesen hat. Am Ende war sie auf einem Internat in Schweden. Sie hieß Barbara Ellen, und als ich die Fallbeschreibung der Patientin las, die Sie Fräulein F. nennen, dachte ich, dass es wohl kaum ein Zufall sein kann, dass so viele Details stimmen. Ich glaube, Sie haben meine Mutter behandelt, und in Ihrem Buch behaupten Sie, sie sei ermordet worden. Ich muss wissen, warum Sie das glauben.«

Olzén erstarrte. Er saß unbeweglich da, als wäre dies ein Garant, dass er nicht unüberlegt handelte, ehe er sich langsam Monika zuwandte.

»Sie haben sich unter falschen Prämissen bei mir eingeschlichen. Allein deshalb könnte ich Sie schon anzeigen. Und jetzt gehen Sie, und zwar sofort!«, schrie er

Monika war überzeugt davon, dass sie in seinem Gesicht nicht nur Zorn, sondern auch Angst lesen konnte. Und Marits Gesicht verriet nicht nur Überraschung, sondern auch eine stärkere Empfindung, die beinahe an Hass grenzte.

»Aber ich ...«

»Raus hier! Und zwar sofort!«

Sie musste ihre Tasche und ihren Block nehmen und in die Diele fliehen. Sie konnte nicht einmal ihren Mantel anziehen, bevor sie im Treppenhaus stand und die Tür hinter ihr zufiel – nicht wie erwartet mit einem Knall, sondern mit einem gut geölten kleinen Klicken.

Langsam ging sie die Treppe hinunter und hörte, wie hinter ihr die Schlüssel im Schloss umgedreht wurden.

Sie schlich sich wieder nach oben, legte das Ohr an die Tür und lauschte.

»Wie in aller Welt bist du überhaupt auf die Idee gekommen, sie hereinzulassen?«, hörte sie Marits erregte und wütende Stimme.

Er antwortete mit leiser Stimme, aber Monika konnte kein einzelnes Wort verstehen.

Dann wurde es plötzlich still. Die beiden waren offenbar in ein anderes Zimmer gegangen.

Monika dachte nach. Das hier war nicht sonderlich gut gelaufen. Aller Wahrscheinlichkeit war Babs tatsächlich bei Olzén in Behandlung gewesen, aber ganz sicher konnte sie noch immer nicht sein. Olzéns Reaktion konnte auch bedeuten, dass er nicht über Babs sprechen wollte, oder dass er es nicht ertrug, in seiner so behüteten Wohnung die Kontrolle verloren zu haben. Und über den angeblichen Mord, ihre dritte Frage, wusste sie noch immer nichts. Aus Olzén würde sie jedenfalls nichts mehr herausbekommen.

5

Während sie bei Olzén gewesen war, hatte der Regen an Stärke zugenommen. Als sie die Haustür öffnete, schlug ihr die Luft entgegen – kühl, feucht und angenehm.

Da sie weder Schirm noch Regenmantel dabei hatte, beschloss sie zu warten. Kurz darauf wurde die Tür aufgerissen, und ein Mann in ihrem Alter kam herein. Das Wasser tropfte aus seinen strähnigen Haaren, seine Jacke war an den Schultern und auf dem Rücken dunkel vor Feuchtigkeit, und er trug rote Turnschuhe, die vollkommen durchweicht waren.

Lächelnd zog er einen Schlüssel heraus und öffnete die Tür zu der Wohnung im Erdgeschoss. Im Türrahmen fuhr er sich mit der Hand übers Gesicht.

»Sieht aus, als hätte Sie der Regen überrascht. Darf ich Ihnen eine Tasse Tee anbieten?«

Monika, die bislang nur gute Erfahrungen mit Gesprächen mit Nachbarn gemacht hatte, nahm das Angebot an. Wenn sie Glück hatte, erfuhr sie vielleicht etwas Interessantes. Sie betrat die Wohnung, die deutlich heller und luftiger als Olzéns war. Teilweise war dies der spärlichen Möblierung aus hellem Holz zu verdanken, die von der letzten Möbelmesse zu stammen schien, und einem großen Fenster, das auf eine verglaste Veranda hinausging.

»Ich heiße Marcus«, erklärte ihr Gastgeber. »Setzen Sie sich doch, während ich Wasser aufsetze und mir etwas Trockenes anziehe. Es ist wirklich toll hier, aber eigentlich wohne ich hier gar nicht. Ich bin nur da, wenn die eigentliche Mieterin verreist, und das tut sie oft. Ich kümmere mich um die Post, die Blumen, die Katzen und all das. Es ist wie ein inoffizielles Schriftstellerstipendium. Wirklich überaus praktisch.«

Und damit war er verschwunden. Monika ließ sich gedankenverloren auf ein weißes Sofa sinken, ohne auf ihre Umgebung zu achten.

Das unangenehme Gefühl, schachmatt gesetzt worden zu sein, überwog ihre Neugier auf Marcus' Wohnung. Ihre Gedanken waren noch ein Stock höher, bei Olzén.

»Sie sehen völlig geschafft aus. Waren Sie bei dem alten Psycho?« Marcus hatte sich inzwischen umgezogen und brachte Tee in Bechern, die exakt zu den Möbeln passten.

Monika nickte. Wie gut, damit brauchte sie sich keine Mühe zu geben, das Gespräch auf Olzén zu bringen.

»Ich wollte ihn interviewen.« Sie hielt inne.

»Hat er noch immer Patienten?«, fragte sie, als ihr die Bedeutung seiner Frage aufging.

»Ich glaube schon. Jedenfalls kommen immer dieselben, und immer zur selben Zeit. Zu welchem Thema wollten Sie ihn interviewen?«

»Zu seinem Buch.«

»Ich wusste gar nicht, dass er eins geschrieben hat. Wovon handelt es denn?«

»Von seinen Patienten. Seiner Arbeit. Seinen Theorien.«

»Ist es gut?«

Sie musste sich in Acht nehmen. Sie wurde ausgefragt, statt selbst Informationen zu sammeln. »Ob es gut ist? Für eine Außenstehende ist das schwer zu sagen. Er scheint jedenfalls sehr genau vorgegangen zu sein. Die Details stimmen offenbar alle. Kennen Sie ihn?«, meinte sie trotzdem freundlich.

»Ich habe noch nie mit ihm gesprochen, er scheint nicht viel Kontakt zu den Nachbarn zu haben. Jedenfalls nicht mit mir. Ich sehe ihn vor allem, wenn er mit seiner Frau unterwegs ist. Sie fährt ihn montags, mittwochs und freitags im Rollstuhl spazieren, und zwar Punkt halb elf. Er ist immer ganz korrekt angezogen, falls das etwas darüber aussagen kann, wie glaubwürdig sein Buch ist.«

Er überlegte.

»Flüchtigkeitsfehler begeht er bestimmt nicht, aber ansonsten sind Pedanten wahrscheinlich auch nicht glaubwürdiger als andere ...«

»Er hat also eine Frau?«

»Ich glaube schon. Meinen Sie, sie sind nicht verheiratet und leben in Sünde?«

»Das habe ich nicht gemeint. Ich habe eine Frau von Mitte fünfzig gesehen, die er mir als seine Pflegerin vorgestellt hat, aber das war vielleicht nicht dieselbe.«

»War sie klein, mit glatten grauen Haaren, einem runden Gesicht, schmalen Schultern und einem breiten Hintern?«

So hätte Monika Schwester Marit vielleicht nicht beschrieben, aber das musste sie sein. Sie nickte.

»Geht es ihm so schlecht, dass er eine Pflegerin braucht?«, fragte Marcus.

»Das glaube ich nicht. Ich hatte den Eindruck, dass sie früher in seiner Praxis gearbeitet hat und jetzt noch immer bei ihm ist.«

»Wozu braucht ein Psychologe wohl eine Krankenschwester?«

»Keine Ahnung, und ich bin auch nicht auf die Idee gekommen, danach zu fragen.«

Marcus' Haare waren inzwischen fast trocken. Sie waren von einem hellen Aschblond und zu einer Prinz-Eisenherz-Frisur geschnitten. Er schien sich den Schnitt selbst mit einer stumpfen Schere vor dem Badezimmerspiegel verpasst zu haben, und es war nicht auszuschließen, dass er auch den grobmaschigen bunten und verfilzten Pullover selbst gestrickt hatte.

Doch sein Gesicht leuchtete vor Enthusiasmus und Interesse. Monika konnte sich nicht erinnern, jemals so hellbraune Augen gesehen zu haben. Sie sahen aus wie Puppenaugen, klar und ganz ohne jegliche farbliche Schattierung.

»Was halten Sie übrigens von dem Wort unselbstkritisch?«, fragte er unvermittelt.

Monika hatte keine Ahnung, worauf er hinauswollte. Sie durchforstete ihr Gehirn nach einer brauchbaren Antwort.

»Für einen Titel, meine ich. Könnte ein Buch heißen: ›Der unselbstkritische Mensch. Eine Studie über Übermut und Fehlschlüsse?‹ Überkommen Sie bei diesem Titel Kauf- und Leselust?«

Diese Frage konnte sie immerhin sofort beantworten.

»Nein.«

»Genau. Trotzdem wird unser Leben dauernd von den Missverständnissen und schlecht begründeten Beschlüssen anderer Menschen beeinflusst. Sie sprechen von unvorhergesehenen Konsequenzen oder neuen Tatsachen. Die Wahrheit ist, dass unser Gehirn unseren Entscheidungen nicht gewachsen ist, und deshalb sitzt die Menschheit dermaßen im Dreck.«

Er lachte.

»Von solchen Dingen handelt mein Buch. Im Moment schreibe ich über Hyperthermophile.«

Seine Augen funkelten jetzt und ließen seine Umrisse deutlicher hervortreten, als komme nun sein inneres verstecktes Wesen an die Oberfläche.

»Hyperwas?«, fragte Monika interessiert.

»Hyperthermophile. Das klingt fast wie eine ungewöhnliche sexuelle Veranlagung, aber es geht um Lebensformen, die sich dort wohl fühlen, wo es schrecklich warm ist. Früher war man davon überzeugt, dass Leben bei extrem hohen Temperaturen nicht möglich ist. Wenn Sie einen Krebs oder eine Möhre oder eine Syphilisbakterie kochen, dann sterben Sie. Aber jetzt hat sich herausgestellt, dass es Dutzende von zumeist einzelligen Organismen gibt, die insbesondere am Siedepunkt gedeihen.«

Er kramte in seinen Papieren herum und beförderte einige körnige Fotokopien von etwas zu Tage, das aussah wie ein Dutzend schwarze Tennisbälle. Er schob die Kopie über den Tisch.

»Sie haben übrigens wunderbare Namen. Wie finden Sie zum Beispiel Pyrodictum abyssi oder Pyrococcus? Wir unselbstkritischen Menschen sind immer davon ausgegangen, dass das, was für uns gilt, auch für alle anderen gelten muss. Unsere Enzyme funktionieren nicht, wenn sie erhitzt werden, deshalb glauben wir, dass es bei anderen genauso ist. Wir atmen Sauerstoff, deshalb kommen wir gar nicht erst auf die Idee, nach Lebensformen zu suchen, die ihre Energie aus anderen Stoffen ziehen. Die Hyperthermophilen können auch Schwefel oder Stickstoff einatmen. Das bedeutet, dass sie weder Wasser noch Licht brauchen, um zu wachsen und sich zu vermehren. Wir könnten unten im Urgestein, in dem sie hausen, nicht überleben, deshalb haben wir dort auch nie nach Leben gesucht.«

Monika lächelte, angesteckt von seiner Begeisterung für ein Thema, von dem sie noch nie gehört hatte.

»Was sagen Sie dazu, dass ihre niedrigste Wachstumstemperatur bei achtzig Grad Celsius liegt, die obere bei hundertdreißig und die optimale bei hundertsechs? Außerdem können sie auf minus hundertvierzig Grad eingefroren werden, und das bedeutet, dass sie eine Reise ins Weltall überleben würden, eingebettet in ihre Steine, und auf dem nächsten Planeten weiterleben könnten, wenn es dort warm genug wäre. Vielleicht sind die Hyperthermophilen die wahren Astronauten – vielleicht haben sie sich im ganzen All verbreitet. Vielleicht sind sie unsere Ahnen.«

Monika lachte.

»Mein nächstes Kapitel soll von militärischen Irrtümern handeln. Dafür gibt es so viele Beispiele, dass ich glatt zwei Bände füllen könnte. Eines steht jedenfalls fest: unsere Historiker, die von brillanten Strategien und fähigen Generälen sprechen, können Glück und Geschick nicht unterscheiden.«

Inzwischen hatte es aufgehört zu regnen. Monika bedankte sich für den Tee und stand auf. Auf dem Weg hinaus kam sie an einem Bücherstapel vorbei. Ihr Blick fiel auf das oberste Buch, auf dessen Einband eine bekannte Silhouette zu erkennen war. Das Buch handelte von Mussolini, jenem Politiker, der auch auf dem Band ihrer Großmutter abgebildet war. Es konnte sogar durchaus dasselbe Bild sein.

Monika fragte, ob sie sich das Exemplar für einige Tage leihen könne. Marcus, der ein vertrauensseeliger Kerl zu sein schien, war einverstanden.

Erschöpft saß Monika im Bus. Nach der Unterforderung der letzten Zeit empfand sie die jüngsten Ereignisse als höchst anstrengend.

Zuerst Babs, Niels, Olzén und Eloïse, jetzt Marcus, Mussolini und hyperthermophile Bakterien.

Babs, die sich seit so vielen Jahren ganz dicht hinter Monikas Bewusstsein rührte. Niels und Olzén, die nicht mit ihr sprechen wollten. Eloïse, die ihr beibringen wollte, was Babs nicht mehr geschafft hatte.

Die Anzahl der offenen Fragen wurde immer größer.

Jetzt konnte sie nur noch die Mitarbeiter der Kanzlei fragen. Das würde sie als Erstes tun, wenn sie nach Hause kam. Es musste doch noch jemanden, oder sogar mehrere geben, die sich an Babs erinnerten. Es kam sicher selten vor, dass eine Mitarbeiterin so plötzlich starb, und außerdem war Babs keine unauffällige Frau gewesen. Es musste jemanden geben, dem sie sich anvertraut hatte. Und diesen Jemand galt es zu finden.

Die Stimme, die sich bei Granat & Hamid meldete, klang nach Geld und Selbstsicherheit.

»Ich würde gern mit Herrn Granat sprechen.«

»Haben Sie einen Termin für dieses Gespräch vereinbart?«, fragte die kühle Stimme.

»Nein ...«

»Herr Granat ist im Moment leider sehr beschäftigt und nimmt keine neuen Fälle an.«

Es war ein klares Handicap, dass sie ihrem Gegenüber nicht mitteilen konnte, dass der viel beschäftigte Mann die Wahl hatte – entweder sprach er sofort mit ihr, oder er kam auf die Wache und stellte sich dort ihren Fragen. Aber daran ließ sich nichts ändern.

»Ich brauche keinen Anwalt, sondern habe nur ein paar Fragen ...«

»Er gibt leider keine Interviews.«

Als Nächstes würde sie sicher sagen, dass er auch nichts kaufen wollte, aber Monika kam ihr zuvor.

»Und wie ist es mit Herrn Hamid?«

»Auch der ist auf lange Sicht ausgebucht. Soll ich Ihnen eine andere Kanzlei empfehlen?«

Monika lehnte ab und ließ sich in einen Sessel sinken.

Das Ganze lief keineswegs gut. Also musste sie es auf andere Weise versuchen. Sie bemerkte, dass sie zu müde war, um sich mit dieser Frage herumzuschlagen, und griff zu den Büchern ihrer Großmutter. Sie fing mit dem ersten Band an. Erst kürzlich hatte sie entdeckt, dass es durchaus lohnend sein konnte, dort anzufangen, wo die Geschichte begann.

»Ich bin so alt wie das Jahrhundert«, lautete der erste Satz. »Ich bin so alt wie das Jahrhundert, in dem die moderne Zivilisation die Menschheit von den vier Reitern der Apokalypse befreien wollte, jenem Jahrhundert, in dem Pest, Krieg, Hunger und vorzeitiger Tod die leidende Menschheit endlich aus ihrem Zugriff entlassen sollten.«

So alt wie das Jahrhundert. Die Großmutter wäre jetzt also hundert, wenn sie noch lebte. Das hatte sie nicht gewusst. Sie las weiter und stellte fest, wie wenig sie über ihre Großmutter wusste. Die Großmutter war in Sundsvall aufgewachsen, hatte das Entsetzen des Ersten Weltkriegs durch Zeitungsberichte und durch die ruckhaften schwarzweißen Wochenschauen im Kino erlebt und außerdem in Finnland einen geliebten Vetter verloren.

Sie war ein Einzelkind gewesen. Papas Mädel.

Monika verstand nicht, wieso sie die Bücher nicht schon längst gelesen hatte. Sie waren zwar in einer bürokratischen Sprache verfasst, aber immerhin stammten sie von ihrer Großmutter. Hier ging es um eine junge Frau, die aus ihrem Leben etwas machen wollte, die berichtete, dass sie von Präsident Wilsons Vierzehn Punkten für einen Friedensplan 1918 so ergriffen gewesen war, dass sie daraus ihre Lebensaufgabe machen wollte. Sie beschrieb, wie glücklich und erstaunt sie darüber war, als einundvierzig Staaten beschlossen hatten, dass die Welt nie wieder durch einen Krieg überrumpelt werden sollte. Sie wollten den Krieg verhindern, indem sie die Ursachen dafür aus der Welt schafften und entsprechende Organe aufbauten, die dem Krieg zuvorkommen konnten. Darin hatte die Großmutter ihre eigene und die Zukunft der Welt gesehen. Deshalb hatte sie Jura studiert, sich auf Völkerrecht spezialisiert und später, zur Freude und zum Stolz ihrer Familie, ihr Ziel auch erreicht. 1930 war sie als Juristin beim Völkerbund angestellt worden. Das »Licht aus Genf«, so hatte sie den Bund genannt. »Wie so viele andere fühlte ich mich vom Licht aus Genf unwiderstehlich angezogen.«

Monika hatte das Gefühl, ihrer Großmutter zum ersten Mal zu begegnen. Sie hatte nie etwas über deren Träume und Hoffnungen oder über den Grund für ihre außergewöhnliche Berufswahl erfahren.

Als das Telefon klingelte, fragte sie sich, wer das sein mochte. Es war Mikael, und sie freute sich so sehr über seinen Anruf, dass es schon fast peinlich war.

Er habe keine Zeit zum Reden, sagte er, sondern wolle nur wissen, ob sie bei Granat & Hamid etwas erreicht habe.

»Absolut nicht. Sie haben nicht mal Zeit für ein Gespräch.«

»Hast du Eloïse angerufen?«

»Nein.«

»Das hab ich mir gedacht. Das solltest du am besten gleich tun.«

»Ich kann ihr doch nicht so viel Mühe machen.«

»Monika. Hat sie dir Hilfe angeboten oder nicht?«

»Schon, aber sie erwartet doch sicher nicht, dass ich sie beim Wort nehme ...«

»Ruf sie an, sonst werde ich sauer. Und morgen kommst du zum Essen und erzählst, wie es weitergegangen ist.«

»Erpresser.«

»Was sein muss, muss sein. Pass auf dich auf. Kuss.«

Die Kombination von Mikaels Aufforderung und ihren bislang vergeblichen Versuchen, in Erfahrung zu bringen, was mit Babs geschehen war, veranlasste sie letztendlich, Eloïses Nummer zu suchen. Sie konnte sich nicht einmal daran erinnern, wann sie zuletzt jemanden wegen eines Gefallens angerufen hatte.

Sie hatte keine Ahnung, wie sie anfangen sollte.

»Ich brauche wohl die Hilfe, von der du gestern gesprochen hast«, platzte sie heraus, als Eloïse sich meldete.

Eloïse schien sich an ihr Wort zu halten.

»Alles klar. Wir müssen ihren wunden Punkt finden, und ich glaube, bei Granat & Hamid weist die soziale Fassade die meisten Schwachstellen auf. Willst du dich als Praktikantin ausgeben? Als Tochter einer wichtigen Persönlichkeit, die vielleicht Jura studieren will und erst mal wissen möchte, wie so etwas aussieht?«

»Bin ich dafür nicht ein wenig zu alt?«

»Ein wenig vielleicht, aber es gibt viele, die spät damit anfangen und Jura zu ihrer zweiten Karriere machen. Oder hast du eine bessere Idee? So müssen sie dich empfangen und hilfsbereit sein.«

Monika hatte keine bessere Idee, deshalb schwieg sie.

»Das Beste wäre es, wenn die Frage von der Anwaltskammer käme, aber leider habe ich im Moment keine Beziehungen dort, die ich aktivieren könnte. Ich könnte natürlich von hier aus anrufen. Wenn Erik Granat ein Sechsender ist, der sich für einen Zehnender hält, dann ist mein

Chef ein echter Zwölfender. Das könnte funktionieren. Wenn wir behaupten, dass wir gerade ein EU-Projekt entwickeln und eine unserer Mitarbeiterinnen eine schwedische Kanzlei von innen sehen muss. Wir könnten dich als Belgierin oder Italienerin ausgeben oder so ... welche Sprachen sprichst du?«

»Schwedisch. Und holpriges Englisch.«

»Ist das alles?«

Eloïse war aus einer anderen Welt, einer Welt, in der es normal war, mehrere Sprachen akzentfrei zu sprechen. Einer Welt, in der Jugendliche jahrelang ins Ausland geschickt wurden, um sich eine perfekte Aussprache zuzulegen. In den Stockholmer Vororten wuchsen junge Schweden ohne Kenntnisse in ihrer Muttersprache auf, während am anderen Ende der sozialen Leiter junge Menschen mit nicht nur einer Sprache ins Leben traten, sondern mit einer ganzen Batterie, die ihnen den Zutritt zu Schulen, Universitäten und dem globalen Arbeitsmarkt eröffnete.

Mit einem Mal wurde Monika bewusst, wie satt sie all das hatte – sie hatte es satt, sich unterlegen zu fühlen, hatte die Ahnungslosigkeit der Privilegierten satt.

»Warum vergeudest du eigentlich deine Zeit mit dieser Geschichte? Du hast doch nicht gerade wenig zu tun, oder?«, fragte sie schroff.

»Mikael hat mir schon gesagt, dass du bei Hilfsangeboten die Stacheln ausfährst. Tatsache ist, dass ich es für Patrik tue.« Sie hielt einen Moment inne. »Er sieht aus, als sei er mit einem goldenen Löffel im Mund geboren worden. Er hat immer gut ausgesehen, hatte immer genug Geld und konnte immer alles lernen, was er wollte. Aber das bedeutet nicht, dass sein Leben einfach oder völlig schmerzlos war«, fügte sie hinzu.

Monika konnte fast sehen, wie Eloïse um die richtige Formulierung rang.

»Ich glaube an Mikael. Ich glaube, dass er genau der Richtige für Patrik ist. Ich weiß auch, dass du Mikael sehr nahe stehst, und für mich stellt sich das ganz einfach dar. Wenn du zufrieden bist, ist auch Mikael zufrieden, und wenn Mikael zufrieden ist, hat die Beziehung der beiden bessere Chancen. Nimm mir das nicht übel.«

»Du hast sicher Recht. Übrigens hat Mikael mich zu diesem Anruf bei dir überredet.«

»Siehst du? Es funktioniert schon. Ich melde mich, was Granat & Co angeht.«

Den Teufel wirst du tun, dachte Monika. Sie war lange nicht mehr so wütend gewesen. Eloïse mochte sich über Monikas Hilflosigkeit amüsieren, was Schals und Anwaltskanzleien anging. Sie mochte angesichts der Tatsache, dass Monika weder Französisch noch Italienisch sprach wie eine Einheimische, die Augen verdrehen.

Sie mochte auch versprechen, sich um Monikas Probleme zu kümmern, sich wieder zu melden, wenn es ihr gerade in den Kram passte, und Monika unterstellen, dass sie die Stacheln ausfuhr, wenn nicht alle lieb genug zu ihr waren.

Sie sollte sich doch zum Teufel scheren.

Das hier würde Monika selber klären. Es war doch Wahnsinn, greise Analytiker im Rollstuhl und Inhaber von Kanzleien, die keine Gespräche führen wollten, zu belästigen, wo sie ihren eigenen Vater und Babs' Ehemann unmittelbar neben sich hatte. Niels, der ganz bestimmt wusste, was los war.

Sie griff nach dem Schlüssel zu seiner Wohnung, nahm den ersten Band der Memoiren ihrer Großmutter und machte sich auf den Weg. Es regnete wieder. Diesmal würde sie das Kommando übernehmen. Jetzt wollte sie ihre Antworten haben, und zwar ohne die so genannte Hilfe, die Eloïse oder sonst irgendwer bot.

6

Monika setzte sich auf das Sofa, dasselbe Sofa, auf dem sie an dem Abend gesessen hatte, als Babs ums Leben gekommen war und nichts als Schweigen zurückgelassen hatte. Sie wartete auf Niels. Jetzt sollte dieses Schweigen endlich gebrochen werden.

Sie musste das Buch beiseite legen. Sie war zu angespannt, um zu lesen.

Als er nach Hause kam, stand sie auf und ging ihm entgegen.

»Als Babs gestorben ist, habe ich nicht nur meine Mutter verloren, sondern auch einen Teil meines Vaters. Am einen kann ich nichts ändern, das andere soll aber nicht so bleiben.«

Sie machte einen Schritt auf ihn zu.

»Du musst mir sagen, ob Babs bei Olzén in Behandlung war.«

Auf seiner Jacke glitzerten Regentropfen, und seine Haare waren feucht. Er stand schräg vor der Lampe, so dass sein Gesicht im Dunkeln lag.

»Warum tust du mir das an? Du weißt doch, dass ich nicht darüber reden will. Kannst du das nicht respektieren und mich in Ruhe lassen?«, erwiderte er langsam.

»Kannst du meine Haltung nicht respektieren und mir sagen, was du weißt? Babs war meine Mutter, und ich muss endlich wissen, was von alldem, das ich lese und höre, wahr ist und was nicht.«

»Du weißt doch, wie sie gestorben ist. Und die Wahrheit ... welche Wahrheit meinst du denn? Eine, die dir das Leben leichter macht? Diese Wahrheit wirst du nie finden. Lass das Ganze ruhen. Ich dachte, das hättest du schon längst getan.«

»Weil du dich geweigert hast, über sie zu reden? Weil du beschlossen hast, sie als abgeschlossenes Kapitel in unserem Leben zu behandeln? Komm ins Wohnzimmer und setz dich.«

»Nein.«

Er drehte sich um und machte Anstalten zu gehen. Sein schwerer, müder Körper löste den Impuls in ihr aus, alles zurückzunehmen, um Verzeihung zu bitten, sich geschlagen zu geben, so wie sie es immer getan hatte, doch ihr Bedürfnis nach einer Antwort war stärker. Sie schlüpfte in ihre Stiefel und warf sich ihre weiche Jacke über die Schultern.

»Geh, wenn es sein muss, aber diesmal komme ich mit. Es wird wesentlich angenehmer, wenn du hier bleibst. Wir könnten uns etwas Warmes zu trinken machen ...«

Aber er stand schon in der Tür, wollte vor Babs fliehen, vor seinen Erinnerungen, wie schon so oft. Doch diesmal würde sie ihn nicht so leicht davonkommen lassen.

Er lief zum Fahrstuhl, und sie drängte sich genau in dem Moment hinein, als sich die Türen schlossen.

Er drehte sich zur Wand um, so dass sie nur seinen breiten, ein wenig kantigen Rücken sehen konnte.

»Ich war bei Olzén«, sagte sie. »Und ich glaube, dass er Babs behandelt hat. Ich will es aber genau wissen. Warum wolltest du mir gestern nichts sagen, als ich dich danach gefragt habe?«

Sie sprach noch immer zu seinem Rücken, zur Wand. Er schwieg.

Wahrscheinlich wäre es besser gewesen, ein wenig zu warten, ihm mehr Zeit zu geben, aber das konnte sie nicht. Sie wartete schon lange genug.

»Olzén behauptet außerdem, sie sei ermordet worden. Ich will deine Meinung dazu hören.«

Inzwischen war der Fahrstuhl im Erdgeschoss zum Stillstand gekommen und Niels lief nach draußen. Der Regen war heftiger geworden, und Reste des Schnees wurden von den Dächern gespült. Niels eilte in den Regen hinaus, so schnell, dass sie fast laufen musste, um mit ihm Schritt zu halten.

»Ich habe das Recht zu erfahren, was mit ihr passiert ist!«

Noch immer zeigte er keine Reaktion, sondern ging einfach weiter. Rhythmisch, mechanisch.

Irgendwann blieb er stehen und drehte sich zu Monika um.

»Das bringt doch alles nichts. Was passiert ist, ist passiert. Man soll sich nicht in der Vergangenheit vergraben. Das ist ungesund und sinnlos.«

»Wir reden hier nicht von Vergraben, sondern davon, zurückblicken zu können, wenn es nötig wird. Das ist nicht zu viel verlangt, und es ist mir scheißegal, dass du meine Fragen ungesund findest. Merkst du eigentlich nicht, wie beleidigend das klingt?«

Er starrte sie ausdruckslos an.

Monika trat vor ihn.

»Ich will wissen, ob sie in Therapie war und warum.«

Niels hob die Hände. Wut begann sich auf seinem Gesicht abzuzeichnen.

»Ja. Wenn du es unbedingt wissen willst ... die Antwort ist Ja. Ihre Mutter hatte alles arrangiert. Sie hat auch dafür bezahlt. Es half nichts, und das hätte ich ihr auch vorher sagen können. Aber mich hat ja niemand gefragt.«

Er hielt einen Moment inne, ehe er fortfuhr – so leise, dass sie einen Schritt näher treten musste, um ihn verstehen zu können.

»Und warum? Daran scheinst du dich nicht erinnern zu können.«

Monika war wie erstarrt.

»Sie konnte ihr Leben nicht ertragen. Sie konnte uns nicht ertragen«, sagte er.

Er presste die Lippen aufeinander, so dass sie zu einer schmalen wütenden Linie wurden. Sie bemerkte, dass er schlecht rasiert war, wie ein alter Mann.

Der Regen strömte über sein Gesicht, und die Tropfen sahen aus wie riesige Tränen.

Seine Stimme wurde lauter, und jetzt redete er schnell, als hätten sich die Worte über Jahre in ihm aufgestaut.

»Ich wollte einfach nur eine normale Familie. Mir hätte das gereicht. Aber für sie war nichts genug. Es reichte nie. Es war nie genug. Du hast vergessen, wie sie vor ihrem Tod war. Ich kann dich gern daran erinnern, wenn dir all das so wichtig ist. Sie war drauf und dran, uns wieder zu verlassen. Und danach wäre sie wieder zurückgekommen, wenn der andere Mistkerl auch nicht genug war. Wenn sich herausgestellt hätte, dass auch er nur ein armer Tropf war, der versuchte, mit seinem Leben fertig zu werden.«

Er starrte sie an und packte ihre Oberarme, fester als je zuvor.

»Damals war es dieser Promi-Anwalt. Der hatte sich an der Verteidigung irgendwelcher Mafiatypen eine goldene Nase verdient. Wir haben unsere geringen Mittel eingesetzt, um diese Kerle zu erwischen, und Erik Granat hat dafür gesorgt, dass sie freigesprochen wurden. Das fand sie toll.«

Monika schwieg.

So war es gewesen, ja.

Babs hatte in der Diele gestanden, herausgeputzt, rauchend. Sie hatte Niels und Monika, die hinter Niels stand, angeschrien. Diese Erinnerung war unklar, als hätten sich mehrere Bilder übereinander geschoben, aber so war es gewesen. Ganz bestimmt. Diese Szene hatte sich mehr als einmal abgespielt, und stets hatte Monika hinter Niels gestanden.

Kein einziges Mal hatte Babs Monika mitnehmen wollen.

Und dann war sie zurückgekommen. Einmal geradewegs

aus dem Krankenhaus. Niemand hatte Monika erklärt, warum Babs dort gewesen war, aber jedenfalls war sie bleich und schweigsam mit einem Verband am Unterarm nach Hause zurückgekehrt.

Niels schien plötzlich zu merken, dass er sie zu fest gepackt hatte. Er ließ sie los und rieb mit beiden Händen über ihre Oberarme, als könnte er damit die blauen Flecke verschwinden lassen, die sich am nächsten Tag dort zeigen würden.

Er schüttelte müde den Kopf.

»Ich wollte nur, dass es ihr gut geht. Sie wollte so gern heiraten und ein Kind haben. Das war unsere beste Phase. Die Monate, in denen sie dich erwartete.«

»Und dann?«

»Dann verlor sie das Interesse. Wie immer.«

»War es eine schwere Geburt?«

»Im Gegenteil. Das Fruchtwasser ging gegen zehn Uhr abends ab, und zweieinhalb Stunden später warst du schon da. Es ging sogar ungewöhnlich glatt.«

Dieses Gespräch schien ihn tatsächlich ein wenig zu erleichtern.

»Sie konnte sich für Dinge engagieren, die weit weg waren – Waisenhäuser in Äthiopien, Kämpfe im Libanon –, aber die Menschen in ihrer Nähe waren ihr egal. In dieser Hinsicht war sie wie ihre Mutter, obwohl sie sich Mühe gab, alles ganz anders zu machen.«

Wieder schüttelte er den Kopf, die Geste des Verlierers. Eine resignierte Feststellung, dass er der Herausforderung der Ehe nicht gewachsen gewesen war, dass er sein Bestes getan, es aber nicht geschafft hatte.

»Ich dachte, es wäre besser für dich, wenn du all das vergisst.«

»Hast du deshalb die Fotos weggenommen?«

Er nickte.

Ihr erster Impuls war, ihn zu umarmen, ihm zu versichern, wie dankbar sie ihm für diesen Versuch war, sie zu beschützen, auch wenn er nicht immer geglückt sei. Sie wollte ihn um Entschuldigung bitten, weil sie ihn in den Regen und zu ihren gemeinsamen Erinnerungen gezwungen hatte. Doch sie tat es nicht.

»Und was ist mit diesem angeblichen Mord? Olzén behauptet doch, sie sei ermordet worden«, fragte sie stattdessen.

»Ich weiß nicht, warum er das schreibt. Damals hatte niemand diesen Verdacht. Bestimmt hat er sich das einfach ausgedacht. Das werden wir wohl nie erfahren.«

Er verstummte.

»Es spielt auch keine Rolle mehr«, fügte er nach einer Weile hinzu.

Aber Monika wusste, dass es für sie durchaus eine Rolle spielte. Es spielte eine Rolle, ob Babs ermordet worden war. Ob sie ihr Leben so satt gehabt hatte, dass sie einfach über die Straße gelaufen war, ohne sich umzusehen. Ob sie auf diese Weise versucht hatte, Niels, Monika und sich selbst zu verlassen. Es spielte eine Rolle, ob ihr Tod banales Unglück gewesen war, ein Vorfall, den man nicht erklären kann, weil der Zufall dahinter steckt und keine Gesetze über Ursache und Wirkung.

»Für mich spielt es eine Rolle.«

Sie sagte es noch einmal, lauter diesmal.

»Für mich spielt es eine Rolle.«

Nicht Niels durfte entscheiden, was wichtig für sie war, was sie wissen oder nicht wissen dürfte, woran sie sich erinnern sollte und woran nicht.

Ihr Mitgefühl für ihn wich neuerlicher Wut, einer Wut, die sie auf dem Absatz kehrtmachen ließ, so dass er zurückblieb, dort im Regen, bewegungslos wie ein Roboter, dessen Stromzufuhr plötzlich unterbrochen worden ist.

Wie betäubt kehrte sie nach Hause zurück.

Immerhin hatte sie eine eindeutige Antwort auf ihre erste Frage bekommen: Babs war Fräulein F. gewesen.

Über den vermeintlichen Mord dagegen wusste sie nicht mehr als vorher. Babs' Tod war in vielerlei Hinsicht nicht aufgeklärt, und es gab keinen Grund zur Annahme, dass sich daran etwas ändern könnte.

Beim Anblick des gezackten schwarzen Musters, das sich über den gelben Verputz zog, stieß sie einen Fluch aus. Schon wieder. Das letzte Mal war ein halbes Jahr her. Irgendjemand war mit der Spraydose vorbeigekommen und hatte sein Revier markiert. Damals war Monika nur insofern mit der Angelegenheit konfrontiert gewesen, dass sie sich am neuen Anstrich beteiligt hatte, aber es war ihr vorgekommen wie ein Raubüberfall.

Jetzt war sie so wütend, dass sie der Mauer einen Tritt versetzte.

Sie war so beschäftigt mit ihrem Zorn und ihren Gedanken an Babs und an Nils, dass sie den nicht besonders großen Mann zunächst nicht beachtete, der sich an ihr vorbeidrängte, als sie die Tür aufschloss. Er stieß mit der Schulter gegen sie, so dass sie um ein Haar das Gleichgewicht verlor. Sie wäre beinahe gestürzt, aber er fing sie auf, indem er ihren linken Oberarm packte, der nach Niels' Behandlung ohnehin schon schmerzte.

Die Haustür fiel hinter ihnen ins Schloss.

»Wo ist Biljana?«

Seine rot unterlaufenen Augen waren zu dicht vor ihrem Gesicht, seine braunen Haare waren fettig, und sein Atem stank nach Fusel.

»Ich weiß nicht, wovon du redest. Lass mich los.«

Er schüttelte sie, als glaube er, die verschwundene Biljana könne aus irgendeinem Versteck in Monikas Mantel kullern.

»Scheißnutte! Wo ist Biljana?«

Monika hatte seit ihrer Beinverletzung nicht mehr trainiert, aber ihr Gegenangriff war geschmeidig, effektiv und überraschend. Alles ging so automatisch, dass sie selbst überrascht war, als sie sich über ihn beugte, während er mit dem Gesicht nach unten auf dem nassen Boden lag. Ihr Knie lag auf seinem Rücken, während sie seinen rechten Arm nach hinten riss.

»Hör gut zu. Du hast gerade eine Polizistin angegriffen. Auch wenn ich heute Abend zufällig nicht im Dienst bin. Ich weiß nichts über irgendeine Biljana, und ich will, dass du jetzt sofort verschwindest, sonst rufe ich Verstärkung, und das wird dann überhaupt nicht lustig für dich. Kapiert?«, flüsterte sie ihm ins Ohr.

Sie bemerkte, dass er probeweise die Muskeln ein wenig anspannte, um ihre Kraft und ihre Technik zu testen.

Sie reagierte, indem sie den Druck auf seinen Arm verstärkte, und spürte, wie seine Sehnen noch einige schmerzliche Millimeter gedehnt wurden, ehe er aufgab.

Vorsichtig ließ sie ihn los, wohl wissend, dass er die Möglichkeit zum Gegenangriff nutzen würde, wenn er sie bekam.

»Ich bleibe noch eine Weile hier stehen. Wenn du dich noch einmal blicken lässt, schlage ich Alarm, und dann ist sofort die Polizei hier. Kapiert?«

Wieder nickte er, und sie schob ihn vor sich her, schloss die Tür auf, stieß ihn hinaus und zog eilig die Haustür zu. Das Schloss klickte beruhigend.

Er trottete davon, warf ihr jedoch einen Blick über die Schulter zu, der Monika das Panzerglas in der Tür erst richtig schätzen ließ. Dann verschwand er in der Dunkelheit.

Als sie die Treppe hochging, trat ihre Nachbarin Aster aus ihrer Wohnung.

»Hallo. Ich hab dich kommen sehen. Willst du nicht einen Moment hereinkommen?«

Eigentlich hatte Monika keine Lust, aber Asters Lachen war so ansteckend, dass sie die Einladung annahm.

»Aber wirklich nur einen Moment.«

Es überraschte sie nicht sonderlich, auf dem Sofa eine junge Frau mit langen Beinen und dem kürzesten Rock zu sehen, der ihr seit langer Zeit untergekommen war.

»Das hier ist Biljana aus meinem Schwedischkurs. Sie wollte ins Frauenhaus flüchten, aber das war belegt, und deshalb hab ich sie mit zu mir genommen. Morgen kann sie dort einziehen«, erklärte Aster.

Biljana hatte ihr Haar mit einem Produkt blondiert, das vermutlich Pflanzen und Tiere gleichermaßen abtötete, so dass die Strähnen stumpf und glanzlos in ihr hart geschminktes Gesicht hingen. Als sie lächelte, sah Monika, dass ihre Schneidezähne eine unterschiedliche Farbe aufwiesen, als hätte sie ihre eigenen verloren und sich mit einem zufällig herumliegenden Ersatz zufrieden geben müssen.

Die Tür ging auf, und Asters Bruder Ammanuel kam mit einer Einkaufstüte in der Hand herein. Monika hörte die Spraydosen, noch bevor sie sie sah. In ihren Jahren bei der Streife hatte sie sich mit dem Geräusch der kleinen Metallkugeln, die in den Dosen herumkullern, ausgiebig vertraut machen können. Sie sah auf die Tüten.

Ammanuel bemerkte ihren Blick und lächelte.

»Ich hab herumgekritzelt.«

»Das habe ich gesehen.«

»Was?«

»Die Hausmauer ist grauenhaft.«

Ammanuel lächelte noch breiter.

»Genau. Ich hab sie gestern Abend gesehen. Und einen

habe ich erkannt. Sein Motorrad sieht jetzt ein bisschen anders aus. Wenn er mein Haus anmalen kann, dann male ich eben seine Karre an.«

Biljana brach in Gelächter aus.

»Er sprüht Farbe auf dein Haus, und du sprühst Farbe auf sein Haus.«

»Nicht auf sein Haus, sondern auf seine Karre, sein Motorrad.«

Ammanuel hob die Hände, als umfasse er einen Lenker, und brummte wie ein Motorrad ohne Schalldämpfer.

Biljana hing inzwischen über der Armlehne des Sofas und hielt sich vor Lachen den Bauch. Dabei fiel ihre Handtasche, die auf ihren Knien gestanden hatte, zu Boden und ging auf. Aus reiner Gewohnheit schaute Monika hin. In der Tasche befanden sich Tausender, viele Tausender, ungeheuer viele. Biljana stopfte die Banknoten wieder in die Tasche zurück, drückte das Magnetschloss zusammen und schob die Tasche hinter sich.

Kein Wunder, dass der Mann, den Monika aus dem Haus geworfen hatte, sie unbedingt finden wollte.

Aber das war nicht Monikas Problem. Jetzt nicht mehr. Sie wandte sich an Ammanuel.

»Schaff die Dosen lieber weg. Und zwar so schnell wie möglich. Wisch sie aber vorher ab und wirf sie nicht in den Hausmüll.«

Sie war nicht mehr dazu verpflichtet, sich um andere zu kümmern.

Sie blieb noch eine Weile sitzen, um sich von den Erinnerungen an Babs zu erholen. Aster servierte aromatischen äthiopischen Tee, Ammanuel, dem es ebenso mühelos wie Aster gelang, für eine behagliche Stimmung zu sorgen, plauderte, und Monika und Biljana, die andere Sorgen hatten, wurden mitgerissen, wie Flößerinnen auf einem breiten, kraftvollen Strom.

Als Monika ihre Wohnung betrat, war sie mit dem Ende dieses Abends durchaus zufrieden.

Die Leute schlagen sich durch, so gut es geht. Sie beachten die Regeln nicht, die andere aufgestellt haben, sie interessieren sich nicht für irgendeinen Gesellschaftsvertrag, dachte sie. Biljana hatte gewiss nicht vor, ihre Tausender zu versteuern, falls es ihr Geld war. Aber vermutlich hätte sie das ohnehin nicht gekonnt, da sie zweifellos illegal in Schweden lebte. Der Mann, der Monika bedroht hatte, befand sich auf freiem Fuß, niemand würde ihn finden. Und es würde auch niemand nach ihm suchen. Die Krähe würde ihr Nest auf Kosten der Elstern bauen.

Unmittelbar vor dem Einschlafen kam die nächste Erinnerung angejagt, wie ein Expresszug aus einem Tunnel.

Die Erinnerung an Babs, die aus dem Gleichgewicht geriet und im Bett über sie fiel – die Erinnerung an Atemnot, an Babs' Körper, der unendlich groß und schwer war, und an ihren eigenen kleinen Brustkorb, der sich nicht heben konnte, an die Luft, die ihre Lunge nicht erreichte, an ihre Arme, die viel zu schwach waren, um sich von dem Gewicht zu befreien, und an Niels, der schrie, ehe das Gewicht endlich weggerissen wurde, an die Luft, die sich wieder einen Weg in ihre Lunge bahnte, an Babs, die undeutlich murmelte, »nur gute Nacht sagen«, an Niels, der wieder schrie, an ihre Ohren, die sie zuhielt und an ihre Augen, die sie zukniff.

Erschöpft, schweißgebadet und außer Atem lag Monika da und erinnerte sich daran, wie sehr sie Babs den Tod gewünscht hatte.

Wie sie sich vorgestellt hatte, dass Babs überfahren wurde, wie die halbwüchsigen Katzen und Igel und Kröten, die auf den Straßen den Tod fanden. Wie es viele Jahre gedauert hatte, bis sie begriffen hatte, dass Menschen normalerweise nicht auf diese Weise starben.

Und dann war es passiert, genau so, wie sie es sich immer vorgestellt hatte.

Augenblicklich bekam sie Schuldgefühle, wie eine Haut aus Ekel, aus Abscheu vor sich selbst. Es begann irgendwo in der Mitte ihres Körpers und strahlte in sämtliche Richtungen aus, und für einen Moment war es so schrecklich, dass sie sich wünschte, sterben zu dürfen. Ihr Herz sollte nicht mehr schlagen, damit sie erlöst wäre.

Es dauerte lange Zeit, bis sie begriff, dass die Gedanken eines Kindes noch keinen Menschen getötet haben.

Kein Mensch stirbt, nur weil wir ihm den Tod wünschen, dachte sie. Aus welchem Grund auch immer Babs gestorben war, es lag nicht an Monikas Sehnsucht nach einem Leben ohne ihre Mutter.

Und langsam löste sich das Schuldgefühl auf, wurde durchsichtig und substanzlos, und Monika holte Atem, als wäre es das erste Mal in ihrem Leben.

Plötzlich ging ihr auf, dass sich die Mauer verändert hatte. Sie war nicht mehr schwer und massiv mit beängstigenden Rissen, sondern niedriger, heller und weniger abweisend.

Erschöpft und unendlich erleichtert schlief sie ein. Wenn solche Erlebnisse das Arbeitsfeld der Psychologie waren, konnte sie nur froh sein, dass sie keine Psychologin war, das war ihr letzter Gedanke.

7

Am nächsten Morgen wachte Monika zum ersten Mal seit so langer Zeit ausgeruht auf, dass sie sich fast nicht mehr an dieses Gefühl erinnern konnte. Ihre Energie reichte sogar für einen Sprung aus dem Bett.

Draußen war es wieder kälter geworden. Einige kleine, nicht besonders überzeugende Schneeflocken fielen zögernd vor dem Fenster.

Während sie sich reckte und dehnte – auch etwas, was sie schon lange nicht mehr getan hatte – stellte sie fest, dass sie einen Plan hatte. Sie würde das tun, was sie immer tat, wenn sie sich über einen komplizierten Handlungsverlauf einen Überblick verschaffen wollte: einen Zeitplan aufstellen.

Sie suchte Papier und einige bunte Stifte heraus und ging mit den Memoiren ihrer Großmutter und mit Olzéns Buch in die Küche, wo sie Kaffee kochte und sich ein Brot schmierte. Sie fing mit ihrer Großmutter an, die eine schwarze Linie von 1900 bis 1982 erhielt. Darunter zeichnete sie Babs' in Rot, unter der ihre eigene in Blau folgte, 1965 und weiter.

Zusammen durchzogen sie ein ganzes Jahrhundert.

Dann kamen die Details. Sie fing an mit »Anlauf«, dem ersten Buch ihrer Großmutter, dem sie das 1918 in Sundsvall abgelegte Abitur, das 1923 in Uppsala beendete Studium und die weitere praktische Ausbildung entnahm. 1930 folgte der Posten beim Völkerbund, dem »Licht aus Genf«, wo sich ihre Großmutter beworben hatte, weil von dort aus in aller Welt Friede eingeführt werden sollte. Dort endete das Buch, und Monika legte es auf den Boden.

Zwei Bände waren noch übrig.

Der zweite Teil mit dem rätselhaften Titel »Der Einsturz des Weltengebäudes« hatte das beste Titelbild. Mussolini, die Großmutter und der Afrikaner mit dem ernsten Blick.

Sie schlug die erste Seite auf und las:

»Mit fünfunddreißig verlor ich meinen Glauben an die Menschheit und an meine Arbeit.«

Monika musste eine Pause einlegen und diesen Satz erst einmal verdauen.

Fünfunddreißig. So alt wie Monika jetzt. Mit fünfunddreißig hatten sie und ihre Großmutter den Glauben an die Sinnhaftigkeit ihrer Arbeit verloren.

Es war fast so seltsam, wie Babs' Auftauchen in Olzéns Buch. Andere durchlebten mit dreißig oder vierzig eine Krise. Stammte Monika aus einer Familie, in der sich die Krise mit fünfunddreißig einstellte?

Der nächste Satz war nicht weniger erschütternd.

»Der Weg zurück war sehr lang, und etwas von mir ging für immer verloren.«

Sie betrachtete wieder den Umschlag. Sie wollte ihre Großmutter sehen, ihre Miene lesen, aber das Gesicht zeigte nur das leichte, förmliche Diplomatinnenlächeln, hinter dem sich alles verstecken lässt. Sie drehte das Buch um, wo sich ein kleineres Bild befand. Die Aufnahme ihrer Großmutter in der Sonne, das blonde Haar sorgsam unter einem Kopftuch verstaut. Sie lehnte sich leicht an einen dünnen Mann mit einem schmalen Gesicht, das jedoch unter seinem Hut kaum zu erkennen war. Technisch gesehen war es ein schlechtes Bild, dennoch hatte es eine Stimmung der Wärme und des Vertrauens eingefangen.

Darunter stand: Die Autorin zusammen mit Tekle Hawariate, dem Hauptgesandten Abessiniens beim Völkerbund.

Über die Linie der Großmutter schrieb Monika: 1935, Glauben an die Arbeit verloren.

Dann blätterte sie im Buch herum. Als ihre Großmutter fünfunddreißig gewesen war, war Mussolini in Abessinien einmarschiert, dem heutigen Äthiopien. Der Völkerbund hatte ohnmächtig zusehen müssen. Haile Selassie I, der abessinische Kaiser, hatte bis zuletzt geglaubt, sich auf den Völkerbund verlassen zu können, doch das war ein Irrtum gewesen. Ansonsten konnte Monika nichts Relevantes finden.

Also nahm sie sich den dritten Band vor, »Die Jahre bei den Vereinten Nationen«, das Buch, das Babs an die Wand geschleudert hatte. Monika hatte vor langer Zeit darin geblättert und erinnerte sich noch an die Schwarzweißfotos, die fast ausnahmslos ihre Großmutter bei irgendwelchen offiziellen Treffen mit den Spitzenpolitikern von damals zeigten. Großmutter schüttelte Hände, Großmutter lächelte, Großmutter saß hinter einem mit einer kleinen schwedischen Flagge geschmückten Tisch, ihre Kleider hatten eine schmale Taille und einen weiten Rock.

»Der misslungene Versuch des Völkerbundes, gefährdete Länder vor Krieg zu schützen, darf sich niemals wiederholen«, schrieb sie. Nun sollte eine neue und bessere Organisation die erfolgreiche Friedensarbeit garantieren.

1942 wurde Babs geboren, und Monika verband die beiden Linien mit einem senkrechten Strich. Dies war ein Ereignis, das beide anging, auch wenn die Großmutter es in ihrer Biografie nicht erwähnt hatte.

Das Buch war ziemlich ausufernd, es beschrieb Begegnungen mit Politikern, von denen Monika nie gehört hatte, Aufträge, Entsendungen und politische Manöver. Am Ende schilderte die Großmutter peinlich genau das Abschiedsfest, das anlässlich ihres Ruhestandes veranstaltet worden war.

Monika schrieb »Ruhestand« auf die Linie, ehe sie ihr Werk kritisch beäugte. Bisher war das Ergebnis noch mager, aber sie hatte ja immer noch Olzén.

Sie trug ihn rot gepunktet auf Babs' Linie ein. Babs war bei ihrer ersten Begegnung 1962 zwanzig Jahre alt gewesen.

Und dann sah sie es.

Bei Monikas Geburt war Babs dreiundzwanzig gewesen. Dies war einer der wenigen Anhaltspunkte, die Monika besaß, praktisch die einzige Tatsache in ihrem und Babs' gemeinsamem Leben, die unwiderruflich feststand. Monika war im Söderkrankenhaus geboren worden, und Babs hatte alle Unterlagen von Wochenstation und Mütterbetreuung in einer schäbigen Plastikmappe aufbewahrt, die sie ab und zu hervorgeholt und durchgeblättert hatte, als wolle sie sich vergewissern, dass sie Monikas biologische Mutter war.

Olzén behauptete, hinzugezogen worden zu sein, als Fräulein F. mit zwanzig Jahren schwanger gewesen war. Er behauptete außerdem, dass alle Details in seiner Fallbeschreibung stimmten.

Dieser elende Greis!

Man kann leicht behaupten, dass etwas stimmt, wenn niemand es überprüfen kann. Hier hatte er jedenfalls die Wahrheit verdreht, und damit brach alles zusammen. Vielleicht war sein ganzes Buch vielmehr ein Roman. Vielleicht basierte dieses Werk auf ein paar langweiligen Patientenschicksalen, die er erweitert hatte, um damit Interesse zu wecken. Vielleicht hatte er seine Darstellung mit verkaufsfördernden Dingen wie Sex und Mord gewürzt.

Sie las weiter, ohne seine selbstsichere Behauptung, Babs sei ermordet worden, vergessen zu können. Eine derartige Vermutung oder gar Überzeugung hätte er doch der Polizei melden müssen, was er aber offenbar nicht getan hatte, sonst müsste Niels doch davon wissen. Nein, den Mord hatte er sich zweifellos aus den Fingern gesogen, vielleicht um seinem traurigen Bericht über eine misslungene Therapie ein aufregendes Ende zu verpassen. Das klang doch überzeugend. Das legte den Gedanken nahe, dass Babs Selbstmord begangen hatte. In diesem Fall wäre Olzéns Versagen noch größer gewesen als in seiner Beschreibung. Wenn Babs nun so deprimiert oder resigniert gewesen war, dass sie sterben wollte. Wenn Olzén nicht bemerkt hatte, wie dicht sie vor dem Selbstmord stand. In diesem Fall wäre seine Behandlung hinterfragt und kritisiert worden. Und dann hätte sich ein kleiner Mord doch sehr gut gemacht.

Je länger Monika darüber nachdachte, umso einleuchtender erschien ihr diese Erklärung. Seine Kollegen wussten sicher, dass er Babs behandelt hatte, die Kinder von

Prominenten können nicht immer mit Diskretion rechnen, und prominent war die Großmutter nun wirklich gewesen. Dann war das Prominentenkind gestorben, und er hatte diesen Todesfall erklären müssen.

Und Monika war auf alles hereingefallen. Sie war hinters Licht geführt worden, von einem egozentrischen Greis, der Babs' Sexleben dem allgemeinen Gespött preisgegeben hatte.

Wie blöd konnte man eigentlich sein?

Wütend wählte sie seine Nummer.

»Hier spricht Monika Pedersen, die Tochter von Barbara Ellen.«

»Wie kommen Sie dazu, mich unter meiner Privatnummer anzurufen. Wer gibt Ihnen das Recht dazu?«

»Dieses Recht habe ich mir genommen. Sie haben sich das Recht genommen, meine Mutter in Ihrem Buch zu einem Krankheitsfall zu machen, der leicht zu identifizieren ist. Allein das ist schon ein strafbarer Tatbestand. Außerdem behaupten Sie, sich an die Wahrheit zu halten, aber das stimmt nicht. Das macht Ihr Buch wertlos, wie Sie ja selbst erwähnt haben. Ich bin keine Journalistin, aber ich kenne etliche Pressevertreter, die sich für einen solchen Bluff durchaus interessieren würden.«

Es stand alles andere als fest, ob sich irgendjemand dafür interessierte, aber Monika ließ sich nicht davon beirren. Sie hoffte, dass er die Schlagzeile »Bekannter Analytiker lügt« schon vor sich sah und dass ihn das daran hinderte, den Hörer sofort auf die Gabel zu knallen.

Und ihre Hoffnungen wurden nicht enttäuscht.

»Ich habe keine falschen Angaben gemacht. Wie können Sie es wagen, so etwas zu behaupten!«

»Bei unserem Gespräch haben Sie gesagt, dass bis auf die Initialen alles stimmt. Sie schreiben, meine Mutter sei schwanger gewesen, als Sie 1962 hinzugezogen wurden.

Und da ich 1965 geboren worden bin, haben Sie sich um drei Jahre geirrt. Nennen Sie das eine korrekte Angabe? Sie behaupten, sie sei ermordet worden. Soll das etwa korrekt sein?«

Er schwieg.

»Das ist alles nicht so leicht. Es widerspricht meinen Prinzipien, mit Ihnen zu reden, aber in diesem Fall muss ich wohl eine Ausnahme machen. Könnten Sie noch einmal herkommen? Sie haben ja gesehen, dass ich nicht gerade mobil bin«, sagte er schließlich.

Es hatte geklappt.

Immerhin etwas. Sie hatte ihre einzige Karte ausgespielt und zu ihrer Überraschung den Stich gemacht.

Im Djurgårdsbrunnsvägen waren die Eishügel eingesackt, ehe sie noch einmal hart gefroren waren. Das Schmelzwasser hatte sich in blanke Pfützen und Eisläufe verwandelt. Eine Krähe mit herausfordernd perfektem Äußeren stolzierte vor dem mit Brettern verrammelten Kiosk herum, als gehöre ihr alles. Sie musterte Monika kurz mit schief gelegtem Kopf, verlor aber ebenso rasch das Interesse.

Das wollte Monika sich nicht bieten lassen.

Sie machte einen raschen Schritt auf die Krähe zu und schlug mit den Armen. »Bu!«

Die Krähe hob ab, so perfekt wie auf einer Illustration in einem Vogelbuch, und landete gelassen einige Meter weiter.

Monika musste über sich selbst lachen.

Bei Olzén würde sicher alles leichter gehen.

Die Eiszapfen an Olzéns Haus waren verschwunden, aber Schwester Marit strahlte beim Öffnen eine derartige Kälte aus, dass Monika erstarrte.

Olzén saß wieder hinter seinem Schreibtisch, ruhig wie ein Schachspieler vor einem wichtigen Turnier.

»Normalerweise spreche ich nie über meine Patienten,

aber in diesem Fall muss ich meine Regeln brechen. Ich habe mir das sehr genau überlegt.«

Monika nickte. Du tust das, weil dir nichts anderes übrig bleibt, du alter Mistkerl, aber das hast du wohl schon verdrängt, dachte Monika.

Er trug einen anderen Schlips, ansonsten war alles wie beim ersten Mal. Grau, glatt gekämmte Haare, grauer Anzug, graue Aura.

Er starrte sie an und runzelte die Stirn.

»Was ich schreibe, ist absolut korrekt. Ihre Mutter war 1962 schwanger. Deshalb kam sie zu mir zur Behandlung. Ihre Großmutter hatte alles in die Wege geleitet. Normalerweise hätte ich einen solchen Fall niemals angenommen.«

Damit hatte er gleich beim ersten Zug das Kommando an sich gerissen. Nichts von dem, was Monika hatte sagen wollen, ließ sich in der nun folgenden Stille anbringen.

»Und was passierte dann?«, fragte sie

»Sie bekam das Kind natürlich. Es war zu spät für eine Abtreibung. Sie hatte so lange geschwiegen, bis die Schwangerschaft zu sehen war.«

»Was sagen Sie da? Ich bin ihr zweites Kind? Habe ich eine Schwester?«

»Einen Bruder.«

»Wo ist er?«

»Das weiß ich nicht. Er wurde zur Adoption freigegeben. »Der Vater war verheiratet, Ihre Mutter war offenbar schwanger geworden, um ihn zu zwingen, Frau und Kinder zu verlassen,« erklärte er, während Monika noch damit beschäftigt war, ihre Gedanken zu ordnen.

Seine Worte taten weh.

»Wie schrecklich«, konnte Monika nur sagen.

»Ja. Vor allem für ihn und seine Familie. Sie hatte nicht begriffen, dass ein Kind keine Waffe ist. Dass man nicht Mutter eines Kindes werden kann, das niemand haben will. Sie selbst nicht, da das Kind ein Mittel war und kein Zweck, nicht der Vater und auch sonst niemand.«

Aus seinem Mund hörte es sich an, als habe Babs ein entsetzliches Verbrechen begangen, und als sei er der Staatsanwalt, der sich im Prozess durchgesetzt hatte.

»Aber was war mit meiner Großmutter? Konnte Sie denn nicht helfen?«

»Das hat sie doch getan. Sie hatte die ganze Zeit Kontakt zu mir. Sie bezahlte die Behandlung. Sie hat gehofft, die werde Wunder wirken, aber die Schwangerschaft hat den Zustand Ihrer Mutter leider noch mehr destabilisiert.

Er ließ seinen Blick über das frisch geputzte Fenster wandern und starrte ins Leere.

Trotz ihrer Verwirrung entsann sich Monika, warum sie gekommen war.

Es ging nicht um Babs' erste Schwangerschaft, wenn sie überhaupt daran glauben wollte. Es ging nicht darum, dass sie vielleicht einen Bruder hatte.

Sie lenkte ihre Gedanken zurück zu Olzéns Behauptung, Babs sei ermordet worden.

»Ich wollte mit Ihnen nicht über die Schwangerschaft reden, sondern über das, was später passiert ist.«

Seine starre Haltung änderte sich nur ganz wenig, doch genug um ihr zu verdeutlichen, dass sie ins Schwarze getroffen, etwas berührt hatte, worüber er nicht sprechen wollte. In ihrem Chaos von Gedanken und Gefühlen funktionierte ihr Polizistengehör offenbar noch immer ganz ausgezeichnet.

Sie hatte ihn aufgewühlt, und das gab ihr Kraft.

»Sie behaupten, sie sei ermordet worden«, sagte sie.

Er nickte.

»Und welche Beweise haben Sie dafür?«

»Beweise? Ich weiß, dass sie bedroht wurde. Mit dem Tod. Das hat sie mir selbst erzählt.«

»Das reicht nicht. Ist das alles?«

»Es reicht. Sie hatte sich in Dinge eingemischt, die sie nichts angingen. Sie war krank, kannte keine Grenzen, hatte keine Vorstellung davon, wo ihr Platz im Leben war.«

»Worin hatte sie sich eingemischt?«

»Das weiß ich nicht. Darüber brauchten wir nicht zu sprechen, wenn sie bei mir war. Es reichte schon, dass sie es erwähnte.«

»Wissen Sie, wer sie bedroht hatte?«

Er schüttelte den Kopf.

»Ich weiß nur, dass es ein Mann war.«

Es tat gut, endlich in der Offensive zu sein.

»Großartig. Sie wird also von einem unbekannten Mann aus einem ebenso unbekannten Grund bedroht, und daraus ziehen Sie den Schluss, dass sie ermordet wurde. Haben Sie sich damals an die Polizei gewandt?«

»Ich habe ihre Mutter über alles informiert.«

»Das glaube ich nicht. Ich glaube, Sie versuchen sich und Ihren Ruf zu schützen. Sie ist gestorben, während sie bei Ihnen in Behandlung war. Das muss doch Fragen aufgeworfen haben, unangenehme Fragen. Und da macht sich ein kleiner Mord bestimmt gut.«

Olzéns Schultern senkten sich, eine kaum merkliche Bewegung, die Monika eher ahnte als sah, die ihr aber verriet, dass sie auf der falschen Spur war. Olzén hatte sich vor etwas gefürchtet, aber nicht davor.

Verdammt.

Ihr Angriff war fehlgeschlagen, und jetzt lächelte er fast verbindlich.

»So war es nicht. Mein Ansehen hätte niemals mit einer einzigen Patientin stehen oder fallen können. Außerdem haben doch bei ihr ohnehin alle darauf gewartet, dass es schief gehen würde. Sie war ein hoffnungsloser Fall.«

Und aus seiner neuen Position der Stärke kam sein nächster, väterlicher Kommentar.

»Sie müssen sich von dieser destruktiven Fixierung auf Ihre Mutter befreien. Sie ist seit über zwanzig Jahren tot.«

Er ließ sich ein wenig zurücksinken.

»Und Sie müssen außerdem wissen, dass Sie ihr kein Wort glauben dürfen. Ihre Mutter war Mythomanin.«

Er legte den Kopf schief und musterte sie wie vorhin die Krähe – gelassen, ungerührt.

»Wissen Sie zum Beispiel, warum sie die Schule in der Schweiz verlassen musste?«

»Nein.«

»Das hätte ich mir denken können. Tatsache war, sie hatte behauptet, von einer Nonne sexuell belästigt worden zu sein. Von einer Nonne! Sehen Sie die Ausmaße ihrer sexualisierten Fantasien? Damals war sie gerade mal vierzehn!«

Monika hätte sich am liebsten die Ohren zugehalten – sie wollte nichts mehr hören, konnte nicht mehr aufnehmen, trotzdem blieb sie stumm sitzen.

»Sie lebte in ihrer eigenen Welt, lieh sich Geld, um eine impulsive Laune nach der anderen zu befriedigen, und Ihre Mutter sah davon nie auch nur einen einzigen Öre wieder. Sie wollte eine Ausbildung machen, die sie aber nie beendet hat, wollte weiterkommen, versagte aber immer wieder.«

»Aber hatte meine Großmutter denn nicht genug Geld? Warum musste Babs sich Geld leihen? Was hätte meine Großmutter mit ihrem Geld denn sonst anfangen sollen?«

»Sie hat sich für allerlei wohltätige Zwecke engagiert.«

Und deshalb, dachte Monika, hatten so viele bei ihrer Beerdigung Gutes über sie zu sagen. Ihr üppig bemessenes Gehalt von der UNO hat sie verschenkt, aber nicht an Babs.

»Sie war zutiefst enttäuscht von ihrer Tochter. Sie brauchte Unterstützung, um all das durchzustehen. Und da konnte ich ihr immerhin helfen. Zum Beispiel wollte Ihre Mutter ganz plötzlich nach Äthiopien reisen. Das war typisch für ihr gespaltenes und impulsives Ich. Ich konnte diese Reise verhindern. Ein klein wenig nützlich konnte ich mich also doch machen, das weiß ich. Man muss in solchen Fällen hart bleiben, das schwache Ich muss auf feste, unverrückbare Grenzen stoßen.«

Er schob sein Verteidigungsbollwerk weiter vor.

»Mir ist klar, dass all das schwer für Sie ist«, fuhr er mit sanfterer Stimme fort. »Mir ist klar, dass Sie sich nicht auf diese Weise an Ihre Mutter erinnern wollen.«

Er wandte sich ihr zu und musterte sie wie ein Handelsvertreter, mit ernster Miene und ohne mit der Wimper zu zucken.

»Die Wahrheit ist, dass sie psychisch krank war. Sehr krank. Wirklich einer meiner schlimmsten Fälle in der Zeit, nachdem ich das Krankenhaus verlassen hatte. Die Wahrheit ist, dass ihre Persönlichkeitsentwicklung gestört und ihr Selbstbild in so hohem Maß gespalten war, dass man sich fragen muss, ob sie überhaupt eines besaß. Und ich stehe für jedes Wort in meinem Buch.«

Und damit war die Audienz beendet.

Auf dem Heimweg versuchte Monika, sich in dieser neuen Situation zurechtzufinden. Konnte sie Olzén wirklich Glauben schenken? Wenn ja, hatte sie vielleicht einen Bruder. Wenn ja, war Babs vielleicht mit dem Tod bedroht worden. Monika fröstelte vor Unbehagen.

Mythomanin? Das hörte sich nicht gut an.

Doch zuerst würde sie mit Babs' Kolleginnen und Kollegen aus der Kanzlei sprechen. Sie musste Olzéns Bild von Babs damit vergleichen. Sie musste wissen, wie andere sie gesehen hatten, aber sie hatte keine Ahnung, wie sie mit diesen Menschen in Kontakt treten sollte.

Sie war so in diese Fragen vertieft, dass sie fast vergessen hätte, an der richtigen Haltestelle aus der U-Bahn auszusteigen.

8

Zu Hause rief sie sofort beim Adoptionszentrum an. Als sie hörte, dass es sich nur mit Adoptionen aus anderen Ländern befasste, fiel ihr ein, dass sie das bereits gewusst hatte. Sie musste sich ans Sozialamt wenden, was wesentlich komplizierter war. Dem Adoptionszentrum hatte sie sich vorbehaltlos nähern können, das Sozialamt hingegen kannte sie und hatte in der Vergangenheit seine funktionierenden und weniger funktionierenden Seiten erlebt.

Jetzt war sie beiden ausgesetzt. Zuerst wurde sie scheinbar planlos weiterverbunden, die eine müde Frauenstimme folgte der anderen, bis sie am Ende an der richtigen Stelle war – bei der Abteilung für Familienrecht. Die Frau am Apparat schien schon etwas älter zu sein, sprach langsam und hörte mehr zu, als sie redete.

»Ob Geschwister Informationen über Adoptionen erhalten können? Meistens ist es ja die adoptierte Person selbst oder derjenige, der ein Kind zur Adoption freigegeben hat, der Kontakt aufnehmen möchte. Aber ein gesetzliches Hindernis gibt es nicht. Wann hat die Adoption stattgefunden?«

»1962. Vermutlich.«

Bitte, mach, dass sie nicht sagt, sie kann nichts suchen, das vielleicht nicht existiert. Mach, dass sie nicht sagt, es sei zu lange her, damals habe es noch keine Computer gegeben oder irgendein Gesetz habe die Grenze bei 1970 gezogen.

»Das dürfte kein Problem sein. Sind Sie selbst diejenige, die nach eventuellen Geschwistern sucht?«

Ihre Worte, vor allem ihr Tonfall, ließen jeglichen Widerstand in Monika dahinschmelzen.

»Meine Mutter ist einige Tage vor meinem dreizehnten Geburtstag gestorben, und ich bin ohne Geschwister aufgewachsen. Ich habe erst kürzlich erfahren, dass sie vor mir schon ein anderes Kind gehabt haben kann. Einen Jungen, der zur Adoption freigegeben wurde.«

»Das muss ein echter Schock für Sie gewesen sein.«

»Ja. Ich habe vielleicht einen Bruder oder hatte zumindest einen. Er müsste jetzt siebenunddreißig sein.«

»Und jetzt wollen Sie wissen, ob Sie ihn ausfindig machen und Kontakt zu ihm aufnehmen können und wie sich das bewerkstelligen lässt.«

Monika hätte ihre unbekannte Gesprächspartnerin am liebsten umarmt. Hier war eine Frau, die ihre Aussagen nicht in Frage stellte.

»In diesem Fall wissen Sie natürlich nicht, ob er selbst von der Adoption weiß?«

»Ich weiß gar nichts. Meinen Sie, dass seine Eltern ihm vielleicht nichts gesagt haben?«

»Das kommt vor, wenn das Adoptivkind aus Schweden oder aus einem Nachbarland stammt.«

Monika war hin und her gerissen. Wenn er nun nichts wusste. Hatte sie dann überhaupt das Recht, sich bei ihm zu melden? Was hatte sie ihm schon zu bieten? Und wenn er davon wusste, warum hatte er nie Kontakt zu ihr gesucht? Er hätte doch jederzeit feststellen können, ob er noch lebende Elternteile hatte und ob es Geschwister gab. Vielleicht wollte er es ja nicht wissen.

Die freundliche Stimme riss sie aus ihren Überlegungen.

»Da gibt es verschiedene Möglichkeiten. Wenn Sie weitermachen wollen, brauche ich die Personenkennnummer Ihrer Mutter, damit ich an die Adoptiveltern schreiben kann. Ich informiere sie ganz einfach darüber, dass ihr Adoptivsohn eine biologische Verwandte hat, die Kontakt sucht, und dann können sie entscheiden, wie sie sich verhalten wollen. Wenn ihnen das recht ist, könnten sie ihren Sohn bitten, sich bei mir zu melden. Und dann stelle ich den Kontakt zu Ihnen her.«

Ja, das will ich, ja, ich sehne mich so sehr nach jemandem, für den ich wichtig bin, dachte Monika.

»Das klingt wunderbar. Bitte entschuldigen Sie, wenn ich Ihnen Ungelegenheiten mache«, sagte sie jedoch nur.

»Das macht mir keine Ungelegenheiten, und es ist doch verständlich, dass Sie sich Klarheit verschaffen wollen. Ich kümmere mich sofort um die Angelegenheit, dann kann ich den Brief heute noch losschicken.«

Monika bedankte sich und blieb neben dem Telefon sitzen.

Ein Bruder. Vielleicht. Sie wagte kaum diesen Gedanken zu Ende zu bringen, als könne die geringste Vorfreude die Chancen schmälern, dass er wirklich existierte, dass er sie sehen wollte. Ein Bruder. Ihr ganz persönlicher Bruder.

Die vergangenen Tage hatten die Erinnerungen an Babs diffuser werden lassen. Monikas Bild von ihr schien auf einmal verschwommen zu sein, und wenn Olzén Recht hatte, war Babs im Grunde nicht einmal eine richtige Person gewesen. Es war fast, als hätte Monika sie zum zweiten Mal verloren.

Vielleicht könnte ein Bruder diesen Verlust wettmachen. Wenn er denn existierte.

Sie wollte nicht anfangen, sich nach ihm zu sehnen, ihn sich auszumalen, deshalb beschloss sie, sich eine Kontaktmöglichkeit zu Granat & Hamid zu überlegen. Dort hatte Babs die letzten Monate ihres Lebens verbracht, hatte eine Affäre mit dem Chef und Gründer der Firma gehabt und war vielleicht mit dem Tod bedroht worden.

Sie musste mit diesen Menschen sprechen, hatte aber nicht die leiseste Ahnung, wie sie das anstellen sollte.

Das Telefon klingelte.

Es war Eloïse.

»Ich hab's. Morgen früh erscheinst du um Punkt neun bei Granat & Hamid.«

»Du machst Witze!«

»Ganz bestimmt nicht. Ich habe angerufen, von meinem Chef gegrüßt und um einen riesigen Gefallen gebeten, den wir ihnen so schnell nicht vergessen werden. Erik Granat hat fast ins Telefon gesabbert. Diese Art von Gegendiensten sind Macht, und als er gehört hat, dass er nur eine Studentin aufnehmen soll, die an einer Hausarbeit über die Entwicklung von Anwaltskanzleien sitzt – ich habe erwähnt, dass dein Fach europäische Ethnologie ist –, hat er sofort zugesagt. Du wirst bis zu den Knien im roten Teppich versinken.«

»Das geht doch nie im Leben gut. Was, wenn ...«, wandte Monika entsetzt ein.

»Ich konnte dich doch nicht als Juristin ausgeben, sonst hätten sie dich nach fünf Sätzen durchschaut. Spätestens. Also musste ich improvisieren«, unterbrach Eloïse.

»Aber europäische ... was ist das überhaupt?«

»Ethnologie.«

»Das kann ich ja nicht mal buchstabieren. Ich habe keine Ahnung, was das ist.«

»Umso besser. Mach dir keine Sorgen. Wenn sie etwas fragen, was du nicht weißt, sagst du einfach, du darfst nicht zu viel preisgeben, weil das deine Untersuchungen verzerren würde. Du hast keine Ahnung von europäischer Ethnologie, kannst aber davon ausgehen, dass sie das auch nicht haben. Und wenn dich doch jemand fragen sollte, dann sagst du einfach, du arbeitest nach dem Müllerschen Modell, dann halten sie garantiert die Klappe.«

»Nach dem Müllerschen Modell?«, wiederholte Monika mit schwacher Stimme. »Was ist das denn?«

»Das ist eine Methode, um alle Fragen zum Verstummen zu bringen. Meines Wissens gibt es weder einen Müller noch ein Forschungsmodell in seinem Geiste, und das hat es auch nie gegeben. Ich habe ihn gerade erst erfunden.

Und deshalb wird auch niemand weiterbohren können«, erklärte sie langsam und geduldig.

Sie hätte auch ganz offen sagen können, dass eine so begriffsstutzige Person wie Monika ihre Hilfe eigentlich nicht verdiente.

Monika bedankte sich und versprach, über alles Bericht zu erstatten.

Damit hatte sich das Problem Granat & Hamid auf äußerst unerwartete Weise gelöst – die versprochene Hilfe war eingetroffen, und zwar genau zum richtigen Zeitpunkt.

Als Nächstes würde sie sich überlegen müssen, wie sie in der Kanzlei vorging,, aber das hatte Zeit bis nach dem Essen bei Mikael und Patrik. Allmählich gewöhnte sie sich daran, an die beiden als an ein Paar zu denken. Sie nahm Olzéns Buch und den zweiten Teil der großmütterlichen Memoiren und machte sich auf den Weg.

Diesmal öffnete Patrik die Tür, und Monika fragte sich, ob das wohl so vereinbart gewesen war. Er besaß so harmonische Proportionen, dass man seine Größe erst bemerkte, wenn man unmittelbar vor ihm stand. Monika schätzte, dass er über eins neunzig groß sein musste. Ihr Blick fiel auf seine Boxernase in einem Gesicht, das ansonsten ein beschütztes Leben geführt zu haben schien, und seine tief liegenden Augen. In späteren Jahren hätte er das perfekte Aussehen für einen General, dachte sie. Falls die irgendwann nach ihrem Aussehen rekrutiert würden, müsste jemand wie Patrik hervorragende Karrierechancen haben. Seine glänzenden hellbraunen Haare zeigten keine Spur von Strähnen, Gel oder irgendeiner wirklichen Frisur. Sein Duft stieg ihr in die Nase.

»Hallo«, schrie Mikael aus der Küche, worauf Patrik verschwand, um ihm zu helfen oder vielleicht einfach, um das neue Dasein als Zusammenwohnende zu genießen.

Abermals war Monika allein mit dem Bild. Sie musste es

einfach ansehen, es schien sie beim Namen gerufen zu haben, freundlich, aber bestimmt.

Sie ließ den Blick über die Oberfläche gleiten, ließ ihn nach Belieben wandern und innehalten – er folgte den Linien, die sich zwischen den unregelmäßigen Formen ausfindig machen ließen, sprang von einer Farbe zur anderen. Eine der Formen war unfertig, die Oberfläche einfarbig und platt. Sie bemerkte, dass es sich um das Äußere handelte, während sich die anderen Formen mit sichtbaren Strukturen öffneten. Ihr verstecktes inneren Wesen wurde durch Längsschnitte bloßgelegt, die der Betrachterin ihr raffiniertes Inneres zeigten.

Es war wie eine Mordermittlung – zuerst sieht man nur die polierte Oberfläche, die die Menschen gerne zeigen, den offenkundigen Handlungsverlauf. Später, wenn man sich mühsam unter die Schale vorgearbeitet hat, hinter die Fassade, werden langsam die komplexen Motive der Menschen sichtbar. Man erfährt von ihren Sorgen, ihren Enttäuschungen und ihren Freuden, erlebt das Zusammenspiel sämtlicher Faktoren, die am Ende zur unwideruflichen Tat geführt haben – zum Tod eines anderen Menschen.

War das ein Bild ihrer Arbeit? Der Arbeit aller Menschen? Und wohin strebten die aufgebrochenen und schutzlosen Formen? Vielleicht nur zu Fäulnis und Dürre.

Sie erschauderte.

»Tausend Tage Licht« sprach sie an, das stand fest. Das Problem war nur, zu verstehen, was sie sah. Wieder versuchte sie, ihrem Blick freien Lauf zu lassen, doch nun sah sie nur das Netzwerk, die Kanäle, die Kontakte der Formen untereinander.

Am Ende suchte sie sich einen anderen Platz und kehrte dem Bild den Rücken zu, um in Ruhe nachdenken zu können.

Als Mikael und Patrik kleine dünne, in perfekte Quadrate geschnittene Lachsscheiben mit einer steifen weißen Soße brachten, bat Monika um Entschuldigung.

»Ich musste mich einfach anders hinsetzen. Es ist anstrengend, dieses Bild anzusehen.«

Mikael nickte.

»Das ist ja auch der Sinn der Sache. Ein Rezensent hat geschrieben, er hätte noch nie ein dermaßen geometrisch konsequentes Chaos gesehen. Aber jetzt musst du erzählen, was inzwischen passiert ist. Wir kommen schon fast um vor Neugier.«

Und Monika schilderte, was sie in Erfahrung gebracht hatte.

Dass Babs Fräulein F war. Dass Olzén sie als krank bezeichnet hatte, als sehr krank sogar, weshalb man ihr kein Wort glauben könne. Dass er trotzdem ihre Behauptung glaubte, sie sei bedroht worden und dass er nicht den leisesten Beweis für seine Mordtheorie liefern konnte.

Und als Höhepunkt Olzéns Behauptung, sie habe einen Bruder.

»Wenn du ihn findest, kann ich dir bestimmt ein paar Ratschläge geben«, bot Patrik an. »Ich bin Experte für Halbgeschwister. Weißt du übrigens, wer der Vater war?«

»Der Vater spielt keine Rolle«, sagte Mikael. »Monika quengelt herum, weil sie keine Geschwister hat, schon seit ich sie kenne. Jetzt hat das endlich ein Ende.«

»Ich hab doch nie gequengelt.«

»Doch, hast du. Wann immer ich meine Schwestern erwähnt habe, hast du mich wie ein verlorenes und neidisches Hundebaby angesehen.«

»Ich hab mich einsam gefühlt, das kann man kaum als Gequengel bezeichnen.«

»Doch. Wenn es zum Dauerproblem wird, wenn man die Dinge nicht so hinnehmen kann, wie sie nun einmal sind, wenn man immer etwas anderes will, dann ist das Gequengel. Und jetzt hoffe ich, dass du dein Bruderherz findest.«

Ein Anflug von Schadenfreude erschien in Patriks Gesicht, und augenblicklich krampfte Monikas Magen sich zusammen.

»Wir reden weiter, wenn du mehr weißt. Aber was ist jetzt mit dem geheimnisvollen Tod deiner Mutter?«, sagte Mikael.

Monika sammelte sich.

»Meiner Meinung nach gibt es drei Möglichkeiten. Erstens, dass jemand sie versehentlich überfahren hat. Wir wissen, dass das Auto viel zu schnell fuhr. Zweitens, dass sie sich absichtlich vor das Auto geworfen hat, weil sie sterben wollte, und dass sie dieses ausgesucht hat, weil es so schnell war. Drittens, dass jemand sie umgebracht hat.«

Mikael und Patrik nickten.

»Der Wagen ist nie gefunden worden. Das kann aber auch auf einen achtlosen Fahrer und Fahrerflucht hinweisen. Wenn sie sich vor das Auto geworfen hätte, hätte der Fahrer sicher angehalten. Aber auch in diesem Fall kann man einen Schock erleiden oder in Panik geraten und fährt vielleicht einfach weiter. Ich weiß also nicht gerade viel.«

»Wenn du dir eine dieser Alternativen aussuchen könntest, welche würdest du dann nehmen?«, fragte Mikael, als wäre dies eine gewöhnliche Ermittlung.

»Zuerst den fahrlässigen Fahrer, dann den Mord und zuletzt erst den Selbstmord.«

»Und was glaubst du, rein rational?«

»Dass wir niemals erfahren werden, was passiert ist. Es gibt doch fast niemanden mehr, den ich fragen könnte. Niels behauptet, bei den Ermittlungen sei Mord nicht einmal in Betracht gezogen worden. Olzén schreibt, dass ihr Tod nicht überraschend kam, und beharrt darauf, dass sie ermordet wurde. Er verweist auf eine Bedrohung von unbekannter Seite, die sie erwähnt hat. Ich dachte zuerst, er habe den Mord erfunden, um sich Kritik wegen ihres Todes zu ersparen, aber als ich mich mit ihm unterhalten hatte, hatte ich nicht das Gefühl.«

Mikael sah auf.

»Das ergibt aber keinen Sinn. Olzén sagt, er habe mit einem bösen Ende gerechnet, und das muss doch bedeuten, dass er ihren Tod erwartet hat. Und Niels sagt, die Polizei habe nie eine andere Möglichkeit in Betracht gezogen als Fahrerflucht.«

»So hat er es nicht ausgedrückt. Er hat gesagt, es habe nichts für einen Mord gesprochen.«

Stille senkte sich über den Raum. Und mit einem Mal kam die Erkenntnis.

Das war es, wovor Niels sie hatte beschützen wollen. Um einen Selbstmord wächst Schweigen heran, und in diesem Schweigen hatten sie, Monika und Niels, seit Babs' Tod gelebt. Es war das Schweigen, das Monika jetzt gebrochen hatte.

Mikael kam zu ihr, setzte sich neben sie und legte ihr den Arm um die Schultern.

»O Scheiße.«

Ihre Gedanken wirbelten durcheinander. Babs hatte sich aus ihrem Leben fortgesehnt, und Monika war Teil davon gewesen. Sie hatte von vielen verzweifelten Frauen gehört, ihre Kinder hielten sie am Leben, doch für Babs war ein Kind nicht genug gewesen.

»Macht ihr jetzt nicht denselben Fehler wie Olzén? Ihr habt entschieden, was passiert ist, ohne dass ihr es auf irgendeine Weise belegen könnt. Ich schlage vor, wir machen uns ans Hauptgericht. Es wird in der Küche serviert«, durchbrach Patrik das Schweigen.

Er hatte Recht, aber Monika war auch überzeugt davon, dass es ihm nicht gefiel, dass Mikael und sie so dicht nebeneinander saßen.

Beim Essen erzählte Monika, dass Eloïse ihr eine Freikarte für Granat & Hamid organisiert habe, und sie überlegten gemeinsam, wie Monika dort das Gespräch auf Babs bringen könnte. Sie waren sich einig, dass der übliche Polizeistil, direkte Fragen, nicht die richtige Vorgehensweise war.

»Vielleicht kannst du sagen, du forschst über Frauen, die vor ihrem vierzigsten Lebensjahr tödlich verunglückt sind, und dazu gehörte sie ja.«

»Oder du stellst die Behauptung auf, Angestellte von Anwaltskanzleien seien in einem besseren gesundheitlichen Zustand als der Durchschnitt der Bevölkerung, und dass du dieses Phänomen genauer untersuchen willst.«

Monika stöhnte.

»Ich fühle mich ein bisschen wie eine Chirurgin, die plötzlich mit neuen Instrumenten operieren soll. Einige sind besser und einige schlechter als die, die ich bisher immer in der Hand hatte.«

Sie zogen ins Wohnzimmer um. Mikael räumte den Tisch ab, während Patrik in Olzéns Buch blätterte.

Plötzlich prustete er los.

»Hört euch das an! Vom deskriptiv-phänomenologischen Standpunkt aus halte ich es für unrichtig, Homosexualität und Nekrophilie gleichzusetzen.«

Mikael blickte interessiert auf.

»Was treibt den perversen Menschen an? Das Leugnen der Kastration – ein penisloses Geschöpf kann nicht geliebt werden. Es handelt sich hier um die unvollständige psychische Differenzierung zwischen den Geschlechtern, die in der prägenitalen Phase stattfindet und zu einer Sexualität führt, die auf dem aufbaut, was man auf gleiche Weise und gleichzeitig tun kann«, las er weiter.

Obwohl er Mühe hatte, sein Lachen zu unterdrücken, fuhr er fort.

»Der negative Ödipuskomplex, die passive Homosexualität und der Zwang, sich die Frau als phallisch vorzustellen, gründen in der Kastrationsangst und ...«

Weiter kam er nicht. Er brüllte vor Lachen und musste das Buch weglegen.

Mikael schaute ihn vorwurfsvoll an.

»Das solltest du ernst nehmen – das ist doch Geschichtsunterricht. Denk dran, wer die Geschichte vergisst, ist dazu verdammt, sie zu wiederholen. Aber ...«, er wandte sich Monika zu, »das Ganze wirkt nicht gerade Vertrauen erweckend.«

»Ich glaube, man kann seine Perspektive durchaus als marginal bezeichnen«, sagte Patrik.

Monika sah ihn fragend an.

»Wenn das, was er über Babs sagt, auch so ist wie seine Äußerungen über Jungs, die auf andere Jungs stehen, solltest du diesen Kerl vielleicht nicht allzu ernst nehmen.«

»Aber es ist doch seine Aufgabe, zu wissen, ob jemand krank oder gesund ist.«

»Hattest du denn den Eindruck, dass Babs krank ist?«

»Ich war zwölf Jahre alt.«

»Aber ist sie dir krank vorgekommen?«

»Wie soll ich das denn wissen?«

Monika wurde wütend, und Mikael versuchte das Gespräch auf ein neutraleres Thema zu lenken.

Er griff zum »Einsturz des Weltengebäudes«.

»Ihr beide haltet jetzt den Mund, jetzt lese ich nämlich ich vor.«

Er schlug das Buch wahllos auf irgendeiner Seite auf.

»Am selben Tag wurde das Netz der Sanktionen um Italien zusammengezogen. Einige Maschen waren indes gefallen. Die Mitgliedsstaaten Österreich, Ungarn und Albanien hatten erklärt, sich nicht an den Sanktionsmaßnahmen beteiligen zu können. Nicht-Mitgliedsstaaten wie Deutschland und die Vereinigten Staaten dagegen hatten sich bereit erklärt, keinen unbilligen Profit aus der Situation zu ziehen.«

Er legte eine Pause ein.

»Leserfreundlich ist das ja nicht gerade – geht das die ganze Zeit so?«

Monika nickte, und Mikael fuhr fort.

»Italien protestierte bei den einzelnen Staaten gegen die Sanktionen und setzte seine Kriegsführung unverdrossen fort. Zu einem früheren Zeitpunkt hatte Mussolini gedroht, Sanktionen bedeuteten Krieg, jetzt wollte er die Sanktionsländer bei der Stange halten, indem er der italienischen Bevölkerung Mut und stahlharte Disziplin befahl. Die Sanktionen, die am 18. November in Kraft traten, sollten indes nur ein erster Schritt sein. Dass es nie zu den geplanten Ölsanktionen kam, lag weniger am Widerstand der Nicht-Mitgliedstaaten, sondern an der Sabotage eines Mitgliedstaates, Frankreich.«

»Worum geht es hier eigentlich?«

»Um den Völkerbund, den Vorläufer der UNO. Sie wollten Italien an einem Überfall auf Abessinien hindern. Ein Staat, der einen anderen angriff, sollte mit Sanktionen belegt werden. So ein Staat sollte kein Öl und keine Waffen kaufen dürfen, und auf diese Weise sollte ein Krieg unmöglich werden.«

»Und?«

»Der Zweite Weltkrieg brach aus.«

»Was für ein Pech. Wieso schreibt deine Großmutter darüber?«

»Sie hat beim Völkerbund gearbeitet. Sie war Juristin. Völkerrechtsexpertin. Damals sollten Gesetze entwickelt werden, die zwischen den einzelnen Ländern galten, nicht nur innerhalb eines Landes. Und dafür brauchten sie Juristen. Sie wollten Kriege überflüssig machen und endgültig verhindern.«

»Sie schreibt, dass die Menschen einen Anspruch auf geringere Rüstungskosten haben. Zuerst sollten die Angriffswaffen verschwinden. Das hat nicht geklappt. Wie hat sie das aufgenommen?«

»Es war schrecklich für sie. Aber dann hat sie sich erneut engagiert, als die Vereinten Nationen gegründet wurden. Diesmal wollte sie alles richtig machen. Die neue Organisation sollte aus den Fehlern der ersten lernen.«

Einige Zeit später ging Monika nach Hause.

Ihr Versuch, nicht an ihren unbekannten Bruder und auch nicht an die Möglichkeit zu denken, dass Babs freiwillig aus dem Leben geschieden war, war nicht gerade erfolgreich gewesen.

Wilde Tiere jagen dem Feuer entgegen. Sie stürzen sich durch die Flammen, um sich hinter dem Brand in Sicherheit zu bringen. Wenn sie vor dem Brand flüchteten, würden sie irgendwann erschöpft zu Boden sinken und umkommen, wenn das Feuer sie erreichte.

Monika wusste, dass sie ihre Gefühle für Babs durchdringen musste, um auf die andere Seite zu gelangen. Auch wenn sie sich dabei verbrannte.

9

Als Monika beim Frühstück saß, klingelte das Telefon, und ihr schoss der Gedanke durch den Kopf, dass Granat & Hamid den Bluff durchschaut hatten und den Termin absagten.

Doch stattdessen war Eloïse am Apparat.

»Ich habe ein paar Recherchen für dich angestellt. Wenn du als Ethnologin glaubwürdig sein willst, musst du alle, mit denen du reden willst, als Gewährsleute bezeichnen. Nimm ein Tonbandgerät mit, das gehört dazu. Wenn du nur ein einziges Mal von Zeugen oder Klägern redest, bist du vermutlich erledigt. Du kannst dich gern ein wenig beeindruckt zeigen – Ethnologinnen kommen nicht oft in eine Szene, die an sich schon ein Statussymbol darstellt. Viel Glück!«

Sie legte auf, noch bevor Monika etwas erwidern konnte.

Ein Teil von ihr war wütend auf sich selbst und auf Eloïse. Warum hatte sie sich nicht selbst über die ethnologischen Fachbegriffe informiert? Und warum war Eloïse davon ausgegangen, dass sie Hilfe brauchte? Doch gleichzeitig rührte es sie, dass Eloïse sich diese Zeit genommen hatte, und sie war dankbar für diese brauchbaren Ratschläge.

Probeweise sprach sie das Wort aus, um sich damit vertraut zu machen.

»Gewährsleute, Gewährsmann, Gewährsfrau …«

Es hörte sich richtig an.

Strandvägen 5. Das prachtvollste Haus in einer Reihe prachtvoller Häuser, die manchmal auch als Paläste bezeichnet wurden.

Monika erkannte die überdimensionalen Männer wieder, die das Portal flankierten. Vor langer Zeit hatte sie zusammen mit Babs vor ihren blinden Gesichtern gestanden. Dieser Arbeitsplatz war wie ein Geschenk des Himmels gewesen, und Babs hatte sich vorgenommen, ihre Aufgaben perfekt zu erledigen. Vorher war sie eine Weile arbeitslos gewesen. Monika wusste nicht, wie lange, jedenfalls war es zu lange gewesen.

Babs hatte ihren langen schwarzen Mantel mit dem ausladenden Kragen getragen. Monika wusste nicht mehr, worüber sie gesprochen hatten, erinnerte sich jedoch noch an die Hoffnung, die Babs' Gesicht so verletzlich gemacht hatte – an die hastigen, tiefen letzten Züge an der Zigarette, ehe Babs die schwere Eichentür aufgeschoben hatte und in ihr neues Leben eingetreten war. Ihr siegesbewusstes kleines Winken hatte Monika ebenso große Angst eingejagt wie die toten Augen der Statuen.

Es war über zweiundzwanzig Jahre her, dass Monika gesehen hatte, wie Babs' Rücken im Eingang dieses Gebäudes verschwand, das mit seinen Paaren aus grünen Marmorsäulen an den Wänden wie ein Tempel aussah. Aber die Spur schien noch immer nicht erkaltet zu sein.

Vielleicht steckte der Übermut dieses Hauses an. Wollten die Herrscher monumentale, beeindruckende Gebäude, um ihren Ehrgeiz und ihr Selbstvertrauen zu steigern?

Die Reviergrenze der Firma war durch eine solide und mit glänzenden Messingschildern versehene Eichentür markiert.

Granat & Hamid hatten eine ehemalige Patrizierwohnung in ein Büro umgewandelt. Die Diele war zur Rezeption umfunktioniert worden, wo ein aufmerksamer junger Mann hinter einem antiken Schreibtisch saß. Die sichtbare Technik war auf ein Minimum reduziert worden; ein kleiner, flacher Computerbildschirm stand diskret in einer Ecke, das Telefon war durch dieselbe dunkelbraune Farbe getarnt wie der Tisch und versteckte sich hinter einem üppigen, frischen Blumenarrangement. Es war schwer zu sagen, wer mehr Punkte für guten Geschmack verdient hatte – der Mann oder der Schreibtisch. Der Mann war sich seiner Wirkung jedenfalls bewusst – er flirtete diskret, lächelte, als bedaure er die Umstände und wäre der Besucherin lieber an einem anderen Ort begegnet. Hinter ihm zeigte ein großes Foto, dass Granat & Hamid beim Squashturnier des Anwaltsvereins den ersten Preis gewonnen hatten. Hier arbeiteten also nicht nur kompetente Juristen, sondern sie waren noch dazu durchtrainiert und gut aussehend.

Erik Granat, der keine Zeit für ein Telefongespräch gehabt hatte, empfing sie jetzt ruhig und gelassen. Sein rotes Haar war weiß geworden. Er war mittelgroß und trotz seines kleinen Bauchansatzes anmutig – vermutlich die Folge zahlreicher Stunden auf dem Squashcourt. Sein Anzug war maßgeschneidert, das Hemd weiß mit zartem Karomuster. Ein Snob, so hatte Babs verächtlich diejenigen bezeichnet, die sich so kleideten. Hatte sie sich von Geld und Macht angezogen gefühlt? War es möglich, dass sie diesen Mann attraktiv gefunden hatte? Und hatte sie seinetwegen sterben wollen?

Nach dem ersten optischen Eindruck kam der Duft, der von seinem sauberen, gestärkten Hemd, seiner frisch gewaschenen Haut und seinem diskreten Rasierwasser entstammte. Dann kam die Stimme, entspannt und fast lässig in ihrem etwas schleppenden Tonfall.

»Guten Tag.«

Und dann die Berührung – seine Hand, die ihre Hand umschloss. Seine Hand, die vielleicht Babs' Finger berührt, ihren Körper und alle seine Geheimnisse erforscht hatte. Die Hand war klein, kleiner als die von Niels, und gepflegter. Aber sie war neutral, mit einem Händedruck, der nichts verriet. Als er lächelte, öffneten sich die dünnen violetten Lippen ein wenig, hinter denen teure Zähne funkelten.

Sie folgte ihm in sein Büro, lautlos auf dem dicken Teppich, der jeden Quadratmeter des Bodens zu bedecken schien, vermutlich sogar bis in die Besenkammern.

Sie brauchte nicht an ihre Instruktionen zu denken, um ein beeindrucktes Gesicht zu machen. Erik registrierte ihren Blick, der die hohen Wände, die Aussicht über Nybroviken, die Textilien, die Bilder und den modernen Designerschreibtisch erfasste, der um einige Jahrhunderte mit der sonstigen Einrichtung brach. Hier war Babs gewesen. Was hatte sie zu all diesem Luxus gesagt?

»Es ist mir immer eine große Freude, etwas für die Kollegen auf Skeppsholmen tun zu können«, sagte er als Einleitung.

»Es ist sehr freundlich von Ihnen, mich zu empfangen«, konterte Monika mit einem, wie sie hoffte, angemessen herzlichen Lächeln.

»Sind Sie mit Thomas verwandt?«

O Gott. Warum hatte sie sich nicht besser vorbereitet? Sie hätte sich natürlich über Eloïses Chef informieren und den Namen des Zwölfenders in Erfahrung bringen müssen.

Nun blieb ihr nur noch die Lüge.

»Ja. Er war immer schon meine letzte Rettung – in echten Krisen ist auf ihn immer Verlass.«

Erik Granat ließ sich zurücksinken und lächelte zufrieden.

»Es ist immer eine Freude, helfen zu können. Dafür hat man doch sein professionelles Netzwerk.«

Seine nächste Bemerkung schien wirklich von Herzen zu kommen.

»Ich freue mich so, dass Thomas mich angerufen hat. Es ist wahrlich ein Privileg, Ihnen helfen zu können. Ein echtes Privileg.«

Nun beugte er sich vor und lächelte. Ein Weihnachtsmannlächeln.

»Was haben Sie eigentlich vor?«

Monika lächelte ebenfalls.

»Ich muss meine Zwanzig-Punkte-Hausarbeit in Europäischer Ethnologie schreiben.«

Oder war es umgekehrt gewesen? Ethnologische Europäologie? Verdammt. Erik Granat hatte offenbar nichts bemerkt.

»Ich schreibe über Anwaltskanzleien aus ethnologischer und europäischer Perspektive.«

Erik Granat lauschte, wenn auch nur mit einem geringen Teil seiner Aufmerksamkeit. All das hatte keinerlei Bedeutung für ihn, das konnte Monika sehen. Ihn interessierte nur, dass er glaubte, einem wichtigen Menschen einen Gefallen zu tun.

Das machte die Sache erheblich leichter.

»Ich würde gern mit einigen Gewährsleuten sprechen, die schon länger dabei sind, um den Prozess erhellen zu können ...«

Wie um zu betonen, dass es sich hier um eine ganz informelle Unterhaltung handelte, zog Erik Granat sein Jackett aus, so dass sein frisches, kunstvoll gebügeltes Hemd zum Vorschein kam.

Welche Beziehung hattest du zu Babs? Nein, das konnte Monika nicht fragen. Sie konnte auch nicht sagen: Jetzt mach schon den Mund auf. Hast du sie begehrt? Wolltest du sie? Sie war drauf und dran, deinetwegen ihre Familie zu verlassen. Wie fandest du das? Und was hast du zu ihrem Tod zu sagen?

Das Telefon klingelte, er griff zum Hörer und erhob sich gleich darauf.

»Einen Moment, ich muss eben ein paar Unterlagen holen. Sie können ja so lange unseren Rechenschaftsbericht durchsehen ...«

Mit dieser Aufforderung verließ er die kleine unansehnliche Ethnologin oder Europäologin, die ihre Hausarbeit nicht auf die Reihe bekam, ohne in letzter Minute ihre Beziehungen spielen zu lassen.

Noch bevor die Tür vollends ins Schloss gefallen war, stand Monika vor seinem Jackett. Sie zog seine Brieftasche heraus und klappte sie auf. Darin steckte ein Bild einer Frau mit scharfen Zügen und in einem der inneren Fächer ein Foto von Émile Hamid in jungen Jahren.

Monika hob die Augenbrauen. Émile war geschminkt, seine der Kamera zugewandten Augen mit Kajal umrandet. Er blickte einladend über die Schulter und lächelte verlockend und geheimnisvoll, mit Lippen, die frisch geküsst und leicht geschwollen aussahen. Er musste sehr jung gewesen sein. Seine Züge waren noch weich, das Haar lang.

Für Monikas Begriffe war es das sinnlichste Bild, das sie je gesehen hatte.

Als Erik zurückkam, saß Monika so da, wie er sie verlassen hatte.

»Sie wollen also mit jemandem sprechen, der schon länger bei uns ist. Wie weit möchten Sie denn zurückgehen? Ich habe die Firma 1976 gegründet, und Émile Hamid ist später als Teilhaber dazugekommen.«

»Ich habe auf Ihrer Homepage gesehen, dass Émile 1976 schon dabei war. Sind noch andere so lange bei Ihnen?«

»Émile hat schon als Student hier ausgeholfen, insofern war er tatsächlich von Anfang an dabei. Dann ist da noch Anna, unsere administrative Leiterin, und der Buchhalter ist auch noch derselbe wie damals.«

Das Gesprächszimmer, das früher wohl als Speisezimmer gedient hatte, war überraschend dunkel. Die Mehrzahl der Mitarbeiter hatte sich schon eingefunden und auf modernen funktionalen Stühlen um einen modernen funktionalen Tisch Platz genommen. Erik zog einen Stuhl für Monika heran.

»Wie war noch Ihr Name?«

»Monika Pedersen«, erwiderte sie und bereute augenblicklich, sich keinen anderen Namen überlegt zu haben.

Sie setzte sich ans kurze Ende des Tisches, neben den letzten leeren Stuhl. Es wurde geplaudert, Terminkalender überprüft, mit Laptops geklickt. Alle warteten auf Émile Hamids Auftauchen, vermutete Monika. Niemand schien sich über seine Abwesenheit zu wundern oder gar zu ärgern. Der Schönling vom Empfang saß ihr gegenüber am anderen Querende des Tisches.

Nach einigen Minuten wurde die Tür geöffnet, langsam, als hätte es derjenige, der hereinkam, alles andere als eilig.

Émile Hamid betrat den Raum.

Im Vergleich zu dem Foto auf der Homepage des Swedish Ethiopian Childrens Funds sah er aus wie sein eigener heruntergekommener Zwillingsbruder. Auf der Seite hatte er warmherzig und Vertrauen erweckend dreingeschaut, während er in der Realität einen schlaffen, gleichgültigen Eindruck machte. Monika hätte ihm wahrscheinlich nicht einmal einen Fünfer geliehen, aus Angst, ihn nicht zurückzubekommen.

Er schien seine Muskeln auch in einem Alter bewahrt zu haben, in dem sie dazu neigten, sich zu verflüchtigen, und war bewusst so gekleidet, dass sie deutlich zum Vorschein kamen. Kein Wunder, dass Granat & Hamid bei einem Squashturnier den Sieg errungen hatten. Er besaß noch dieselben weichen Züge, ein Gesicht, das andere noch immer berühren, dem sie nahe sein wollten. Ein Gesicht wie eine Waffe.

Er ließ sich eben Erik sinken. Eine blonde Frau von Mitte fünfzig, die vom Hals abwärts jedoch durchaus für dreißig durchgegangen wäre, saß auf Eriks anderer Seite und führte Protokoll.

Die Besprechung begann. Die Protokollführerin entpuppte sich als Anna, die Verwaltungsleiterin, die offenbar einen neuen Titel, aber keine neuen Aufgaben bekommen hatte.

Monika wurde vorgestellt. Niemand stellte eine Frage.

Sie überlegte gerade ihr weiteres Vorgehen, als sie bemerkte, dass der Ton der Besprechung umschlug.

Ein Mann, dessen blondes Haar aus dem Gesicht frisiert und mit Gel fixiert war, hatte die Stimme ein wenig erhoben, verhielt sich jedoch defensiv, als rechne er nicht damit, dass ihn irgendjemand beachtete.

»Wir müssen heute einen Beschluss fassen.«

Émile beugte sich vor und lächelte, ein Lächeln, das nichts Gutes verhieß.

»Danke, Måns.« Dann ließ er sich zurücksinken und

legte den Arm auf Eriks Rückenlehne. Plötzlich bildeten die beiden eine Einheit – Erik und Émile oder Émile und Erik. Es war zwar Émile, der das Wort ergriff, aber in Wahrheit sprach er für beide.

»Das leuchtet mir ein, aber ich frage mich, ob wir nicht doch noch warten sollten. Es weist doch einiges daraufhin, dass sich die Voraussetzungen in naher Zukunft ändern können.«

»Ach, glaubst du. Wärst du dann vielleicht so freundlich, uns darüber aufzuklären, woher du diese Information hast? Und wie du sie beurteilst? Dieser Entschluss geht doch uns alle an, und deshalb finde ich, wir haben das Recht zu erfahren, worauf deine Einschätzung aufbaut«, erwiderte Måns verbissen.

Das Schweigen wirkte unnatürlich – Monika hatte erwartet, dass sie die Geräusche von zwölf Personen an einem Konferenztisch hören würde, jene leisen Geräusche, wenn sich jemand anders hinsetzt, eine Notiz macht, mit Unterlagen raschelt.

Doch es war nichts zu hören. Alle am Tisch hielten den Atem an.

Måns' Frage hatte in Monikas Ohren unschuldig geklungen, aber offenbar hatte er die zweihäuptige Macht damit provoziert.

Émile ließ sich noch weiter zurücksinken und schüttelte den Kopf.

»Aber Måns, du darfst nicht immer so voreilig sein. Wenn es dir Angst macht, wenn wir versuchen umsichtig zu handeln, dann hast du dir den falschen Beruf ausgesucht.«

Er lächelte Erik an, der zerstreut nickte, gleichgültig, wie ein Mann, der vor den Grillen seiner Frau schon längst resigniert hat.

Émile blickte Måns direkt in die Augen.

»Und jetzt zum nächsten Punkt.«

Måns sackte in sich zusammen. Seine Frage war nicht beantwortet worden, man hatte seine Motive angezweifelt und niemand hatte Partei für ihn ergriffen. Er hatte die Lippen zusammengepresst, und Monika fragte sich, wie jemand, der vor allen Kollegen derart gedemütigt worden war, weiterarbeiten sollte. Sie wartete darauf, dass er Émile oder Erik angriff, aber Måns saß einfach mit hängendem Kopf da.

Nach der Besprechung blieb er sitzen, während Anna Erik folgte und sich das Zimmer langsam leerte. Monika setzte sich neben Måns.

»Läuft das hier immer so?«, fragte sie leise.

Måns schaute überrascht auf.

»Ja. Genau so wird diese so genannte Anwaltskanzlei geführt. Es ist übrigens keine Firma, sie sieht nur so aus, sie ist ein Firmoid, eine Attrappe. Und jetzt scheiße ich auf den ganzen Laden. Ich scheiße auf das Gehalt, das Büro und die Anzüge. Wenn ich gewusst hätte, was mir bevorsteht, hätte ich rechtzeitig gekündigt. Verdammt.«

»Rechtzeitig?«, fragte Monika. »Gibt es einen passenden Zeitpunkt für Selbstachtung?«

Måns fuhr sich mit den Händen durchs Haar und ruinierte damit seine Frisur.

»Ich hätte anderswo Karriere machen können. Aber jetzt wissen alle außer unseren illustren Mandanten, dass es hier nicht ganz seriös zugeht, und zwar nur wegen Émile. Er hat keine Ahnung, ist faul und eitel. Aber in Eriks Augen kann er nichts falsch machen. Wir anderen erledigen die Drecksarbeit, während Émile den Ruhm einsackt. Er macht Fehler, wir bügeln alles wieder aus. Und er wird immer noch stärker. Scheiße.«

Er seufzte.

»Und haben Sie eine Ahnung, wie der Arbeitsmarkt für

Juristen aussieht? Für zweiundvierzigjährige, geschiedene Juristen ohne Familientradition in dieser Branche und mit einem Scheißzeugnis aus diesem Irrenhaus?«

Er schlug die Hände vors Gesicht.

»Wegen einer monumentalen Fehleinschätzung bin ich seit zwei Jahren hier. Ich dachte, es hört irgendwann auf, und Émiles Macht über Erik lässt nach. Ich dachte, Erik kommt nach und nach zur Vernunft.«

»Wie meinen Sie das?«

»Ab und zu kommt mir die ganze Firma vor wie Eriks kleines Geschenk an Émile, damit Émile nicht geht, damit Émile zufrieden ist, damit Émile ihn um Gottes willen nicht verlässt. Und die Firma kommt mir vor wie Émiles Sandkasten, in dem er nach Herzenslust spielen kann, sonst nichts.«

Er sah zu Monika auf, als wolle er sich davon überzeugen, dass sie ihm wirklich zuhörte.

»Émile steht auf Jungs, meistens jedenfalls. Und er heuert die Belegschaft hier an; nach zwei Gesichtspunkten, wie sich herausgestellt hat. Ein Beispiel für den ersten haben Sie gesehen, als Sie gekommen sind. Dekorative, charmante Wegwerfartikel. Und dann sind da die Leute wie ich. Ohne Charme, ohne Beziehungen, aber mit hoher Arbeitskapazität.«

»Habe ich Sie richtig verstanden? Soll das heißen, dass Émile mit seinen Angestellten ins Bett geht? Mit jungen Menschen, die von ihm abhängig sind?«

»Die Frage ist, ob sie nicht zu diesem Zweck eingestellt werden. Er findet es inzwischen vielleicht zu anstrengend, um nicht zu sagen, zu gefährlich, sich in Clubs herumzutreiben.«

»Aber was sagt Erik Granat dazu?«

»Nichts. Rein gar nichts. Das macht diese Firma doch so durch und durch faul. Wenn Erik wie ein normaler Mensch reagierte – immerhin verstößt Émile gegen allerlei Gesetze, verdammt noch mal –, wäre das hier ein hervorragender Arbeitsplatz.«

Er zuckte mit den Schultern.

»Ich glaube eigentlich, dass Erik das auf eine seltsame Weise gefällt. Man kann es seinen Blicken ansehen, wenn Émile ein neues Spielzeug eingestellt hat.«

»Woher wissen Sie all das?«

»Das ist kein Geheimnis. Die Typen kommen und gehen, und sie blühen in der Nähe der Macht förmlich auf. Aber jetzt scheiße ich auf diesen Puff. Ich scheiße auf Émile Drecks-Hamid und seine verzerrte Wirklichkeit, in der wir alle leben müssen. Jetzt ist Schluss.«

In diesem Moment ging die Tür auf. Anna kam zurück, um Monika zu holen. Sie klopfte Måns teilnahmsvoll auf die Schulter.

»Cheer up, Måns, nimm's nicht so persönlich.«

Dann wandte sie sich an Monika, die sich um eine Miene bemühte, als hätte sie soeben einen absolut inoffiziellen und vermutlich verbotenen Gewährsmann befragt.

»Sie hätten einige Fragen an mich, hat Erik gesagt. Ich habe jetzt Zeit. Bei Erik und Émile ist das nicht ganz so leicht. Ich habe in ihren Terminkalendern nachgesehen und festgestellt, dass sie vorerst keine Zeit für ein Gespräch mit Ihnen haben, sondern erst in zehn Tagen. Ich hoffe, das ist kein Problem für Sie.«

»Absolut nicht. Ich habe eine Menge zu schreiben und freue mich sehr darüber, dass ich heute mit Ihnen sprechen kann.«

Die Wahrheit am Ende dieser Aussage schien die Lüge am Anfang auszugleichen.

Es war ein ausgezeichnetes Gefühl.

10

Monika zog die Tür hinter sich zu. Das hier war etwas anderes als das Verhörzimmer auf der Wache. Eine weniger wohlhabende Firma hätte drei Sekretärinnen oder Hilfskräfte auf der Fläche untergebracht, über die Anna ganz allein verfügte.

Anna setzte sich und musterte Monika. Sie hatte ihre professionelle Miene aufgesetzt, die Hilfe, Unterstützung, Aufmunterung, Ernsthaftigkeit, Kompetenz und Zuverlässigkeit verhieß. Es war ein Gesicht, wie die Reichen es überall sahen – in teuren Hotels und Restaurants, im eigenen und in fremden Büros, und, schlimmer noch, sogar bei ihren seltenen Besuchen bei der Polizei oder im Krankenhaus. Jetzt war es Monika, die diesem käuflichen Wohlwollen ausgesetzt war, und sie fühlte sich ganz und gar nicht wohl dabei.

»Ich arbeite«, sagte Monika, »nach dem Müllerschen Modell.«

Anna machte ein fragendes Gesicht und blickte sie konzentriert an. Ihre Lippen glänzten. Sie verstand kein Wort, wollte aber alles tun, um Monika geben zu können, was sie brauchte. Monika, die sonst nie von sexuellen Phantasien überfallen wurde, wenn sie sich mit einem anderen Menschen unterhielt, fragte sich unvermittelt, ob Prostituierte ihre Freier wohl mit demselben Gesicht ansahen.

»Ich weiß, dass die meisten von dieser Methode noch nie etwas gehört haben. Es ist schon witzig – viele halten Müller für einen weißhaarigen Opa. Aber Waltraut Müller ist in Wahrheit nicht älter als Sie oder ich, und sie ist durch ihre Genuslandschaften bekannt geworden. Sie geht davon aus, dass Männer und Frauen in fast vollständig voneinander abgeschotteten Welten leben, selbst dann, wenn sie zusammenarbeiten. Die Männer sehen ihrer Meinung nach die Hierarchie. Sie nehmen alle subtilen Signale der Macht wahr, übersehen aber das meiste von dem, was nichts mit Macht zu tun hat.«

Dankbar dachte sie an die Sonntagsbeilage, in der sie am vergangenen Wochenende etwas in dieser Art gelesen hatte.

Brachte Anna es über sich, sich das anzuhören? Ja, es sah beinahe so aus.

»Frauen dagegen leben nach diesem Modell in einer eher persönlichen Welt – sie sind informiert über Kinder und Liebesprobleme ihrer Kolleginnen. Sie registrieren, wer sich für wen interessiert, und auf sozialer Ebene passiert kaum etwas, das ihnen entgeht. Sie setzen sich eher für die Sache als für ihren eigenen Profit ein. Und deshalb haben wir es mit zwei unterschiedlichen Landschaften zu tun.«

Anna nickte langsam. Sie war ganz bei der Sache.

Das hier war einfach genial! Vermutlich grundverkehrt, aber trotzdem genial.

Damit hatte sie genau das Spielfeld geschaffen, das sie brauchte – sie würde praktisch jede Frage stellen können, ohne neugierig oder aufdringlich zu wirken.

Mit einem Mal kam sie sich größer, gewichtiger, stärker vor. Sie war an Lügen nicht gewöhnt, schon gar nicht im Zuge einer Ermittlung, aber das hier lief doch unglaublich gut. Zum ersten Mal in ihrem Leben wünschte sie, eine versteckte Kamera wäre auf sie gerichtet. Sie hätte Eloïse so gern vorgeführt, dass sie nicht so dumm und phantasielos war, wie sie zu glauben schien.

Sie verzog das Gesicht zu einem, wie sie hoffte, von-Frau-zu-Frau-Lächeln.

»Von Ihnen und den anderen Frauen wünsche ich mir die weibliche Landkarte. Und von den Männern die männliche.«

Aber sie musste trotzdem behutsam vorgehen. Diskretion

war vermutlich Annas zweitoberste Priorität, unmittelbar hinter der Dienstbereitschaft.

»Ich erwarte natürlich nicht, dass Sie über vertrauliche Angelegenheiten sprechen«, fügte Monika deshalb hinzu.

Anna nickte.

Monika schaltete ihr Tonbandgerät ein.

»Erstens scheinen die Geschlechter in dieser Firma ziemlich gleichmäßig vertreten zu sein, stimmt das?«

Anna nickte wieder.

Es war das gute alte Prinzip, mit den einfachen Fragen anzufangen. Und die Antwort darauf kannte Monika bereits: laut Homepage arbeiteten sechs Frauen und sechs Männer in der Kanzlei. Es war jedoch wichtig, dass das Gegenüber sich daran gewöhnte, Antworten zu geben. Danach konnte die Latte höher gelegt werden, so langsam, dass es praktisch nicht auffiel.

»Und Sie haben 1976 angefangen?«

»Die beiden, ja. Anwalt und Anwältin, genauer gesagt Erik und Cecilia Roos. Und ich als Sekretärin. Sonst niemand.«

Monika nickte mit ernster Miene.

»Erik hat erzählt, Émile hätte anfangs in der Firma ausgeholfen, während er noch studierte, deshalb nehme ich ihn hinzu. Das Ganze soll so vollständig sein wie möglich. Es spielt keine Rolle, ob die Mitarbeiter nicht die ganze Zeit dabei waren oder nur in Teilzeit gearbeitet haben.«

»Dann gab es noch eine bedauernswerte Frau, die gestorben ist. Sie war nur ein halbes Jahr oder so hier. Wollen Sie die auch dazunehmen?«

Monika hätte fast den Atem angehalten. Sollte es wirklich so einfach sein?

»Natürlich. Woran ist sie gestorben?«

»Es war ein Verkehrsunfall.«

»Als was war sie hier beschäftigt?«

»Babsie? Sie sollte so eine Art Mädchen für alles sein.

Erik kannte ihre Mutter, die ein hohes Tier bei der UNO war. Er dachte, es könnte der Firma zu einem grandiosen Start verhelfen, wenn sich aus dieser Richtung Aufträge einholen ließen.«

Monika fragte sich, ob sie Anna richtig eingeschätzt hatte und machte die Probe aufs Exempel.

»Bestimmt haben nicht viele Leute Eltern, die ihnen einen Job in einer Kanzlei im Strandvägen vermitteln können.«

»Nein. Ich weiß noch, dass ich es reaktionär fand, seine Kontakte auf diese Weise auszunutzen, aber Babsie konnte gar nichts dafür, wie sich herausstellte. Sie war überhaupt nicht gefragt worden. Ihre Mutter hatte behauptet, Erik brauche Hilfe.«

»Brauchte er denn keine?«

»Eigentlich nicht. Vor allem nicht von Babsie nach der Beschreibung ihrer Mutter. Langsamen, hilflosen Menschen Aufgaben zu übertragen verschlingt oft mehr Zeit, als wenn man sie selber erledigt. Aber dann stellte sich heraus, dass sie gar nicht langsam oder hilflos war, sondern eher das Gegenteil. Deshalb war sie Erik wirklich eine Hilfe. Aber dann ging alles schief, und plötzlich war sie tot. Ich weiß noch, es war im November. Ich musste nämlich die Blumen für die Beerdigung besorgen.«

Die Blumen.

An diese Blumen konnte Monika sich erinnern. Babs' Sarg war weiß und überraschend klein gewesen, und die Beerdigung war vermutlich gewesen wie die meisten – ohne großen Zulauf, ein kleiner Rest einer aussterbenden Religion.

Zwei Dinge aber hatten die Beerdigung von anderen unterschieden: die Tatsache, dass Babs tot war, und die nicht zueinander passenden Blumen. Für den Sargdeckel hatte Niels ein pastellfarbenes, zartes Blumenarrangement bestellt. Monikas Großmutter hatte einen kleinen Kranz aus roten Rosenknospen geschickt – eine überraschende Wahl für eine tote Tochter, hatte Monika später gedacht. Aber die Blumen der Familie waren neben dem gigantischen Kranz mit den langen Schleifen verblichen – einem Gebinde, das absolut fehl am Platze wirkte, obwohl auf der einen Schleife Barbara Ellen stand.

Also war dieser Kranz von hier gekommen.

Monika musste sich zwingen, nicht zu fragen, warum Anna einen so teuren Kranz geschickt hatte. Weil die Firma ein schlechtes Gewissen gehabt hatte? Und wenn ja, warum?

Wichtiger war die Information, dass vor Babs' Tod in der Firma offenbar etwas vorgefallen war. Monika fühlte sich wie ein Jagdhund, der eine sichere Fährte gefunden hat – sie war ungeduldig, wollte losstürmen, sofort die Entfernung zu ihrer Beute verringern. Stattdessen blieb sie reglos sitzen, wie eine Studentin, die sich mit einer langweiligen und verspäteten Hausarbeit abmüht.

»Diese Frau könnte mein historischer Indexfall werden«, bemerkte sie gelassen und hoffte, dass Anna keine Ahnung vom ethnologischen Vokabular hatte. »Indexfall« war mit ziemlicher Sicherheit eine Bezeichnung aus der Medizin.

Anna machte ein besorgtes Gesicht.

»Ich weiß wirklich nicht, ob ich noch genug darüber in Erinnerung habe ...«

»Was Ihnen einfällt, ist absolut ausreichend. Das ist ein Teil des Prozesses.«

Es war an der Zeit, das Thema zu wechseln, dann später zu Babs zurückzukehren.

»Als Hintergrund muss ich mich nach den Familiensituationen erkundigen. Wir könnten mit Erik Granat anfangen.«

»Schon lange verheiratet.«

»Kinder?«

»Nicht mit seiner Frau. Er hat Zwillingstöchter mit Cecilia Roos, mit der er die Firma gegründet hat.«

Und die dann aus der Geschichtsschreibung getilgt wurde, dachte Monika, als ihr die Homepage wieder einfiel.

Langsam nahm das Ganze Form an. Erik Granat schien ebenfalls nichts gegen Sex mit Kolleginnen zu haben.

»Wie alt sind die Zwillinge jetzt?«

»Sie müssen schon erwachsen sein. Früher waren sie manchmal hier. Sie haben ausgesehen wie die weibliche Ausgabe von Erik. Klein, schmächtig, rothaarig und sommersprossig, wie Pippi Langstrumpf im Doppelpack. Ihre Geburt war ein ziemlicher Skandal.«

»Weshalb?«

»Erik war doch verheiratet. Aber Cecilia war damals über vierzig und hielt es wohl für ihre letzte Chance. Deshalb wäre eine Abtreibung nicht in Frage gekommen. Jedenfalls gab es riesigen Ärger.«

Plötzlich summte Annas Telefon. Sie hob ab.

»Sicher. Ist es eilig? Dann rufe ich an und sage, dass die Unterlagen unterwegs sind.«

Sie lächelte entschuldigend, und Monika bedeutete ihr mit einer Handbewegung, dass es ihr nichts ausmache. Anna legte auf und bat abermals um Entschuldigung.

»Verzeihung, es dauert nur einen Moment.«

Dann wählte sie eine Kurznummer.

»Angela? Some more documents for signing in about an hour, is that alright?«

Offenbar bejahte Angela, die vermutlich in der gleichen Position wie Anna in New York oder Paris saß und Unterlagen von all jenen entgegennahm, die ihre Gespräche nicht selbst führten oder ihre eigenen Unterlagen nicht eigenhändig losschickten.

Anna wählte eine weitere Kurznummer.

»Alles klar. Ich schick sie rüber.« Sie wandte sich wieder an Monika.

»Verzeihung, wo waren wir stehen geblieben?«

»Die Familiensituationen, damals, am Anfang.«

»Alle ledig, bis auf Erik, wie gesagt.«

»Und jetzt?«

»Inzwischen war ich verheiratet, dann geschieden, und inzwischen bin ich wieder verheiratet.«

»Und Émile?«

»Unverheiratet und auch keine offizielle Partnerschaft, falls Sie sich das nicht zu fragen trauen.«

Émiles Sexualleben war also kein Tabu, eine Tatsache, die durchaus gut zu wissen war.

»Können Sie mir etwas darüber sagen, wie Sie anfangs die Machtverhältnisse in der Firma eingeschätzt haben?«

»Ich hatte keine. Macht, meine ich. Erik hatte eine Art Macht. Es waren seine Firma, sein Geld, sein Wissen – in lichten Momenten ist er ein guter Jurist. Cecilia hatte auch nicht besonders viel zu sagen. Émile hatte die Macht, die man eben hat, wenn man jung und außergewöhnlich schön ist.«

»Und was hat Émile mit dieser Macht angefangen?«

»Es war ein ziemliches Chaos. Er musste den Umgang damit erst noch lernen.«

»Welche Auswirkungen hatte das für die Firma?«

»Wir waren froh, dass wir ihn hatten, aber niemand nahm an, dass er lange bleiben würde. Es klingt blödsinnig, aber wir haben ein wenig um ihn gewetteifert, um ihn bei Laune zu halten und zum Lachen zu bringen.«

»Mehr nicht?«

»Nein. Er war zu attraktiv. Ich muss zugeben, dass ich auch verliebt war, wenn auch auf Distanz. Damals hat er sich zwar für Frauen interessiert, aber nur für ältere. Es war ziemlich kränkend, dass er mir offenbar Cecilia vorzog, die vierzig war. Aber ich musste gleichzeitig zugeben, dass sie besser aussah als ich. Ich hatte damals noch Pickel und einige Kilo zu viel.«

Anna lachte ein wenig bei dieser Erinnerung.

Sie hatte offenbar nicht vor, sich zu der Beziehung zwischen Erik und Émile zu äußern, aber damit hatte Monika auch nicht gerechnet.

Es lag auf der Hand, dass Émile und Erik ein Paar waren, das war die einzige Erklärung für Émiles unangreifbare Position in der Firma. Auch wenn Monika nicht das Foto des jungen Émile in Eriks Brieftasche gefunden hätte, wäre es ihr schwer gefallen, die Sache anders auszulegen.

Ansonsten war die Konstellation erschreckend banal. Jugend und Schönheit beim einen, Macht und Geld beim anderen.

Anna runzelte die Stirn.

»Nutzt Ihnen das alles denn irgendetwas?«

Monika nickte so vehement, wie sie es nur wagte.

»O ja, das ist perfekt. Aber kommen wir zurück zu meinem Indexfall.«

»Was möchten Sie über Babsie wissen?«

»Ein Konflikt zeigt die Polarität in den Ansichtsweisen doch immer ganz besonders gut. Können Sie mir erzählen, was damals schief gegangen ist?«

Wieder wagte Monika kaum zu atmen.

»Genau weiß ich das nicht. Babsie konnte sich manchmal ziemlich geheimnisvoll zeigen. Sie hat angedeutet, dass sich etwas ganz Großes zusammenbraute, wollte aber nichts verraten, solange noch nichts feststand. Aber was auch immer es gewesen sein mag, sie stritt sich deshalb mit Émile und ihr Selbsterhaltungstrieb war nicht besonders ausgeprägt.«

»So wie Sie Émile beschrieben haben, könnte man das fast für einen Streit unter Liebenden halten.«

»Nein. Da hat Ihre Frau Müller offenbar Recht. Es ging nicht um Liebe, das wäre mir aufgefallen.«

Sie musterte Monika überrascht.

»Was Sie gesagt haben, stimmt wirklich. Man weiß das einfach. Als Frau, meine ich.«

Vorsicht, nicht herausreißen, dachte Monika inbrünstig, jetzt darf sie nicht den Faden verlieren.

»Nein«, sagte Anna jetzt. »Es war wirklich nicht ratsam, sich mit Émile zu streiten, Erik hörte sowieso nur auf ihn, und Babsie besaß keinerlei Macht.«

»Aus Müllers Perspektive ist das ungeheuer interessant. Und Sie wissen nicht, worum es bei diesem Konflikt ging?«

»Nein. Aber ich glaube, es hat damit angefangen, dass Babsie sich an die Buchführung des SECF setzte. Das war ziemlich umfangreich, und wir kamen nur schwer nach. Die Menschen waren und sind höchst freigebig. Babsie hatte gerade ein Buch über Äthiopien gelesen und war völlig erschüttert. Sie kannte fast kein anderes Thema mehr.«

Annas Erinnerungen schienen weitere Bilder auszulösen, und Monika wagte nicht, etwas zu sagen, aus Angst, sie zu stören.

»Jetzt weiß ich es wieder. Italien war in Äthiopien eingefallen, das war lange her, irgendwann in den dreißiger Jahren. Irgendwie war es typisch für Babs, deshalb so aufgewühlt und ergriffen zu sein. Alle anderen haben sich über das Vorgehen der USA in Vietnam aufgeregt, und Babsie weinte über einen Krieg, der schon lange vergessen war.«

Anna sah auf.

»So wie jetzt auch niemand mehr an Vietnam denkt, außer es geht um ein neues trendiges Urlaubsziel. Es ist erschreckend, wie schnell wir vergessen. Wahrscheinlich ist es so wie mit Geburtsschmerzen. Wenn man sich an sie erinnert, ist es schon zu spät …«

Und deshalb, dachte Monika, deshalb brauchen wir Bücher. Solange es sie gibt, können wir uns erinnern, wann immer wir wollen.

»Babsie hat erzählt, dass Italien damals die größte Mobilmachung aller Zeiten durchgeführt hat. Dass Mussolini die Italiener als höherwertige Menschen betrachtete, die deshalb das Recht besäßen, scheinbar unterlegene Länder an sich zu reißen. Bestimmt war sie deshalb so interessiert am SECF. Den Äthiopiern war es damals übel ergangen, und es schien Babsie in höchstem Maß zu befriedigen, das Gleichgewicht ein Stück weit wiederherzustellen. Nur wenige Tage vor ihrem Tod hat sie vor dem Globus dort hinten gesessen und die Entfernung zwischen Stockholm und Addis Abeba gemessen. Sie war groß, und die Reise war viel zu teuer.«

»Was wollte sie dort?«, hakte Monika ein.

»Sich unsere Kinderheime ansehen, glaube ich. Ich habe sie sogar gefragt, aber sie lachte nur. ›Wenn du wüsstest‹, hat sie gesagt.«

»Was meinte sie damit?«

»Das wollte sie nicht verraten.«

»Aber waren Sie nicht neugierig? Haben Sie das Ganze einfach auf sich beruhen lassen?«

»Nein, aber Babsie konnte wirklich schweigen. Ich konnte einfach nicht mehr aus ihr herausholen.«

»Wer kümmert sich jetzt um die Verwaltung des SECF?«

»Sie haben jetzt ein eigenes Büro mit eigenem Personal. Es ist ein großes Projekt, und sie wollen die Kosten gering halten, deshalb haben sie ihr Büro in Sundbyberg, wo die Mieten niedriger sind.«

»Können Sie etwas über Babsies Beziehung zu Erik in der Anfangszeit sagen?«

»Meiner Meinung nach war sie neutral. Aber Erik war schwer zu durchschauen. Ich hätte zum Beispiel nie gedacht, dass zwischen ihm und Cecilia mehr sein könnte als eine gewöhnliche berufliche Beziehung.«

»Er hat sich also nicht für Babsie interessiert?«

»Meines Wissens nicht. Sie war an sich sehr sexy – sie

hatte wohl eine Art ›addict chic‹, lange, bevor dieser Begriff in Mode kam. Sie wissen schon – mager, verletzlich. Aber ich glaube nicht, dass Erik da angebissen hat.«

Sie verfiel in Schweigen.

»Apropos angebissen, da fällt mir noch etwas ein. Ich weiß nicht, ob das interessant für Sie ist, aber sie wurde wirklich von jemandem gebissen«, sagte sie nach einer Weile.

»Gebissen?«, wiederholte Monika überrascht.

»Ja, an einem Abend, als wir mit der Firma ausgegangen waren. Wir hatten gegessen und Wein getrunken. Erik und Cecilia waren früh nach Hause gegangen, aber wir blieben noch eine Weile und unterhielten uns über Dinge, die Männer tun und die Frauen nicht mögen. Sexuell, meine ich. Es war wirklich witzig. Und da erzählte sie, jemand beiße sie und dass sie das überhaupt nicht leiden könnte. Ich habe gesagt, sie sollte Schluss machen, worauf sie meinte, das sei nicht so leicht.«

»Wo denn?« Eine bessere Frage fiel Monika im Augenblick nicht ein.

»Das hat sie nicht gesagt, aber sie meinte, dass sie trotzdem Schluss machen will, und zwar möglichst bald.«

Monika dachte an Niels, der sich seiner Sache so sicher gewesen war, was Erik betraf.

»Sind Ihnen auch andere hier in der Firma mit Bissspuren aufgefallen?«, fragte sie.

»Nein, und ich glaube, das hätte ich gewusst. Zu mir kommen alle mit ihren Problemen, aber darüber hat sich niemand beklagt.«

»Das kann ich mir gut vorstellen. Danke, das war sehr hilfreich.«

Und damit verließ sie Annas Büro, beladen mit Puzzlestücken und Fragen. Mit einem Mal fühlte sie sich Babs näher als seit sehr langer Zeit.

Das seltsamste Puzzlestück waren die Bisse. Niemand in

der Firma schien gewohnheitsmäßig zu beißen – was gegen Erik oder Émile sprach. Vor allem gegen Émile. Wenn allgemein bekannt war, dass er mit der Belegschaft ins Bett ging, hätte Anna wissen müssen, ob Bisse ebenfalls zu seinem Repertoire gehörten.

Aber wer sonst könnte Babs gebissen haben?

Konnte es Niels gewesen sein? Das würde sie ihn nie im Leben fragen können. Sie konnte ihn nicht fragen, ob er Babs gern wehgetan hatte, ob er sie in den Momenten bestraft hatte, in denen seine Stärke ihm Macht verliehen hatte, ob er geglaubt hatte, dass es ihr gefiel.

Hier war ein weiterer Unterschied zu einer gewöhnlichen Mordermittlung – es gab Fragen, die sie nicht stellen konnte.

Sie habe die Familie verlassen wollen, hatte Niels gesagt, um mit Erik zusammen zu sein. Aber wenn sie in Wahrheit nur Niels verlassen wollte?

Erik hatte mit der ganzen Angelegenheit vielleicht gar nichts zu tun gehabt, was wesentlich besser zu dem Eindruck passte, den Monika von ihm hatte. Sie konnte sich nicht vorstellen, dass Babs ihn attraktiv gefunden hatte, ebenso wenig wie umgekehrt. Er hatte doch ohnehin alle Hände voll zu tun gehabt – damals war er in Émile verliebt, hatte eine Ehefrau und Zwillinge mit seiner Kollegin. Wichtig war vor allem, dass er Babs eine Information gegeben hatte, die sie besser verstanden hatte als erwartet. Diese Fehleinschätzung wäre ihm nicht unterlaufen, wenn er sie gut gekannt hätte.

Als Monika nach Hause kam, rief sie Niels an.

»Ich habe mit Babsies Kollegin bei Granat & Hamid gesprochen. Eine Frage: Warum hast du gedacht, Babs hätte etwas mit Erik Granat gehabt?«

»Wenn du das wirklich wissen willst ... weil sie glaubte, niemand könnte die Gerüche wahrnehmen, die sie selbst nicht registriert hat. Sie hat sich nicht gewaschen, ehe sie nach Hause kam, verstehst du? Sie ging abends nie weg, also passierte es tagsüber. Und Erik Granat war der einzige Mann im Büro. Kannst du jetzt besser schlafen? Wolltest du das über deine Mutter wissen?«

Er knallte den Hörer auf die Gabel.

Es war natürlich nicht ausgeschlossen, dass Babs mit Erik Sex gehabt hatte. Oder mit jemandem aus dem Stock darüber oder darunter. Sie konnten sich im Fahrstuhl begegnet sein, hatten einander angesehen wie zwei Menschen im Film, um dann in sein Stockwerk nach oben oder nach unten zu fahren. Und wenn man Olzén glauben wollte, war ihre Sexualität impulsiv gewesen, wahllos. Wenn man Olzén glauben wollte, konnte es jeder gewesen sein.

Monika beschloss, einer anderen Spur zu folgen. Babs hatte im Buch ihrer Mutter über die Abessinienkrise gelesen und heftig darauf reagiert. Sie hatte hinfahren wollen, um etwas in Erfahrung zu bringen, was sich in Schweden nicht herausfinden ließ. Es musste also etwas sein, das sie bei der Arbeit an den Unterlagen des SECF entdeckt hatte.

Monika beschloss, am nächsten Tag den SECF aufzusuchen.

Vor dem Schlafengehen schickte sie noch rasch eine SMS an Eloïse:

»Müller heißt mit Vornamen Waltraut :-) Alles gut gegangen. Danke.«

11

Der Swedish Ethiopian Childrens Fund hatte genau die richtige Adresse. Sundbyberg. Das war Vertrauen erweckend, sympathisch. Sundbyberg, die kleine Stadt in der großen Stadt. Und dort, in einer angemessen anspruchslosen Straße stand ein angemessen anspruchsloses Haus, in dem das Büro untergebracht war. Die Paten bezahlten im Monat zweihundertfünfzig Kronen für ihr Patenkind, von denen auch die Verwaltungsarbeit in Schweden finanziert werden musste. Jede gesparte Krone aber kam den Kindern zugute.

Hier brauchte man weder Türcodes noch Schlüssel. Sie konnte einfach hineinmarschieren.

Das lag vermutlich daran, weil es hier nichts gab, was sich zu stehlen gelohnt hätte. Es gab keinen Markt für alte große Farbfotos, auch dann nicht, wenn die Landschaften großartig und die Kinder niedlich waren. Die Bilder zeigten eine grüne Ebene, die sich hinter niedrigen Steinbauten dahinzog, ein gemauertes Portal mit der Aufschrift Swedish Ethiopian Childrens Fund in leuchtenden, frisch gemalten Buchstaben auf einem großen Schild, Schlafsäle mit bezogenen Betten, Klassenzimmer. Und überall lächelnde Kinder, wenn es auch zumeist nicht Bethlehems Lächeln, sondern eher eines, das auf Befehl kommt.

Das Büro war spartanisch eingerichtet, und ein bescheiden gekleideter grauhaariger Mann kam ihr entgegen.

»Willkommen. Ich heiße Stefan. Wie heißen Sie?«

Er schien sich im Laden der Heilsarmee eingekleidet zu haben, und seine Frisur war solidarisch zerzaust. Sein Händedruck war warm und sein Blick innig.

So innig, dass Monika antwortete: »Johanna.«

»Willkommen, Johanna. Darf ich dir über unsere Arbeit unter den Ärmsten der Armen erzählen?«

Monika nickte.

Stefan musterte sie aufmerksam.

»Was möchtest du wissen?«

»Wer seid ihr?«

»Wir sind eine kleine selbstständige Organisation, die Waisenkindern in Äthiopien hilft.«

Er hielt inne, schien nach Hinweisen darauf zu suchen, dass Monika das Interesse verloren hatte, fand jedoch keine.

»Das Ganze hat zu Beginn der siebziger Jahre angefangen, als Erik Holmberg, ein Lehrer aus Göteborg, nach Äthiopien reiste. Er war so hingerissen von den äthiopischen Kindern und ihrem oft miserablen gesundheitlichen Zustand, dass er beschloss, dort ein Krankenhaus zu gründen. Er wandte sich an Zeitungen und Hilfsorganisationen und konnte genug Geld für ein Kinderkrankenhaus sammeln.«

Monika hörte schweigend zu.

»Hier in Stockholm fanden zwei Anwälte, Erik Granat und Émile Hamid, dass wir uns von den Göteborgern nicht übertrumpfen lassen sollten. Émile Hamid selbst stammt aus dem Libanon, einem vom Krieg verwüsteten Land, und er hat sich sehr für die Waisenkinder eingesetzt. Zusammen gründeten die beiden unsere Organisation. Und sie läuft gut, sehr gut.«

Er verstummte und wartete auf eine Reaktion.

»Wie lange bist du schon hier?«

»Schon von Anfang an. Seit zwanzig wunderbaren Jahren. Ganz zu Beginn wurde die Organisation von der Anwaltskanzlei aus geleitet, aber sie wurde bald so groß, dass ein eigener Koordinator benötigt wurde. Damals wurde ich eingestellt, und wir legten uns dieses Büro hier zu.«

»Was machst du praktisch?«

»Unser Konzept ist sehr einfach und effektiv. Wir stellen vor Ort Leute ein, meistens ein junges Paar, das mit den Kindern zusammenlebt, wodurch das Ganze den Charakter einer Großfamilie bekommt.«

»Ist es schwer, solche Pflegeeltern zu finden?«

»Absolut nicht. In Äthiopien ist die Arbeitslosigkeit hoch und es ist eins der ärmsten Länder der Welt. Damit können wir sagen, dass wir Arbeitsplätze anbieten. Die Kultur ist überaus kinderfreundlich – ich fahre selber ab und zu hin und bin jedes Mal wieder glücklich. Die Kleinen sind wirklich in sehr guter Obhut. Sie bekommen nicht nur zu essen, sondern auch Liebe, was erst heile Menschen aus ihnen macht.«

Das war ergreifend.

»Ja, es ist einfach rührend, dass man noch immer so viel tun kann. Diese Menschen haben Krieg, Dürre und Hungersnot erleiden müssen, und jetzt wütet die AIDS-Epidemie, was zu Scharen von Waisenkindern führt«, fuhr er fort.

»Und solchen Kindern kann man mit nur zweihundertfünfzig Kronen im Monat helfen?«

»Ja. Das reicht für Kost, Unterkunft, Kleidung, Schule und ärztliche Betreuung. In Äthiopien bekommt man eine Menge für dieses Geld. Wir sorgen auch dafür, dass die Kosten niedrig bleiben. Der Standard ist ausreichend, aber nicht übertrieben. Die Kinder leben und wohnen so wie die Lokalbevölkerung.«

Etwas in Stefans Gesicht, in seiner Art, sich bei jedem Satz vorzubeugen, kam Monika bekannt vor, aber sie konnte sich beim besten Willen nicht daran erinnern, wo sie ihn schon einmal gesehen hatte.

»Hast du eine besondere Frage?«

Stefan war das krasse Gegenteil von Olzén – wo Olzén sich in seine Monologe vertieft hatte, schien Stefan unablässig auf Monikas Reaktionen aufzubauen.

Statt einer Antwort griff sie zu einer Lüge. Das wurde langsam zu einer netten Gewohnheit.

»Und es ist ein großes Unternehmen, sagst du? Ich habe noch nie davon gehört.«

Sein Blick wanderte zu ihrem Hals. Hätte er dort ein Kreuz erblickt, hätte er zweifellos erklärt, der Herr habe sie an diesem Tage hergeführt.

»Wir geben kein Geld für Anzeigen aus. Werbekampagnen haben ihren Sinn, aber sie kosten mehr als wir uns unserer Meinung nach leisten können. Wir verlassen uns auf die Mund-zu-Mund-Propaganda. Alte Paten werben neue«, sagte er stattdessen.

Wieder blickte er Monika forschend an.

»Unsere Paten haben meistens eigene Kinder. Es ist eine Freude zu sehen, dass wir in diesen Zeiten das Engagement und die Freigiebigkeit erleben, die gewöhnliche schwedische Familien mit angespannter Finanzlage noch immer aufbringen.«

Monika wagte sich noch weiter vor.

»Ich finde ökologische Ernährung wichtig. Wie siehst du das?«

»Gute Frage. Das ist sozusagen eine unserer Nebentätigkeiten. Es ist schön, dass ich davon erzählen kann! Die Familien lernen, ihr eigenes Gemüse anzubauen, für ihren Haushalt und zum Verkauf. Wir arbeiten durch und durch ökologisch und zusammen mit einer belgischen Organisation, die sich auf ökologischen Landbau spezialisiert hat. Wir leisten also zugleich eine Art Volksaufklärung. Baust du auch Gemüse an?«

Er lächelte, als hätte er eine Seelenverwandte gefunden.

»Im Moment habe ich keine Möglichkeit.«

Sie unternahm noch einen Versuch.

»Was tut ihr, um den kleinen Mädchen Selbstständigkeit zu ermöglichen?«

»Das ist eins unserer großen Ziele. Afrikas Zukunft hängt von der Ausbildung der Frauen ab. Deshalb engagieren wir uns sehr für die schulische Ausbildung der Mädchen.«

Er war offenbar bereit, genau dort hinzugehen, wo sie ihn haben wollte.

Sie betrachtete wieder die Fotos. Irgendetwas schien nicht ganz zu stimmen, aber es war auch nicht ganz falsch.

»Woher stammen diese Bilder?«

»Aus unserem Heim in Mekele. Es liegt, wie die meisten unserer Heime, in Nordäthiopien. In unglaublich schöner Natur.«

Diese Auskunft brachte sie nicht weiter. Sie wollte Tatsachen hören.

»Gibt es einen Jahresbericht?«

»Ja, natürlich. Bitte sehr.«

Als sie einen Blick darauf warf, schlug Stefan vor, sie solle doch in aller Ruhe lesen und fragen, wenn sie noch mehr wissen wollte.

Es war eine ansprechende Broschüre in Vierfarbdruck. Auf der ersten Seite war ein munteres kleines Mädchen in einer ärmlichen Umgebung zu sehen. Die Kleine saß in einem Klassenzimmer mit grob gezimmerten Holzbänken, hinter denen die Lehmwände zu sehen waren. Eine beängstigend magere junge Lehrerin beugte sich über ihr Schreibheft und lächelte gleichzeitig in die Kamera.

In der Broschüre wurde noch mehr gelächelt, Lächeln, das sich fast vom Papier zu lösen schien. Es gab lächelnde kleine Jungen, die barfuß Fußball spielten, lächelndes Küchenpersonal, einen lächelnden Heimleiter, einen lächelnden Émile Hamid. Nur eine einzige Aufnahme durchbrach die Regel. Der Fotograf, der das Bild der Organisationsleitung aufgenommen hatte, hatte offenbar anderes im Sinn gehabt. Die Leiter der Organisation waren gut gekleidet, seriös, alle trugen gut geschnittene Anzüge oder elegante Jacketts. Sie saßen um einen länglichen Tisch und blickten mit ernster Miene in die Kamera – Monika, die sie schon auf der Homepage gesehen hatte, las die Bildunterschrift. Dort war der Vorsitzende, der energisch und beeindruckend aussah. Émile Hamid mit seinem werbewirksamen Gesicht, der äthiopische Botschafter, dazu Vertreter aus Kirche und Gesellschaft.

Der Rechenschaftsbericht enthielt jede Menge Ziffern,

die in ordentlichen Kolonnen aufgeführt und professionell zusammengestellt worden waren. Am Ende erfuhr man außerdem noch, dass sich das Hauptbüro des Fonds in Addis Abeba befand, der äthiopischen Hauptstadt.

Monika erhob sich, und sofort stand Stefan wieder neben ihr.

»Du kannst ihn gern behalten. Ich gebe dir auch noch Informationen über die Patenschaften mit, falls du dich dazu entschließen kannst, unsere Bemühungen zu unterstützen. Ich möchte schon behaupten, dass man zweihundertfünfzig Kronen im Monat nicht sinnvoller anlegen kann.«

Plötzlich wusste Monika, warum er ihr so bekannt vorkam.

»Warst du nicht früher einmal Schauspieler?«

»Das ist so lange her, dass es sicher schon verjährt ist, aber ab und zu laufen meine alten Filme im Fernsehen, deshalb muss ich mich wohl damit abfinden, dass ich noch immer erkannt werde.«

Seine Filme. Wenn Monika sich recht entsann, waren seine Rollen klein gewesen, sehr klein sogar, und besonders gut gespielt hatte er sie auch nicht.

»Ich wollte mit meinem Leben etwas Sinnvolles anfangen und habe es keine Sekunde bereut«, fügte er hinzu.

Monika verabschiedete sich, setzte sich ins nächstbeste Café und versuchte herauszufinden, was hier nicht gestimmt hatte. Etwas an der ganzen Sache war nicht stimmig, aber sie wusste nicht, was es war. Lag es an den Räumlichkeiten? An den Fotos? An Stefan? Dem Jahresbericht? Dem ganzen Szenario?

Das Szenario!

Das war's!

Sie kam sich vor, als sei sie gerade in einem Theater gewesen. In einem Improvisationstheater. Plötzlich war sie sicher, dass Stefan, was auch immer er repräsentieren mochte, nicht die Wirklichkeit vertrat.

Plötzlich war sie an der Stelle, wo Babs vor ihrem Tod gewesen war. Babs hatte Fragen gestellt, hatte mehr über den SECF wissen wollen, hatte es für nötig gehalten, nach Äthiopien zu reisen und sich dort die Antwort zu holen.

Monika musste sich entscheiden. Entweder hatte Olzén Recht, was bedeutete, dass auf Babs kein Verlass war. Oder er irrte sich, und dann musste sie Babs ernst nehmen.

Babs war in Stockholm nicht weitergekommen, genau wie Monika, und hatte nach Äthiopien fahren wollen, um sich dort Klarheit zu verschaffen, aber das war unmöglich gewesen, weil sie das Geld für die Reise nicht gehabt hatte. Babs' Mutter hatte sich auf Olzéns Behauptung verlassen, es handle sich um einen Impuls, vor dem Babs beschützt werden müsse.

Monika beschloss, genau das Gegenteil zu tun.

Ab sofort würde sie sich auf Babs verlassen. Auf das, was sie gesagt, gedacht, empfunden und getan hatte.

Und das bedeutete, dass sie tun musste, was Babs nicht mehr geschafft hatte: nach Äthiopien fahren.

Eine Schwindel erregende Vorstellung. Eine so weite Reise hatte sie noch nie unternommen.

Sie beschloss Mikael nichts zu sagen, wohl wissend, dass er sie daran erinnern würde, wie vage ihr Verdacht war. Er würde ihr vorhalten, dass sie nicht wollte, dass Olzéns Bild von Babs stimmte, dass Schauspieler die Fähigkeit einbüßen konnten, sich im Alltag wie normale Menschen zu verhalten, was aber nicht bedeuten musste, dass sie etwas zu verheimlichen versuchten. All das wusste Monika, aber das spielte keine Rolle. Sie war frei, konnte tun, was sie wollte, und jetzt wollte sie ihrem Bild von Babs folgen – nach Äthiopien. Sie hatte nicht vor, mit irgendjemandem darüber zu diskutieren.

Plötzlich erinnerte sie sich wieder daran, wie Babs sich

damals der kleinen Bethlehem angenommen hatte, und an den Streit ihrer Eltern.

»Sie hat keine Eltern. Sie sind tot, und da unten gibt es kein Fürsorgesystem, es gibt nichts und niemanden ... meinst du wirklich, dass wir uns diese zweihundert Kronen im Monat nicht leisten können?«, hatte sie mit lauter, vorwurfsvoller Stimme gesagt.

»Zweihundert im Monat für fünf verschiedene Organisationen macht schon tausend. So geht das einfach nicht«, hatte Niels müde erwidert.

Wie üblich hatte Babs protestiert.

»Das kann doch nicht unmöglich sein. Du arbeitest, ich arbeite – natürlich müssen wir uns das leisten können.«

Olzén hatte sich geirrt. Ja, Babs war impulsiv gewesen. Ja, sie hatte Mühe gehabt, sich im Alltag zurechtzufinden. Aber sie hatte eine Meinung gehabt, Mitgefühl, Fantasie. Sie war energisch gewesen, hatte Zusammenhänge durchschaut und sich etwaigen Konflikten gestellt. Sie war eine Persönlichkeit gewesen, ein lebendiger heiler Mensch.

Und nun wollte Monika ihren Spuren folgen, heraus aus Schweden, heraus aus Europa, bis nach Afrika.

Fünfunddreißig Minuten später stand sie in einem Reisebüro und wartete darauf, dass sie an die Reihe kam.

Äthiopien. Sie wusste nicht einmal genau, wo sie zu suchen anfangen sollte, aber kurz darauf hatte sie das Land in Ostafrika gefunden – oberhalb von Kenia und unter Eritrea. Der Sudan, der sich als größeres Land entpuppte, als sie gedacht hatte, zog sich an der Westgrenze hin, Somalia lag im Osten, zwischen Äthiopien und dem Meer.

»Addis Abeba, ja gern«, sagte der junge Mann, als Monika an die Reihe kam. Als verkaufe er jeden Tag Reisen nach Addis Abeba. Als sei das kein außergewöhnliches Reiseziel, das eine Gegenfrage verlangte, wie zum Beispiel: »Was wollen Sie denn da?«

Doch er klapperte nur auf der Tastatur seines Computers herum.

»Wann möchten Sie fliegen?«, fragte er währenddessen.

»So bald wie möglich.«

»Hinflug morgen, Rückflug morgen in einer Woche?«

Monika nickte.

»Dann fliegen Sie von Kopenhagen aus mit Ethiopian Airlines und von Stockholm nach Kopenhagen mit SAS. Macht siebentausendachthundertfünfzig hin und zurück.«

Der Boden unter Monikas Füßen schien mit einem Mal nachzugeben. So einfach war das also.

Dann kam die nächste Frage.

»Sind Sie schwedische Staatsbürgerin?«

»Sicher.«

»Sehr gut. Dann bekommen Sie bei Ihrer Ankunft im Flughafen das Visum. Das kostet etwa dreihundert Kronen.«

So einfach war es also doch nicht. Nur wer den richtigen Pass und die richtigen Finanzen hatte, konnte überall hinreisen. Aber das konnte Monika, jetzt in diesem Moment.

Schließlich stand sie auf der Straße, und in ihrer Handtasche steckte ein Ticket nach Addis Abeba. Sie hatte das Gefühl, als habe ihre Reise schon begonnen. Sie musterte die Menschen, deren Haut dunkler war als ihre, mit neuem Interesse. Es gab so viele Nuancen in einer gleitenden Skala, von dem tiefen Schwarz, das die Haut einladend und wie Samt aussehen ließ, bis hin zu dem hellen Braun, das kaum dunkler war als die sonnengebräunte Haut eines Weißen.

Jetzt wollte sie mehr über Äthiopien wissen. Sie ging in einen Buchladen, wo es zu ihrem Erstaunen mehrere Reiseführer gab. Sie kaufte einfach irgendeinen und setzte sich wieder in ein Café, um sich einen Überblick zu verschaffen.

Das Land war ungefähr so groß wie Frankreich und Spanien zusammen mit einer die Bevölkerung von annähernd siebzig Millionen Menschen. Äthiopien exportierte Kaffee, und die Kaffeepreise auf dem Weltmarkt waren um siebzig Prozent gesunken. Das Land war bereits im 4. Jahrhundert nach Christus christianisiert worden, doch es gab auch einen bedeutenden muslimischen Bevölkerungsanteil und außerdem Juden und Angehörige anderer Religionen. Der Reiseführer enthielt vor allem die Informationen, die für normale Touristen vermutlich interessant waren, und deshalb gab es etliche schöne Farbfotos von Wasserfällen, Nilpferden, Zebras und einigen historischen Monumenten: Kirchen, Burgen und Obelisken.

Von Kinderheimen war nirgendwo die Rede.

Immerhin stieß Monika auf eine überaus praktische Information: Addis Abeba lag in zweitausendfünfhundert Metern Höhe, weshalb sie sich nicht vor Malaria zu fürchten brauchte. Sie musste warme Kleidung mitnehmen, obwohl der Äquator so nahe war.

Also konnte sie einfach nach Hause fahren und packen.

Zuvor jedoch musste sie einfach bei Aster klingeln.

»Aster, ich fliege morgen nach Addis Abeba!«

»Fantastisch! Das ist ja toll. Weißt du, was das bedeutet?«

»Was denn?«

»Der Name. Addis Abeba.«

»Nein.«

»Addis bedeutet neu, und Abeba bedeutet Blume. Also Neue Blume. Was willst du denn dort?«

Monika konnte wohl kaum antworten, sie suche ihre Mutter, deshalb sagte sie nur etwas von einer Ermittlung, und Aster, die wusste, wann man besser nicht weiter bohrte, stellte keine weiteren Fragen.

Die neue Blume. Sie würde zur neuen Blume fahren!

Im Bett griff sie nach dem zweiten Band der Memoiren ihrer Großmutter. Das Buch war schlicht aufgebaut, wie ein Tagebuch, der Text war schwerfällig und leseunfreundlich, mit einem dramatischen Inhalt.

Irgendetwas war in Wal Wal passiert. Monika konnte sich nicht überwinden, zurückzublättern und nachzulesen – das hatte nun wirklich noch Zeit – , aber offenbar war es etwas Wichtiges gewesen, denn der »Zwischenfall« von Wal Wal wurde im Text in regelmäßigen Abständen erwähnt.

Am 2. November 1935 hatte Italien Abessinien mit zweihunderttausend Mann, Flugzeugen und Panzern angegriffen.

Abessinien hatte mobilisiert, doch lediglich Japan war bereit, dem Land Waffen zu verkaufen. Abessinien ersuchte um die finanzielle Hilfe, auf die ein angegriffener Staat Anspruch hatte, bekam sie aber nicht, da diese Unterstützung auf der Voraussetzung basierte, dass Geld für friedensstiftende Maßnahmen vorhanden wäre, wenn die Mitgliedstaaten des Völkerbundes erst abgerüstet hätten. Doch da niemand abgerüstet hatte, gab es auch kein Geld.

Monikas Großmutter beschrieb, wie der Völkerbund und sie selbst fassungslos und ohnmächtig zugesehen hatten, wie das möglich sein konnte.

Als Monika umblättern wollte, sah sie einige schwache, unregelmäßige Flecke, fast unsichtbar, auf dem Papier, und fuhr aus einem Impuls heraus mit der Zungenspitze darüber – tatsächlich, die Flecke schmeckten nach Salz. Babs hatte geweint, als sie von Brandbomben auf die schutzlose Zivilbevölkerung gelesen hatte, über Senfgas, das gegen ein Hirten- und Bauernvolk eingesetzt wurde. Über Fliegerangriffe, die dieses Volk zur Unterwerfung zwingen und auf unmissverständliche Weise zeigen sollten, dass jeder Widerstand zwecklos war.

Am Ende blätterte sie doch zurück, um sich ein Bild vom »Zwischenfall« in Wal Wal zu machen. Dort hatte Italien einen Truppenstützpunkt auf abessinischem Boden eingerichtet. Im Dezember 1934 war es zu Auseinandersetzungen zwischen italienischen und abessinischen Soldaten gekommen. Es hatte mehrere hundert Tote gegeben, und Kaiser Haile Selassie hatte beim Völkerbund Protest erhoben. Italien hatte daraufhin behauptet, Wal Wal gehöre zu Italienisch-Somaliland, weshalb sie das Recht hätten, sich dort aufzuhalten. Der Völkerbund hatte nicht gewagt, Stellung zu beziehen, und die Frage, wer hier im Recht war, war monatelang ungeklärt geblieben.

Schließlich schlief Monika ein, mit neuen Schlagworten im Bewusstsein und dem Geschmack von Babs' Tränen im Mund.

Sie träumte von Bergen, von Wal Wal, das aussah wie der Jaktvarvsplan, wo schwarze Flugzeuge viereckige Bomben abwarfen, die pulsierend auf dem Boden lagen und die, weil sie nicht explodierten, nur umso beängstigender wirkten.

12

Als sie in Kopenhagen ins Flugzeug stieg, wurde ihr bewusst, dass dies keine Reise wie alle anderen war. Als Streifenpolizistin in den Vororten hatte Monika oft mit Afro-Europäern oder wie auch immer sie nun hießen zu tun gehabt. In Stockholm gab es jede Menge schwarze Taxifahrer, eine Partei hatte eine Parlamentskandidatin aufgestellt, die im südlichen Teil der Sahara geboren worden war, und Monikas Nachbarin und Freundin stammte aus Äthiopien. Sie war an Menschen aus Afrika gewöhnt, aber hatte stets zur einheimischen Mehrheit gehört. Doch das war jetzt plötzlich alles anders.

Sie wurden von kleinen, zierlichen Stewardessen in Empfang genommen, deren Haut unterschiedliche Brauntöne aufwies und die so schön waren, wie man es sonst nur in der Werbung findet, aber nie in der Realität. Die Tür zum Cockpit stand offen, hinter der zwei Piloten saßen, die ebenfalls braun und zierlich gebaut waren.

Im ersten Moment war Monika überrascht, ehe ihr aufging, dass eine äthiopische Fluggesellschaft naheliegenderweise äthiopisches Personal beschäftigte. Sie fand es erschreckend, dass sie mit einem europäischen Flugkapitän gerechnet hatte. Eigentlich hatte sie immer geglaubt, weniger Vorurteile zu haben als andere Menschen, aber diese Piloten bewiesen, dass ihre Vorurteile weiterhin existierten und bei bester Gesundheit waren.

Die anderen Fluggäste waren offenbar fast alle auf dem Rückflug nach Hause, nur der Mann, der vor ihr saß, schien von anderswo herzukommen. Seine Haut war so dunkel, dass sie fast schwarz war, außerdem war er fast zwei Meter groß und besaß dichte, geschwungene Wimpern.

Die Stewardess, die vorbeikam, hieß Jerusalem, was Monika an die kleine Bethlehem denken ließ. Vielleicht war es in Äthiopien üblich, Mädchen nach heiligen Stätten zu taufen.

Äthiopien.

Monikas Assoziationen gingen in die verschiedensten Richtungen. Dort gab es die Zebras, die Nilpferde und die sonnenbeschienenen Monumente. Aber es gab auch staubige Soldaten unter einem blauen Himmel, ausgemergelte Säuglinge, die stumm in den Armen ihrer Mütter starben, Statistiken über die schrecklichen Folgen der AIDS-Epidemie. Äthiopien war auch das Land, das sich der Kolonialisierung entzogen hatte, der einzige Staat in Afrika, der seine Selbstständigkeit und seine eigenen Regierung behalten hatte und dem Völkerbund beigetreten war. Es war das Land, das 1896 die italienische Armee bei Adua zurückschlagen konnte – in der einzigen Schlacht, die ein Kolonialheer je gegen eine afrikanische Armee verloren hatte. Es war das Land, das Italien deshalb keine Ruhe gelassen hatte und dessen Schicksal sich mit dem Leben von Monikas Großmutter verflochten hatte.

Monika war zu müde zum Nachdenken. Sie hatte eine Reihe mit drei Sitzen für sich allein, und als sie sah, dass die anderen sich quer über den Sitzen ausstreckten, folgte sie ihrem Beispiel, klappte die Armlehnen hoch, machte es sich bequem und schlief ein.

Als sie aufwachte, wurde es gerade hell.

Sie setzte sich ans Fenster und schaute hinaus. Unter ihr erstreckte sich eine diesige hellbraune Landschaft, geteilt von einem gewaltigen verschlungenen Hauptnerv, bei dem es sich um den Nil handeln musste.

Eine junge Frau, die offenbar ebenfalls ausgeschlafen hatte, setzte sich neben sie. Sie hatte Ähnlichkeit mit Aster, trug aber teurere und elegantere Kleidung. Sie entpuppte sich als Betriebswirtin, geboren in Addis Abeba, ausgebildet in London und jetzt beschäftigt in Edinburgh. Sie hieß Almaz GebreMarcos.

»Sind Sie vielleicht mit meiner Nachbarin in Stockholm verwandt?«, fragte Monika. »Die heißt ebenfalls Gebre.«

»Gebre und wie weiter?«

»GebreMariam.«

Almaz lachte.

»Nein. Gebre bedeutet einfach nur Diener oder Dienerin. GebreMariam bedeutet, Diener oder Dienerin der Jungfrau Maria. GebreMarcos, also mein Name, bedeutet Dienerin des Heiligen Marcos, Sie wissen schon, des Evangelisten Markus.«

Monika war ihre Verwirrung offenbar anzusehen, denn Almaz fuhr fort: »So sind viele äthiopische Namen. Selassie, zum Beispiel, bedeutet Dreifaltigkeit – Vater, Sohn und Heiliger Geist. Unser Langstreckenläufer GebreSelassie heißt also Diener der Dreifaltigkeit.«

»Und was bedeutet Haile?«

»Macht, Stärke.«

»Dann heißt Haile Selassi also die Macht der Dreifaltigkeit.«

»Genau. Sie werden viele Namen dieser Art hören. Zuerst Haile oder Gebre und dann Iesos, was Jesus bedeutet, oder Christos, was ich wohl nicht zu erklären brauche, oder Selassie. Das hat aber nichts mit Verwandtschaft zu tun, ebenso wenig, wie Menschen namens McAngus mit Menschen namens McDermott verwandt sind, nur weil ihre Namen gleich anfangen.«

Monika nickte.

Haile Selassie. Die Macht der Dreifaltigkeit. Ein Kaiser, der einfach ein Christ sein musste. Es war ein ebenso deutliches Etikett wie der Name Mohammed.

Sie persönlich mochte solche Namen aus Prinzip nicht, weil sie Religion für Privatsache hielt, aber sie sah inzwischen ein, dass diese Ansicht nicht überall auf der Welt vorherrschte.

Haile Selassie. Warum wurde das nicht zusammengeschrieben? Hatte man das in Europa für Vor- und Nachnamen dieses Kaisers gehalten? Er schien jedenfalls zu den wenigen Menschen gehört zu haben, denen Monikas Großmutter vorbehaltlosen Respekt entgegengebracht hatte.

Sie flogen auf Addis Abeba zu, eine weitläufige grüne Stadt, die fast wie eine riesige Gartenstadt aussah, mit einzelnen Hochhäusern, die hoch über den Blechdächern der anderen Gebäude aufragten.

Das Flugzeug setzte sanft auf dem Boden auf, und Monika trat hinaus in klare dünne Luft, die nach Eukalyptus, nach Holzfeuern und noch etwas anderem duftete, das sie nicht identifizieren konnte. Und nun?

Langsam ging sie auf die niedrige Ankunftshalle zu und schaute sich neugierig um. Sie befand sich auf einer Ebene und war umgeben von sanften, geschwungenen Hügeln in

Pastellfarben, die am Horizont aufragten wie massive Zuschauer um eine gewaltige Arena. Und über allem wölbte sich der Himmel, blau und übersät mit tuffigen grauweißen Wolken.

Der Flughafen war genauso aufgebaut wie alle anderen auf der Welt. Sie holte ihr Gepäck ab und ging durch den Zoll. Auch dort war alles wie überall – ein grüner und ein roter Ausgang und scheinbar schläfrige Zollbeamte, die unter ihrem gleichgültigen Äußeren jedoch trotzdem alles im Auge hatten.

Monika hatte sich über die praktische Wirklichkeit noch keine Gedanken gemacht. Sie wollte nach Addis Abeba, zum Hauptbüro des SECF, aber damit hatten ihre Pläne auch schon ein Ende. Seltsamerweise hatte sie wohl nicht geglaubt, dass sie wirklich ankommen würde, und wusste deshalb nicht so recht, was sie als Nächstes tun sollte.

Da ihr nichts Besseres einfiel, folgte sie dem Strom der Passagiere – zuerst zur Bank, um Geld zu wechseln, dann zum Ausgang. Die Landeswährung hieß Birr und war praktischerweise ungefähr so viel wert wie die schwedische Krone.

Swedish Ethopian Childrens Fund.

In Stockholm lag das Büro in Sundbyberg, aber kein Taxifahrer hätte ohne genauere Angabe der Adresse hingefunden. Monika nahm an, dass es hier auch nicht anders war, und wollte sich deshalb zuerst ein Taxi besorgen und dann jemanden bitten, ihr zu helfen, die Adresse ausfindig zu machen. Mit diesem recht schlichten Plan verließ Monika das Flughafengebäude und trat hinaus nach Ostafrika, der Urheimat aller Menschen.

Sie trat durch ein Tor und war plötzlich von Menschen umringt.

Ein junger Mann packte ihre Reisetasche. Er war klein und dünn, aber seine Finger schlossen sich fest um den Griff.

Augenblicklich begann Monika, an der Tasche zu zerren. Sie hatte nicht die Absicht, sich schon in ihren ersten Minuten in Afrika ausrauben zu lassen. Er begegnete ihrem Blick.

»Please. I carry.«

Und dann läufst du los, und ich hab keine Chance, dich einzuholen, dachte Monika. Hältst du mich für blöd?

»No. Let go.«

Aber er hörte nicht auf sie.

»Please. I carry. I poor.«

Monika sah sich in dem Gewirr um, das sie umgab. Menschen küssten und umarmten einander, drängten sich durch das Gewimmel. Sie wurde hin und her geschoben. Der junge Mann hatte ihre Tasche noch immer nicht losgelassen, und im nächsten Moment würde sein Kumpan auftauchen und sich an ihrer Handtasche oder deren Inhalt zu schaffen machen. So arbeiteten die Burschen doch, dass wusste sie. Sie stand inmitten einer Menschenmenge und hatte keine Ahnung, welcher von ihnen es auf ihre kleine Schultertasche abgesehen hatte. Sie tastete mit der linken Hand danach, konnte sie aber nicht finden.

Sie hatte die Wahl zwischen dem Verlust ihrer Reisetasche mit ihrer Kleidung oder dem ihrer Handtasche mit Pass, Geld und Rückflugticket. Die sie im Gewühl möglicherweise ohnedies bereits verloren hatte. In ihrer Verzweiflung ließ sie die Reisetasche los und streckte die Hand nach der Schultertasche aus. Vergeblich. Damit war alles verloren, was sie besaß. Schließlich ertastete sie den dünnen Riemen. Als sie daran zog, kam die Tasche, die auf ihren Rücken gerutscht war, wieder zum Vorschein. Der Reißverschluss war unversehrt, die Tasche stand nicht offen und war auch nicht leer geräumt. Monika wurde von einer Woge der Erleichterung erfasst.

Sie presste die Tasche unter ihren Oberarm und stellte

fest, dass der junge Mann ihre Reisetasche noch immer festhielt und sie besorgt musterte.

»You no worry«, sagte er in flehendem Tonfall. »No worry.«

Dann lächelte er, ein Lächeln, das sie an Ammanuels erinnerte, ein schönes, offenes und strahlendes Lächeln. Monikas Furcht verflog. Doch mittlerweile hatten andere Einheimische ihre Unschlüssigkeit bemerkt.

»Taxi?«

»Come, I have taxi.«

Es schien hier keine Warteschlangen zu geben, und offenbar bemühten sich die Taxifahrer nach Kräften, die Fahrgäste auf sich aufmerksam zu machen.

Jetzt umringten sie Monika. Einer von ihnen wollte dem jungen Mann ihre Tasche wegnehmen und sie in sein Auto legen, damit Monika mit ihm fahren musste, aber der junge Mann zischte ihm etwas zu.

»Where you want to go?«, fragte er Monika.

Monika wusste keine Antwort und ging auf die Wagen zu. Sie wollte sich selbst eins aussuchen, wenn es schon keine Warteschlange gab.

Das Wichtigste war, einen Fahrer zu finden, mit dem sie reden konnte. Einen, der zuverlässig war. Sie musste sicher sein können, dass sie in ein Taxi steigen konnte, ohne wegen ihrer bleichen Haut, ihrer kleinen Reisekasse oder wegen alter Kränkungen ermordet und ausgeraubt zu werden.

Sie ließ sich Zeit, sah sich die wartenden Autos genau an und blieb vor einem stehen, das sauber war und dessen Fahrer einen freundlichen Eindruck machte. Sie gab dem jungen Mann ein paar Münzen, die sie auf der Bank bekommen hatte, und dankte ihm für seine Hilfe.

Der Taxifahrer sprach hervorragend Englisch und war gern bereit, für Monika die Adresse des SECF ausfindig zu machen.

Auf ihre Frage nach den Kosten antwortete er, das sei ihre Entscheidung.

»Meine? Aber was ist, wenn ich Ihnen zu wenig gebe?«

»Dann haben Sie dafür sicher einen guten Grund. Gott sieht Ihre Absichten. Und dann wird mir jemand anders mehr geben.«

Dieses Land war eindeutig etwas ganz Besonderes.

Der Fahrer hieß Iohannes und fuhr sie zuerst zur Touristeninformation, wo er aus dem Wagen sprang. Er ließ den Schlüssel im Zündschloss stecken. Monika griff zu der Zeitung, die auf dem Sitz lag. Es handelte sich um eine englischsprachige Tageszeitung, die zwar mit dem Datum des Tages, aber mit der Jahreszahl 1993 versehen war. Kurz darauf war Iohannes wieder da und reichte ihr eine kleine Broschüre über Addis Abeba, in der eine Liste sämtlicher Hilfsorganisationen enthalten war, die sich in dieser bettelarmen Hauptstadt angesiedelt hatten. Und hier war auch der Swedish Ethiopian Childrens Fund vertreten.

Iohannes fuhr los. Monika fragte ihn, warum er eine Zeitung aus dem Jahre 1993 im Auto liegen habe. Er lachte.

»In Äthiopien ist es 1993, Sie sind also sieben Jahre jünger hier.«

Die Straßen schlängelten sich an den Hängen der Stadt auf und ab, und Monika versuchte sich die Richtung einzuprägen, für den Fall, dass sie ausgeraubt würde und erklären müsste, wohin sie gefahren worden sei. Aber die Straßen sahen alle gleich aus. Sie waren gesäumt von kleinen Läden, Steinmauern und Wellblechbuden. Unvermittelt konnte ein elegantes Bankgebäude auftauchen, das wie alle Banken auf der Welt aussah, oder ein offizielles Gebäude, doch dann folgten wieder die kleinen bunten Läden. Über Mauern und Zäunen wuchsen üppige Blumen, von denen einige wie große Geschwister der in Schweden beheimateten aussahen, andere Monika gänzlich neu waren. Zwischen Asphalt und Häusern gab es kleine Bürgersteige, manchmal lag auch die rote Erde bloß, die teilweise auch mit Gras bewachsen war. Wo der Bürgersteig endete, wurde er von einem kurvenreichen Weg ersetzt, den Menschen und Tiere gleichermaßen benutzten.

Ganz besonders überraschend waren die zahlreichen Obstbuden mit ihren Unmengen Avocados, Tomaten, Ananas, Mangos und Papayas. Monika hatte erwartet, dass in einem von Hungersnöten geplagten Land auch die Läden leer sein müssten.

Hier und dort grasten Schafe oder Ziegen, und überall wimmelte es von Menschen. Sie saßen vor den Läden oder gingen über die Fahrbahn und am Straßenrand entlang. Monika war überzeugt, dass sie irgendwann einen Fußgänger überfahren würden, der nicht rechtzeitig beiseite gesprungen war, aber Iohannes hupte und brüllte, drosselte das Tempo, wich aus, und langsam begriff sie, dass es in diesem Verkehr ein System gab, worauf sie sich beruhigte.

Sie hielten vor einer kleinen Villa in einem kleinen Garten.

Swedish Ethiopian Childrens Fund.

Iohannes lächelte stolz.

Und was konnte das nun wert sein? Die Fahrt hatte eine knappe Stunde bedauert, er hatte ihr geholfen die Adresse zu finden und alles war schnell und reibungslos über die Bühne gegangen. Ein Birr entsprach ungefähr einer Krone. In Stockholm stünde das Taxameter bei rund fünfhundert, und zwar ohne irgendwelche Detektivarbeit von Seiten des Fahrers. Aber bestimmt war in Addis alles billiger. Andererseits wollte Monika nicht geizig wirken.

Am Ende griff sie zu dem dicken Bündel Geldscheine, nahm zwei Hundertbirrscheine heraus, fand, es wirke sehr wenig im Vergleich zu dem, was sie doch besaß, und gab einen dritten dazu.

Dreihundert Birr. Das kam ihr angemessen vor.

Iohannes lächelte, bedankte sich, und angesichts seiner Zufriedenheit ahnte Monika, dass er mehr bekommen hatte als erwartet. Ein gutes Geschäft, denn auch sie hatte mehr bekommen als erwartet. Sie hatte ihr Ziel mit einem Minimum an Zeitverlust erreicht.

Alle zufrieden, alles gut.

Sie wollte einen Moment warten, ehe sie hineinging. Ein leises Klappern veranlasste sie, sich umdrehen. Zwei dunkelbraune Esel mit hellgrauen Mäulern erschienen hinter ihr, deren unbeschlagene kleine Hufe auf den Asphalt auftrafen. Jeder trug einen Sack auf dem Rücken, und dahinter folgte ein Mann, der sie durch Pfiffe und Rufe zu lenken schien.

Monika war in Afrika.

Und sie stand vor dem äthiopischen Hauptbüro des Swedish Ethiopean Childrens Fund.

Vielleicht war das hier die größte Sackgasse, die Monika jemals betreten hatte. Vielleicht war es aber auch ihre einzige Möglichkeit in Erfahrung zu bringen, was mit Babs geschehen war.

13

Das Haus war so durchschnittlich, dass es Monika fast peinlich war. In dem sonnigen kleinen Garten flogen leuchtend rote und türkisfarbene Vögel umher, und alles wirkte ruhig und freundlich. Ich darf mir aber nicht sofort den Wind aus den Segeln nehmen lassen, dachte sie. Ich muss weiterhin misstrauisch bleiben.

Die Tür stand offen, und der graue Steinboden dahinter war feucht.

Sie ging hinein und sah als Erstes die gleichen Fotos wie in Stockholm. An einer Wand hing eine große Karte von Äthiopien, die mit roten Stecknadelköpfen übersät war, vor allem in den nördlichen Landesteilen. Sie besaß große Ähnlichkeit mit einer alten Militärkarte. Monika nahm an, dass jede Stecknadel ein Kinderheim darstellte.

Hinter der offenen Tür klapperte jemand auf einer Tastatur. Monika klopfte an den Türrahmen, worauf eine Frau mittleren Alters erschien.

»Guten Tag. Ich komme aus Schweden und …«
»Moment bitte.«

Einige Minuten darauf wurde Monika zu Mario B. Berlotti geführt, dem Direktor.

Ein kleiner stämmiger Mann mit kurzen grauen Haaren erhob sich hinter seinem schweren Schreibtisch. Wieder war Monika überrascht. Sie hatte mit einem Einheimischen gerechnet, stand jedoch einem kompakten Italiener gegenüber.

Sein Händedruck verriet, dass er nicht allzu viel Zeit hinter seinem Schreibtisch verbrachte.

Monika lächelte und versuchte, freundlich und wohlwollend auszusehen.

»Ich heiße Sara Andersson und komme aus Schweden.«
»Willkommen, Frau Andersson. Es ist uns immer eine Ehre, Besuch aus unserem großzügigen Patenland zu bekommen.«

Trotz seiner Körperfülle bewegte er sich mit anmutiger Leichtigkeit, wie ein Tänzer. Unter seinem Jackett konnte sich nicht viel anderes befinden als Muskeln, mutmaßte Monika.

»Was kann ich für Sie tun?«
»Oh, ich habe seit vielen Jahren ein Patenkind. Und im Augenblick bin ich hier, um die Zusammenarbeit zwischen schwedischen und äthiopischen Bibliotheken aufzubauen,

und da dachte ich, es wäre doch wunderbar, eins Ihrer Kinderheime zu besuchen.«

Mario lächelte – ein Lächeln, das seine grauen, aufmerksamen Augen nicht ganz erreichte. Er besaß einen kurzen, breiten Hals, kleine Ohren und ein eckiges Kinn.

»Wir danken Ihnen, dass Sie uns helfen, den Kindern zu helfen. Ohne unsere vielen großzügigen Paten wären wir ohnmächtig.«

Monika schlug verlegen die Augen nieder.

»Es ist doch unsere moralische Pflicht unseren Wohlstand zu teilen ...«

Das hier war schwer. Wie denkt ein Mensch, der sich dafür entscheidet, von seinem Gehalt etwas abzugeben? Jeden Monat, jahrein, jahraus?

»Und eine Freude helfen zu können ...«, fügte sie mit matter Stimme hinzu

Die Sekretärin brachte Kaffee, und Mario brauchte einige Minuten, um seine Papiere wegzuräumen, die Tassen zu verteilen – eine Strategie, die auch Monika schon oft benutzt hatte, wenn sie Zeit brauchte, um ihre Gedanken zu sammeln.

Als er fertig war, beugte Mario sich vor.

»Leider laden wir nicht zu Besuchen in unseren Kinderheimen ein. Wir haben die Erfahrung gemacht, dass es nicht gut für die Kinder ist, wenn ihr Alltag durch Gäste gestört wird. Und es wäre außerdem ungerecht. Das eine Kind bekommt Besuch, das andere nicht. Das eine bekommt Geschenke, das andere nicht. Wir haben außerdem so viele Paten, dass unsere normale Arbeit leiden würde, jetzt, wo es so leicht ist herzukommen.«

»War es früher denn schwieriger?«

»Lange Zeit war das Land grundsätzlich für alle Ausländer gesperrt, wenn sie nicht hier gearbeitet haben, und auch die durften sich nur in bestimmten Gebieten aufhalten. Später wurden die Bestimmungen gelockert, aber noch im vergangenen Jahr war es manchmal nicht ganz einfach, sein Visum zu bekommen. Das hat sich jetzt alles geändert.«

»Aber da ich doch schon einmal hier bin, wäre es doch sehr schade, wenn ich nicht wenigstens einmal einen Blick in ein Heim werfen könnte.«

»Das kann ich durchaus verstehen. Aber leider haben wir hier in Addis kein Heim; hier sind andere Organisationen zuständig. Wir haben unsere Häuser dort, wo die Kinder sind, damit sie den Kontakt zu ihren Verwandten und ihrer Kultur nicht verlieren.«

Er reckte diverse Muskelgruppen.

»Sechzig Prozent der Bevölkerung in diesem Land leben über einen halben Tag von einer befahrbaren Straße entfernt. Diese sechzig Prozent werden von der Mehrheit der Organisationen niemals erreicht. Aber von uns schon. Wir sind da, wo die Kinder sind. Es tut mir wirklich Leid, Sie enttäuschen zu müssen, aber glauben Sie mir bitte, dass Ihre Unterstützung für uns unersetzlich ist. Wirklich unersetzlich.«

Dann rief er seiner Sekretärin in einer unverständlichen Sprache mit fremdartig klingenden Konsonanten etwas zu.

»Ich bin hier geboren. Wie meine Eltern«, erklärte er, als er Monikas überraschten Blick bemerkte.

Mario war also wie ein Vorortjunge aus Stockholm gewesen, nur umgekehrt: ein kleiner Europäer in einem afrikanischen Land.

»Wie heißt diese Sprache?«, fragte Monika.

»Amharisch.«

»Ach ja, was kostet eigentlich ein Taxi von hier zum Flugplatz?«

»Ein blauweißes?«

»Ja.«

»Für Touristen etwa vierzig Birr, ansonsten fünfundzwanzig.«

Kein Wunder, dass Iohannes einen so zufriedenen Eindruck gemacht hatte.

Sie dankte ihm für die Auskünfte und ging.

»You! You!«, hörte sie eine leise Stimme, als sie auf die Straße trat.

Es war ein kleines Mädchen, das ihr bis zur Taille reichte und die Hand ausstreckte.

Monika blieb stehen. Die Kleine hatte ein ebenso schönes Gesichtchen wie Bethlehem auf dem blassen Foto zu Hause in Stockholm.

Es lächelte und legte den Kopf schief.

»You give me money! One birr!«

Es war, als berührte ihre kleine Hand Monikas Herz. Das Mädchen hatte dünne Arme und Beine. Sie war barfuß und ihr Kleid schmutzig, doch ihr Blick war lebhaft; sie war wach, aktiv und sich ihres Charmes durchaus bewusst.

»One birr«, drängte sie. »Mother!«, fügte sie erklärend hinzu.

Mutter? Monika sah sich um. Eine Mutter war nirgendwo zu sehen. Die Kleine war inzwischen näher gekommen und zupfte vorsichtig an Monikas Pulloverärmel, eine federleichte, vorsichtige Berührung, die Monika trotzdem im ganzen Leib spürte.

»Mother!«, wiederholte das Kind und blickte Monika herausfordernd an.

Damit war also Monika gemeint. Hier stand ein wildfremdes, armes kleines Mädchen, das durchaus Bethlehem hätte sein können, ein Mädchen, das Hilfe brauchte und das Monika »Mutter« nannte. Mutter im Sinne von Beschützerin der Kinder, im Sinne von jemandem, an den man sich immer wenden kann, der die Not der Kinder sieht.

»One birr«, wiederholte die Kleine. »My name is Aster«, fügte sie hinzu.

Monika hatte Mühe, ihre Tränen zurückzuhalten. Sie griff zu ihrer Tasche und machte sich auf die Suche nach ihrem Portemonnaie.

»Aster!«, hörte sie eine laute Frauenstimme.

Die Kleine blickte sich kurz um und stürzte davon, während eine junge Frau angelaufen kam.

»Sorry«, sagte sie. »Aster should not beg. I am her mother.«

Monika hielt noch immer ihre Tasche in der Hand.

»And you«, fügte die junge Frau hinzu, »should not encourage her to be a beggar.«

Monika nickte.

»Sorry.«

Was sollte man glauben? Eins stand fest. Käme eine neue Art Touristen mit grünen Haaren oder vier Armen nach Schweden und stellte sich dann auch noch heraus, dass sie allen, die darum baten, eine Menge Geld schenkte, dann würden viele unternehmungslustige schwedische Kinder diese Gelegenheit zweifellos nutzen.

In den nächsten Tagen sollte sie oft Menschen Geld geben, die um Almosen baten, aber nur den Alten, niemals den Kindern, die sich bisweilen um sie scharten. Sie stellte fest, dass Greta Garbos Redewendung »I want to be alone« ziemlich schnell Wirkung zeigte, ebenso wie ein entschiedenes Nein.

Aber nun stand sie auf der Straße, mit ihrer Reisetasche, umgeben von zahllosen Menschen. Niemand schien auf sie zu achten, eine verirrte winterbleiche Frau aus dem Norden im strahlenden Sonnenlicht.

Schräg gegenüber jedoch bot sich ihr ein vertrauter Anblick, ein Café, das etwa halb voll war. Sie sah junge Paare, Gruppen von Schulmädchen, einsame Männer in Schlips und Anzug, die allesamt wie Einheimische aussahen. Sie überlegte, ob sie hineingehen konnte, ob die Leute sie anstarren würden, ob es besondere Lokale für Ausländer gab und ob sie riskierte, bestraft zu werden – wegen ihres Geldes, wegen der Ereignisse in den dreißiger Jahren, wegen der unzulänglichen Bemühungen ihrer Großmutter.

Andererseits musste sie sich einfach eine Weile hinsetzen, musste ihre Gedanken sammeln, und das Café mit seinen kleinen runden Tischen sah sehr einladend aus.

Aber was konnte ihr schon geschehen? Das Schlimmste, was passieren könnte, war wahrscheinlich, dass sie nicht bedient würde. Vor ihrem inneren Auge blitzten jedoch Fernsehszenen auf – Rassenunruhen, hassverzerrte Gesichter, die Jagd auf anders aussehende Menschen. Sie würde im Café sitzen und mit ihrer Blässe förmlich leuchten. Wie eine Zielscheibe.

Sie überquerte die Straße und blieb vor der Tür des Cafés stehen, um die Stimmung in sich aufzunehmen. Niemand zeigte irgendeine Reaktion.

Vorsichtig betrat sie das Lokal. Eine erschöpfte Frau mit glatten blonden Haaren, hellen Augen und einer billigen abgenutzten Reisetasche. Eine Frau, die zu schnell zu viel erlebt hatte und deren Miene ausdruckslos war. Eine Frau, die sich nicht entscheiden konnte, ob sie das Café vor ihr betreten durfte oder lieber ein Taxi zum Hilton nehmen sollte, um dort ihren Kaffee zu trinken.

Die Lösung bot sich in Gestalt eines jungen Kellners, der auf sie zukam und nach ihrer Tasche griff. Dieses Mal ließ Monika sofort los, nachdem ihr durch den Kopf geschossen war, dass die Leute wohl kaum in Ruhe zusehen konnten, wenn eine Touristin ausgeraubt wurde.

Und tatsächlich stellte der Kellner die Tasche neben einen freien Fenstertisch und erkundigte sich nach Monikas Wünschen. Sie war unendlich erleichtert.

Sie konnte also in ein Café gehen, sie durfte hier sein, niemand starrte sie an, abgesehen von ein paar jungen Mädchen, die verlegen die Augen niederschlugen, als Monika ihren Blick auffing.

Das Angebot war dasselbe wie in Stockholms Szenecafés. Caffè latte, espresso, macchiato und so weiter.

Monika bat um einen Macchiato und versuchte ihre Gedanken zu ordnen.

Ein Kinderheim lag in Mekele, soviel wusste sie immerhin. Dort war Stefan aus Stockholm gewesen. Dort waren die Fotos aufgenommen worden. Und Mario hatte eindeutig nicht vor, ihr zu helfen. Sie wusste auch, dass es nur logisch wäre, nach Mekele zu reisen, wo sie schon einmal hierher gekommen war. Sie zog ihren Reiseführer aus der Tasche und stellte fest, dass Mekele eine Provinzhauptstadt im nördlichen Äthiopien war, die mit einem Inlandsflug problemlos zu erreichen war.

Der Kaffee entpuppte sich als der köstlichste, den Monika je getrunken hatte. Natürlich war sie hier in der Heimat des Kaffees, aber mit einem so riesigen Unterschied hatte sie nicht gerechnet. Der Kaffee war mild, aromatisch und eröffnete völlig neue Wege von ihren Geschmacksnerven zu ihrem Gehirn.

Als sie ausgetrunken hatte, ging sie zu einem Taxi und bot dem Fahrer fünfzig Birr für die Fahrt zum Flughafen.

Unterwegs fiel ihr Blick auf ein Büro der Ethiopian Airlines, das wie ein Flugzeug geformt war. Hier würde sie bestimmt ihren Flug buchen können, deshalb bat sie den Fahrer anzuhalten.

Am Tresen empfing sie ein tadellos gekleideter junger Mann mit kurzem Haar, einem leuchtend weißen, frisch gebügelten Hemd und wachem Blick.

Sie fragte nach Flügen nach Mekele.

Er lächelte und beugte sich vor, um sie besser verstehen zu können.

»Verzeihung?«

»Einen Hin- und Rückflug nach Mekele.«

Der Mann blickte sie verwirrt an.

»*Wohin* wollen Sie reisen?«

Dem Reiseführer zufolge gab es regelmäßige Flüge nach Mekele, die allesamt von Ethiopian Airlines durchgeführt wurden.

Wieder spürte sie, wie die Unsicherheit in ihr aufkeimte, doch dann fiel ihr Blick auf die Karte an der Wand. Sie ging hinüber und tippte auf Mekele.

Der junge Mann trat neben sie.

»Oh, Sie wollen nach MacAllé!«

Monika nickte und verfluchte den Reiseführer im Geiste.

»MacAllé«, stimmte sie zu.

Unwillkürlich musste sie an die koreanischen Reisenden in Stockholm denken, die eine Reise nach »Venice« buchen wollten und am nächsten Morgen feststellen mussten, dass sie sich in Vännäs befanden.

Sie hatte noch mehr Glück. Um halb fünf ging eine Maschine, die noch nicht ausgebucht war.

Als sie zum Flughafen kam, blieben ihr noch drei Stunden bis zum Abflug. Jetzt würde sie endlich lesen, was ihre Großmutter über Mekele, oder Makale, wie sie schrieb, zu sagen hatte.

Sie kaufte zwei Postkarten – eine mit einem berittenen Krieger, der einen Speer schwenkte, für Mikael, und eine Ansicht von Addis Abbeba für Niels.

»Hallo. Bin in Äthiopien, Sonntag zurück«, schrieb sie auf beide.

Als die Karten im Briefkasten verschwunden waren, gab es keinen Grund mehr, an Stockholm zu denken.

14

Eine kleine Karte ganz vorn im Buch der Großmutter zeigte Abessinien im Jahre 1934. Damals war das Land eine nichtkolonialisierte Insel, umgeben vom italienischen Erithräa im Norden, im Osten von Französisch-, Englisch- und Italienisch-Somaliland, im Süden von der britischen Kolonie Kenia und im Westen von Ägyptisch-Sudan, einer weiteren britischen Kolonie.

Nach den Kämpfen in Wal Wal war der Ton beim Völkerbund und international immer schärfer geworden – so sehr, dass der Erzbischof von Canterbury am 28. August zum Friedensgebet aufgerufen hatte.

Ihre Großmutter war außer sich gewesen. Gott hatte im Laufe der Geschichte noch nie besonderen Sachverstand bewiesen, wenn es galt, internationale Konflikte zu schlichten, und der Völkerbund war gebildet worden, um diese Probleme besser in den Griff zu bekommen. Die Großmutter hätte es vorgezogen, wenn der Erzbischof für die zaghaften Mitglieder des Völkerbundes gebetet hätte, die sich nicht trauten, für Abessinien Partei zu ergreifen.

Doch weder Gott noch der Völkerbund hinderten Benito Mussolini daran, am 2. November 1935 in Abessinien einzufallen. 125 000 Mann unter General de Bono marschierten auf Makale zu.

»Wenn wir rechtzeitig gehandelt hätten, wäre das niemals passiert«, schrieb die Großmutter. »Schon bei Wal Wal hatten sich unser mangelnder Wille oder unsere unzulängliche Stärke gezeigt. Ich wünschte ja, es sei Letzteres gewesen, aber ich habe so viel von Ersterem gesehen, dass ich fürchte, wir hätten den Frieden in jedem Fall durch mangelnde Ehrlichkeit im Bezug auf unsere Ziele verraten.«

Mussolini hatte seine Absichten nie verhehlt. »Ich kann

nicht begreifen, wie irgendwer auf der Welt unsere berechtigten Ansprüche leugnen kann. Abessinien hat immer wieder die italienischen Rechte verletzt. Wie lange müssen wir uns diese rechtswidrigen Handlungen noch gefallen lassen, dazu noch von einem barbarischen Volk? Abessinien ist kein Staat und keine Nation«, zitierte die Großmutter

Die schwedische Bevölkerung war von Italiens Vorgehen empört, woran die Großmutter gewiss nicht ganz unschuldig war, schließlich hatte sie die schwedische Presse und die schwedischen Politiker immer wieder informiert. Das Medieninteresse war groß – der Kaiser hatte zwei schwedische Berater gehabt, Kolmodin und Vigin, darüber hinaus hielten sich schwedische Militärs und schwedisches Krankenpflegepersonal im Land auf. Ein überraschender schwedischer Solidaritätsakt war das Geschenk von siebzigtausend Kilo Makrelen an Abessinien. Monika hätte gern gewusst, was aus dieser Spende geworden war. War sie jemals angekommen? Und hatten die Abessinier gern einen unbekannten fetten und in Metall verpackten Fisch gegessen? Hatten sie ihn überhaupt aus den Dosen herausbekommen?

Der Angriff der Italiener ging nur stockend weiter, trotz ihrer Flugzeuge und modernen Waffen. Natürlich konnten sie die abessinischen Truppen ungestört bombardieren, doch die Flugzeugmotoren machten in der großen Höhe Probleme. Es goss wie aus Kübeln, es war ungewöhnlich kalt für die Jahreszeit, und der abessinische Widerstand erwies sich als hartnäckiger als erwartet. Der Vormarsch ging nur langsam voran, obwohl alle mit einem raschem Sieg gerechnet hatten.

Die Italiener hatten Ras Seyoum gegen sich, einen abessinischen Heerführer, der einen russischen Ratgeber, Obersten Korniwaloff, zu Hilfe geholt hatte. Seyoum hatte die Italiener nicht daran hindern können, grobkalibrige Geschütze auf den Hügeln gegenüber von Makale aufzustellen, das sich am 11. November ergeben musste. De Bono fiel am Geburtstag des italienischen Königs Viktor Emmanuel dort ein. In seiner Begleitung befand sich der italienische Propagandaminister Graf Ciano.

Die Großmutter hatte ihre Hoffnung in die wirtschaftlichen Sanktionen gesetzt, die am 18. November in Kraft treten sollten.

Ciano zeigte sich verärgert: »Unser Land wird die vom Völkerbund über uns verhängten Sanktionen mit einem Heldenmut sondergleichen ertragen. Gegen die Verantwortlichen wird sich der ewige Hass des italienischen Volkes richten ...«

Die Großmutter hatte nichts dagegen gehabt, dass sich der ewige Hass der Italiener gegen sie richtete; dass die Sanktionen nicht in die Tat umgesetzt wurden war hingegen eine Katastrophe für sie gewesen. In erster Linie hätte die Ölzufuhr unterbrochen werden müssen, doch das Öl strömte weiterhin nach Italien.

Und bei Makale wurde noch immer gekämpft. Die Italiener kamen nicht weiter.

Mussolini wurde ungeduldig. So langsam durfte es nicht gehen, wenn die tapferen und gut ausgerüsteten italienischen Truppen endlich das Land erobern sollten, das Italien als seinen selbstverständlichen Besitz betrachtete, ein Kolonialreich, das das gesamte östliche Afrika umfasste und nicht nur die Wüstengebiete am Rand.

Vor allem durfte es nicht so langsam gehen, wenn der Feind aus einer afrikanischen Eingeborenenarmee ohne technische Ausrüstung bestand. Mussolini berief de Bono zurück und entsandte seinen talentiertesten Strategen, Generalstabschef Badoglio, der die Entscheidung beschleunigen sollte, als handele es sich um ein Fußballspiel.

Frankreich und Großbritannien legten derweil einen Vorschlag zu einer friedlichen Lösung vor, den die Großmutter für eine Schande und eine Beleidigung hielt. Sie bemühte sich nach Kräften, diesem Vorschlag beim Völkerbund entgegenzuarbeiten, was ihr immerhin gelang. Ein kleiner Sieg in dieser unfassbaren Tragödie.

Der schwedische Krankenpfleger Gunnar Lundström aus Glommersträsk war der erste, wenn auch nicht der letzte Schwede, der bei einem italienischen Bombenangriff auf Krankenwagen des Roten Kreuzes ums Leben kam.

Im Januar 1936 wurde die Stadt Sakota im Südwesten von Makale mit Brandbomben und Senfgas vernichtet. Die Zivilbevölkerung war nicht einmal ansatzweise darüber aufgeklärt worden, wie sie sich vor diesem Angriff schützen konnte.

Ansonsten war es dasselbe Szenario wie im Ersten Weltkrieg – Kavallerie gegen Handgewehre, schlecht bewaffnete Fußtruppen gegen Flugzeuge und Panzer. Gemetzel.

Am 3. März wurde bei Makale die gesamte abessinische Nordarmee vernichtet.

Die Großmutter musste sich anhören, sie nehme sich das Ganze zu sehr zu Herzen, sie solle mit dem Gehirn arbeiten, nicht mit dem Herzen. Sie musste sich anhören, Frauen seien wohl doch zu sentimental für eine Aufgabe wie die, die ihr übertragen worden war.

Das unvermeidliche Ende kam am 7. Mai 1936. Badoglio ritt auf einem Schimmel in Addis Abeba ein, und Mussolini erließ ein Kommuniqué.

»Abessinien existiert nicht mehr. Nur noch seine Bevölkerung und sein Territorium sind übrig, und um beides wird Italien sich kümmern. Die Vorstellung, dass Italien sich an Friedensverhandlungen beteiligen könnte, ist absurd – es gibt keinen Verhandlungspartner. Wenn es zu weiteren Auseinandersetzungen kommt, werden diese in den Zuständigkeitsbereich der Polizei fallen und nicht in den des Völkerrechtes. Der Völkerbund hat kein Recht mehr, Abessinien zu schützen, da es diesen Staat nicht mehr gibt. Im Schatten der siegreichen italienischen Trikolore wird die abessinische Bevölkerung Frieden, Gerechtigkeit und Wohlstand finden.«

In Italien ließ Mussolini mit dreitägiger Beflaggung feiern, während die Großmutter bittere Tränen der Ohnmacht vergoss.

Babs hatte der Welt ihrer Mutter nach und nach den Rücken gekehrt. Sie glaubte nicht an große Organisationen, die über Frieden, Menschenwürde und internationale Zusammenarbeit referierten.

Babs hatte es vorgezogen, Niels zu heiraten, der keine hohe Position bekleidete. Er war ein einfacher Polizist, der diejenigen verfolgte, die ihre körperliche Kraft, ihre zahlenmäßige Überlegenheit oder ihre Waffen nutzten, um die Macht über Schwächere an sich zu reißen.

Vermutlich hatte Babs dieser Arbeit größeren Respekt entgegengebracht als der, die ihre Mutter im Licht der Öffentlichkeit verrichtet hatte.

Vermutlich hätte Babs auch Monikas Berufswahl Respekt entgegengebracht, wenn sie davon erfahren hätte.

Vielleicht hatte Mussolini Monikas Großmutter den Glauben an die Zukunft genommen, der unerlässlich ist, wenn Eltern einen Sinn in ihrer Aufgabe sehen sollen, ihre Kinder großzuziehen.

15

Die Ebene, die sie auf dem Weg nach Mekele überflogen, war hellbraun und von Wolkenschatten gefleckt wie eine Hyäne. Doch bald tauchten wieder die Gebirge auf – steil, kahl, durchzogen von tiefen Abgründen und bebaut mit kleinen Ansammlungen aus runden Häusern, die aussahen, als seien sie aus dem Boden gesprossen. Plötzlich verstand Monika, was Mario gesagt hatte. Sie flogen lange Zeit, ohne auch nur irgendeine Form von Straße zu entdecken.

Beim Anflug auf Mekele überlegte sie, dass sie dieselbe Perspektive hätte wie 1935 die italienischen Kampfflieger. Wenn sie überhaupt als Kampfflieger bezeichnet werden konnten, denn es war ja im Grunde kein wirklicher Kampf gewesen. Sie konnten fliegen, wie sie wollten, nach Herzenslust Bomben abwerfen. Ihre kleinen Doppeldecker hatten über diesen Bergen gehangen und mit einer einzigen Abwärtsbewegung geschützte Siedlungen im Gebirge in gefährdete Angriffsziele verwandelt.

Was hatten die jungen Italiener damals wohl gedacht? Vielleicht waren sie von Habgier ergriffen gewesen, so wie ihre Anführer. Vielleicht hatten sie Abessinien helfen, das Land kolonialisieren und die Bevölkerung zivilisieren wollen. Aber vielleicht hatten sie gar nichts gedacht, sondern einfach Bomben abgeworfen, weil sie den Befehl dazu bekommen hatten.

Der Pilot ließ das Flugzeug sanft auf den Boden aufsetzen, und die Fahrgäste begaben sich in ein provisorisches Flughafengebäude. Dessen Vorgänger sei während des Krieges zerstört worden, erklärte ein gut angezogener Mann, der hinter Monika in der Schlange stand.

»Fünfunddreißig?«, fragte Monika und freute sich darüber, dass sie sich diese Jahreszahl gemerkt hatte.

Der Mann lachte.

»Nein, vor einigen Jahren im Krieg gegen Eritrea. Dieser Krieg fing damit an, dass eine Schule hier in Mekele bombardiert wurde. Aber jetzt herrscht wieder Friede.«

Offenbar waren über Mekele viele Bomben gefallen.

Es war halb sieben, und bald würde die Dunkelheit einsetzen. Monika musste sich ein Dach über dem Kopf suchen. Sie wusste genau, was Babs in dieser Situation gemacht hätte. Sie hätte gefragt. Babs war nie schüchtern gewesen, hatte nie Angst vor Fremden gehabt. Also wandte Monika sich an den Mann, mit dem sie zuvor gesprochen hatte und bat ihn, ihr ein Hotel zu empfehlen. Ein gutes Hotel, fügte sie hinzu. Je teurer, desto sicherer, dachte sie.

»Dann schlage ich das schönste vor«, meinte er und schrieb ihr den Namen auf. So einfach war das also.

Für einen Ort mit einer derart blutigen Geschichte sah Mekele überraschend idyllisch aus. Es war eine weitläufige, grüne Stadt, ebenso wie Addis Abeba, mit einigen wenigen höheren Häusern. Eine Stadt, die von einem steilen grünen Berg ausging und sich dann zur Ebene hinunterzog. In der Ferne am Horizont waren weitere Berge zu sehen, was die Ähnlichkeit mit der Hauptstadt noch hervorhob.

Monika erreichte das Hotel zwischen blühenden Gewächsen, das wie ein Schloss auf einer Anhöhe lag und Blick über die Stadt bot. Es sah ungeheuer teuer aus, aber das spielte keine Rolle. Ein Zimmer mit Dusche, Toilette, Telefon, Satellitenfernsehen und Panoramaausblick über die Stadt koste hundertachtundzwanzig Dollar, erklärte die Frau an der Rezeption. Monika rechnete den Betrag in Kronen um. Ungefähr tausend. Teuer, aber trotzdem noch billiger als die guten Stockholmer Hotels.

Sie setzte sich aufs Bett.

Den Ausdruck »auf die eigene Seele warten« hatte sie bislang nie ganz begriffen, doch nun war er eine passende Beschreibung für ihren Zustand. Sie stellte fest, dass sie Hunger hatte, so großen, dass sie etwas essen musste, um einschlafen zu können.

Als sie sah, dass im Hotelrestaurant Spaghetti Bolognese auf der Karte stand, hätte sie vor Freude fast geweint. Ehrliche, alte, vertraute Nudeln mit Hackfleischsoße, das war genau das, was sie jetzt brauchte. Genug der neuen Eindrücke für diesen Tag .

Danach schlief sie zehn Stunden.

Als sie aufwachte, staunte sie noch immer, dass sie in Mekele war, dass sie diese weite Reise angetreten hatte und in der Stadt gelandet war, über die ihre Großmutter geschrieben und über die Babs gelesen, die aber keine von beiden jemals gesehen hatte.

Monika hätte am liebsten auch zum Frühstück Spaghetti Bolognese bestellt, nur um sich Überraschungen zu ersparen, doch ihre Sorge erwies sich als unbegründet. Es gab Kaffee oder Tee mit Toast und Marmelade.

Plötzlich hatte sie es nicht mehr so eilig.

Sie beschloss, einen Spaziergang zu machen, sich ein wenig zu bewegen und die Stadt anzusehen. Der SECF konnte bestimmt noch eine Stunde warten.

Sie schlenderte los und hatte mit einem Mal das Gefühl, dass Babs neben ihr ging. Babs, die plötzlich zu ihrer Gleichaltrigen geworden war. Zwei fünfunddreißigjährige Frauen gingen zusammen als Fremde durch das, was unlogischerweise als der dunkle Kontinent bezeichnet wird, denn er war keineswegs dunkel, sondern leuchtend hell.

Monika glaubte fast Babs' begeistertes Gesicht vor sich zu sehen, als sie durch die breiten, von wogenden Palmen beschatteten Straßen ging, durch den spärlichen, ruhigen Verkehr, durch die Verkaufsstände, die den Straßenrand säumten. Das hätte Babs gefallen. Hier gab es viele Menschen, aber es herrschte kein Gedränge. Der Himmel war blau und wolkenlos, aber die Sonne war nicht zu heiß, und die Luft war von Geräuschen von Menschen erfüllt statt von Maschinenlärm.

Nach ein paar Stunden war Monika der Ansicht, dass es langsam Zeit wurde.

In Mekele war keine Detektivarbeit vonnöten, der Taxifahrer kannte die Adresse des SECF, und zum zweiten Mal in ebenso vielen Tagen wurde Monika durch verschlungene Straßen chauffiert, die hier jedoch von hohen, warmen gelbbraunen Mauern umgeben waren. In den Mauern waren Eisentore eingelassen, so hoch, dass sie nicht über sie hinwegschauen konnte, und durch Blechplatten vor neugierigen Blicken geschützt. In einigen Toren sah man kleine Türen, so dass man nicht das schwere Tor aufzuschieben brauchte, wenn jemand hinein oder heraus wollte.

Nach nicht einmal zehn Minuten stand sie vor dem Schild, das sie vom Foto kannte, auch wenn die Farbe abgeblättert und die Schrift kaum noch zu lesen waren. Vielleicht spielte das in dieser kleinen Stadt keine Rolle. Das Tor des SECF war in zartem Hellgelb gehalten.

Während Monika das Taxi bezahlte, kamen einige Kühe die Straße heruntergetrottet. Niemand achtete auf die Tiere, obwohl sie ohne menschliche Begleitung unterwegs zu sein schienen. Vermutlich waren sie also nicht durchgebrannt. Sie gingen langsam und gelassen weiter, angeführt von einem gewaltigen hellgelben Ochsen oder Stier mit kräftigem Buckel und einer dicken weichen Hautfalte um den Hals. Seine Hörner waren dunkel, fast einen Meter lang und elegant nach außen geschwungen. Er musste sich fast an Monika vorbeidrängen, bewegte sich aber so behutsam, dass sie sich nicht fürchtete. Sie streckte die Hand aus und streichelte seine Flanke, während er sie aus sanften dunklen Augen ansah und kurz mit den Ohren wackelte. Ihm folgten zwei kleinere dunklere Kühe, ebenso langsam und vorsichtig. Ihr kurzes Fell glänzte, und sie waren ein wenig staubig, ansonsten aber sauber.

In Schweden existiert fast eine Art Apartheid für Tiere, überlegte Monika. Hühner hier. Kühe dort. Schafe an einem dritten Ort. Und immer getrennt von den Menschen.

Hier scheinen alle dieselben Örtlichkeiten in reibungsloser Integration zu nutzen.

Doch sie zwang sich, ihre Gedanken auf die Kinder zu lenken.

Es gab keine Klingel, deshalb klopfte sie an das Blechtor. Nichts rührte sich. Das Kinderheim war vielleicht geschlossen worden, und seit der Zeit, als das Schild neu gewesen war, hatten gar keine Kinder mehr hier gelebt.

In diesem Moment wurde das Tor vorsichtig einen Spaltbreit geöffnet, und ein alter Mann lugte hervor, der Monika argwöhnisch musterte.

»Ich komme aus Schweden. Zu Besuch. Ich wollte nur guten Tag sagen.«

Die Tür, hinter der laute Stimmen zu hören waren, wurde vor ihrer Nase zugeschlagen.

Sie wartete.

Nach einigen Minuten ging die Tür wieder auf, diesmal so weit, dass sie eintreten konnte.

Der Mann, der sie empfing, glich einer hoch gewachsenen idealisierten Christusgestalt, der nur noch der Heiligenschein fehlte. Eine dünne weiße Stola war wie eine Toga über seine Schultern und seinen Kopf drapiert, und auch in Schweden hätte er die meisten anderen überragt. Seine ausgestreckte Hand war schmal und mit langen, eleganten Fingern.

»Ich bin Teodoros, der Leiter hier. Kann ich Ihnen behilflich sein?«

»Ich heiße Sara. Ich komme aus Schweden und würde gern das Kinderheim besuchen.«

Sie standen auf einem sonnigen Hinterhof vor dem einstöckigen Gebäude, das Monika auf Bildern in Stockholm und Addis Abeba gesehen hatte.

Sie war also am Ziel.

Teodoros führte sie in ein kleines Büro und bot ihr einen Kaffee an.

Stefan hatte alles richtig beschrieben. Kein Luxus. Kahler Zementboden, ein alter Schreibtisch, nicht zueinander passende Stühle. Ein Huhn trippelte neugierig durch die offene Tür und ließ sich nur widerwillig verscheuchen.

Teodoros schien nicht recht zu wissen, was er von seiner unerwarteten Besucherin halten sollte. Offenbar klopften hier nicht jeden Tag schwedische Patinnen an die Tür.

Sie stellte einige Fragen über das Heim, in dem derzeit neun Jungen und sechs Mädchen lebten. Die Kinder erhielten Essen, Kleidung und ärztliche Betreuung. Sie gingen zur Schule. Sie waren munter.

Monika bat darum, die Räumlichkeiten sehen zu dürfen, und wurde in einen Schlafsaal geführt, den sie wiedererkannte. Aber auf dem Foto hatte die Bettwäsche doch keine Löcher aufgewiesen, oder?

Außerdem fehlte etwas.

»Wo sind die Kinder?«, fragte sie.

»In der Schule. Bis auf die beiden Jüngsten.«

Er deutete auf zwei kleine Mädchen von etwa drei oder vier, die schweigend Arm in Arm dastanden und die Besucherin aus großen Augen anstarrten.

»Ich dachte, Sie hätten eigene Schulen.«

»Draußen auf den Dörfern haben wir das auch. Hier in Mekele ist es besser für die Kinder, wenn sie mit anderen zusammenkommen. Dieses Heim ist eine Ausnahme. Wir haben es gegründet, weil Mekele immer wieder die Basis für allerlei Hilfsorganisationen war. Hier gab es während der Hungersnot Mitte der achtziger Jahre große Lager, und viele Waisenkinder, die nicht wussten, woher sie kamen.«

Inzwischen hatte sich ihnen eine junge Frau angeschlossen, die Monika begrüßte und erklärte, sie sei für die Mädchen verantwortlich. »Ich heiße Bethlehem«, sagte sie.

Monika versuchte ihr Gesicht mit dem Foto zu Hause zu vergleichen, ein glattes, ovales Gesicht mit fröhlichen Augen.

Ein schönes, offenes Gesicht.

Aber etwas an der Atmosphäre stimmte nicht. Monika hatte dasselbe Gefühl wie in der Zentrale. Irgendetwas war nicht so, wie es sein sollte. Teodoros fühlte sich sichtlich unwohl in seiner Haut, wesentlich unwohler, als nötig gewesen wäre, bloß weil eine bleiche Touristin aus Schweden ohne Vorwarnung auftauchte.

Die Spur endete nicht hier.

»Ich freue mich wirklich, dass ich herkommen konnte. Und jetzt möchte ich noch gern ein Heim besuchen, eins von denen, die in den Bergen liegen.«

»Das geht nicht. Sie sind zu weit entfernt. Dort gibt es keine Straßen.«

»Aber irgendjemand muss sie doch besuchen. Sie müssen doch einkaufen, Gehälter ausbezahlen, sich davon überzeugen, dass es den Kindern gut geht.«

»Das tun wir natürlich, aber wir sind daran gewöhnt. Wir waren schon als Kinder in den Bergen unterwegs, schon seit Generationen.«

»Wo liegt denn das nächste Heim?«

»Weit entfernt von hier. Im Norden von Lalibela. In DebreMarcos.«

Wie sollte sie sich das bloß alles merken?

»Wir müssen dort sein, wo die Kinder sind. Wenn sie ihre Eltern verlieren, sind sie meistens unterernährt und krank. Die Eltern konnten oder wollten sich nicht um sie kümmern. Wir wollen aber, dass sie zumindest Kontakt zu ihrer Verwandtschaft halten können, deshalb arbeiten wir draußen auf den Dörfern«, fuhr Teodoros fort.

Ein schrilles Telefonsignal durchbrach die unbehagliche Atmosphäre.

»Teodoros! Mario!«

Verdammt.

Und als Teodoros zurückkehrte, glich er tatsächlich nicht

mehr einem milden Christus, sondern eher einem fürchterlichen Dämon.

»Mario sagt, dass Sie hier keinen Zutritt haben. Sie sind hier unerwünscht. Sie müssen sofort gehen.«

Während sie aus dem Haus gescheucht wurde, fragte sie sich, ob Mario nicht noch mehr gesagt hatte. Teodoros wirkte jetzt vollkommen verschlossen. Er hatte sich regelrecht unsichtbar gemacht, obwohl er dicht neben ihr stand.

Und hinter ihm stand Bethlehem, der die Besorgnis ins Gesicht geschrieben stand.

»Seien Sie vorsichtig«, sagte sie leise, ehe die Tür hinter Monika ins Schloss fiel.

Als Erstes zog sie einen Kugelschreiber aus der Tasche und schrieb sich die Namen auf den Arm, da sie kein Papier bei sich hatte. Lalibela. DebrecMarcos.

Im Taxi erfuhr sie, dass Lalibela eine Stadt war, eine ziemlich große, die mit dem Flugzeug in einer halben Stunde zu erreichen war. Das hörte sich doch perfekt an.

Beim Auschecken im Hotel stellte sich heraus, dass das Zimmer hundertachtundzwanzig Birr, nicht Dollar kostete, und Monika hatte ein so schlechtes Gewissen, dass sie ein üppiges Trinkgeld hinterließ.

»Können Sie herausfinden, wann es eine Maschine nach Lalibela gibt?«

Die Frau an der Rezeption griff zum Telefon, während Monika zwei große Luftaufnahmen an der Wand betrachtete. Die eine stammte aus den vierziger Jahren, die andere war erst wenige Jahre alt. Mekele war inzwischen fast doppelt so groß wie damals. Makale, das die Italiener so hart umkämpft hatten, war damals kaum mehr gewesen als ein großes Dorf.

Zwei ungewöhnlich hoch gewachsene junge Reisende kamen herein. Offenbar wollten sie bergsteigen, und ihre Ausrüstung hatte vermutlich mehr gekostet, als irgendeiner der Mitarbeiter in diesem Hotel hier in einem ganzen Jahr verdiente.

Die Rezeptionistin legte auf und sah Monika mit bedauernder Miene an.

»Tut mir Leid. Es gibt keinen Flug.«

»Es gibt keinen Flug nach Lalibela?«

»Doch. Aber nicht mehr heute. Heute gibt es überhaupt keine Flüge mehr. Die Maschine nach Addis Abeba ist auch schon weg.«

Der junge Mann wandte sich ihr zu.

»Probleme?«

Unter normalen Umständen hätte Monika die Augen niedergeschlagen, etwas gemurmelt, sie habe alles im Griff, und sich einen Bus gesucht. Aber in diesem Moment brach Babs durch und veranlasste Monika, sich aufzurichten, seinen Blick zu erwidern und den Kopf schief zu legen.

»Ja. Ich muss nach Lalibela, weiß aber nicht, wie ich das anstellen soll,« sagte sie.

Der junge Mann blickte seinen Begleiter fragend an.

»Sie kann doch mit uns kommen?«

Monika lächelte auch den Begleiter an, nicht entschuldigend oder verlegen, sondern fröhlich, als wäre sie eine Prinzessin in Erwartung der nahenden Retter.

Und es funktionierte. Die beiden waren mit dem eigenen Flugzeug unterwegs, wie Monika nun erfuhr. Sie wollten nach Lalibela und von dort aus bergsteigen, und wenn sie den Rücksitz mit ihrer Ausrüstung teilen könnte, wäre sie willkommen.

Den Rücksitz. Als sei hier die Rede von einem alten Auto. Sie zwang sich zu einem Lächeln.

Auf dem Weg zum Flugplatz sah sie Bauern, die mithilfe von schönen langhornigen Ochsenpaaren pflügten. Die Tiere bewegten sich langsam und lautlos über die

Felder. Hier existierte die ökologische Landwirtschaft tatsächlich.

Und dann befand sie sich wieder in der Luft. Die jungen Männer flogen, wie junge Männer nun einmal fliegen, und ab und zu legten sie einen Extraschlenker ein, um einen besonders verlockenden Hang in Augenschein zu nehmen.

Für sie waren die Berge eine Spielwiese, ein Erholungsgebiet. Für Monika hingegen waren sie mit Blut durchtränkt. Mit äthiopischem Blut. Italienischem. Dem Blut von Pferden und Maultieren.

Falls die jungen Männer merkten, dass sie keine Prinzessin mehr an Bord hatten, ließen sie es sich wenigstens nicht anmerken.

Das kleine Flugzeug schwebte über die Berge. Es waren kaum Wege und Häuser zu sehen, fast nur tiefe Klüfte, ein Fluss, der silbrig in seinem gewundenen Abgrund funkelte, dann Bergkamm hinter Bergkamm, wie erstarrte Wellen, dazu Ackerflächen, wenn auch ohne die rechten Winkel, die in Europa überall vorherrschen. In der späten Nachmittagssonne warfen die Berge dunkle, violette Schatten.

In Lalibela setzten die Bergsteiger Monika auf dem Flugstreifen ab, da sie unterwegs zu Freunden waren und es eilig hatten.

Diesmal wusste Monika, was sie zu tun hatte. Sie suchte sich ein Taxi und bat, zu einem guten, aber nicht übermäßig teuren Hotel gebracht zu werden.

Im Hotelrestaurant war ein junges blondes Paar in die Karte vertieft. Die beiden sprachen Schwedisch, und Monika begrüßte sie wie alte Bekannte.

Sie hießen Malin und Andreas und fuhren in einem alten Landrover, den sie vor dem Fenster geparkt hatten, durch Ostafrika. Der Wagen sah deutlich älter aus als diese beiden.

Von Lalibela aus wollten sie nach Mekele und interessierten sich sehr für Monikas Eindrücke.

»Es war seltsam friedlich, wenn man bedenkt, wie viele Menschen dort gestorben sind.«

»Bei der Hungersnot vierundachtzig?«

Die hatte Monika ganz vergessen.

»Nein, ich dachte an die Kämpfe fünfunddreißig.«

Malin und Andreas sahen sie verständnislos an.

»Die Italiener sind von Eritrea aus ins damalige Abessinien einmarschiert, und in Mekele kam es zu besonders schweren Kämpfen. Monatelang.«

»Warum denn das?«

»Sie wollten Abessinien zu einer italienischen Kolonie machen. Eritrea hatten sie sich schon unter den Nagel gerissen, und jetzt wollten sie auch noch den Rest.«

Malin und Andreas hatten sich offenbar an Äthiopiens Geschichte vorbeigedrückt und interessierten sich, wie sie erklärten, in erster Linie für die Flora des Landes.

Sie fragten nicht, was Monika in Lalibela zu suchen hatte. Die Erklärung dafür kam von selbst, als Monika den Ort in ihrem Reiseführer nachschlug. Sie war bei der größten Touristenattraktion weit und breit gelandet, dem achten Weltwunder, den aus dem Fels gehauenen Kirchen.

Typisch. Sie hatte geglaubt, sich immer weiter von den gewohnten Touristenpfaden zu entfernen und befand sich stattdessen mittendrin.

Sie fragte den Hotelbesitzer, wie sie nach DebrecMarcos gelangen könnte.

Er schaute sie verwundert an.

»DebrecMarcos? Den Ort gibt es nicht.«

»Angeblich ist es ein sehr kleines Dorf. Im Norden von Lalibela.«

»Ach so. DebreMarcos. Das ist wirklich sehr, sehr klein. Dort gibt es keine Kirchen. Dort gibt es nichts.«

»Das ist egal. Ich will gar keine Kirchen sehen. Sondern DebreMarcos. Morgen.«

»Es gibt keine Straße.«

»Das weiß ich.«

»Wollen Sie ernsthaft hin?«

»Ja. Können Sie das arrangieren?«

Er nickte.

»Sie müssen ein Maultier nehmen, dann können Sie morgen hinreiten und übermorgen zurück.«

Maultier? Reiten?

»Aber ich kann nicht reiten.«

»Das macht nichts. Das Maultier geht ganz langsam, das ist kein Problem.«

Er klärte, dass die Bauern aus den Dörfern der Umgebung darum wetteiferten, ihre Reittiere an Touristen zu vermieten, weil dies eine willkommene Nebeneinnahme darstellte. Reitkenntnisse waren nicht vonnöten.

Er war offenbar daran gewöhnt, Ausflüge für die Touristen zu organisieren.

»Dann bestelle ich für morgen früh einen Führer und zwei Maultiere. Ich lasse Verpflegung für zwei Tage einpacken. Sie müssen sich früh auf den Weg machen, um sechs Uhr, es ist weit.«

»Kann ich Spaghetti Bolognese mitnehmen?«

Das ließ sich einrichten.

In dieser Nacht kam der Albtraum, der eine Erinnerung war, oder vielleicht war es auch umgekehrt. Er kam gerade, als sie einschlafen wollte.

Babs' schwerer, Körper, der auf sie zukam, die Luft aus ihr herauspresste, so schwer auf ihr lastete, dass ihre Lunge sich nicht mit Luft füllen konnte, und ihre dünnen Arme sie nicht beschützen konnten, und dann die Stimme, die Stimme, die in ihrem Kopf widerhallte.

»Hoch mit dir! Du erstickst sie doch!«

Niels' Hände um Babs' Hals, Niels, der das Gewicht wegriss, der Babs schüttelte wie ein Terrier eine Ratte.

»Wenn du das noch einmal machst, bringe ich dich um!«

»Wollte nur gute Nacht sagen ...«, murmelte Babs.

Monika wusste, dass sie nicht die Einzige war, die sich von Zeit zu Zeit gewünscht hatte, Babs möge verschwinden, nicht die Einzige, die von Zeit zu Zeit gehofft hatte, Babs werde nicht mehr nach Hause kommen. Sie war nicht die Einzige, die Babs von Zeit zu Zeit den Tod gewünscht hatte.

Wäre Niels fähig gewesen, noch einen Schritt weiterzugehen?

Er hatte Babs gedroht, sie umzubringen. Monika hatte es gehört, aber wieder vergessen. Nun ließ sie die Erinnerung genauso angsterfüllt zittern wie damals.

Gleichzeitig war Niels derjenige gewesen, der Monika mit seiner Behauptung, Babs habe mit Erik Granat ein Verhältnis gehabt, auf Granat & Hamid aufmerksam gemacht hatte.

Was vermutlich nicht stimmte.

Aber Niels hatte es für die Wahrheit gehalten. Vielleicht.

Sie konnte ihren eigenen Vater doch nicht des Mordes an ihrer Mutter verdächtigen. Doch, das konnte sie, aber ein Verdacht muss nichts bedeuten. Er kommt ganz leicht und trifft meistens nicht zu.

Aber wenn Niels auf irgendeine Weise etwas mit Babs' Tod zu tun gehabt hatte, wurde sein Widerwille gegen alles, was an sie erinnerte, begreiflicher. Und natürlich war es möglich, dass Babs ihre Grenzen einmal zu oft überschritten hatte, einmal zu weit gegangen war.

Vielleicht war diese Reise in Äthiopiens entlegenste Ecke die schlimmste Sackgasse, von der Monika jemals gehört hatte.

16

Monika wurde von einem zaghaften Klopfen geweckt. Offenbar war es Zeit.

Sie konnte dem Boiler in dem kleinen Badezimmer kein heißes Wasser entlocken und duschte kälter, als sie es in Afrika für möglich gehalten hätte.

Draußen wurde es langsam hell. Sie zog ihre beiden dicken Pullover an, fror aber noch immer, als sie zum Frühstück nach unten ging.

Über der Landschaft schien sich ein Vorhang zu heben. Der feine Dunst löste sich auf, sobald die ersten Sonnenstrahlen auf Baumwipfel und Berghänge trafen, die den Ort wie großartige Kulissen umgaben. Die kalte feuchte Luft war angereichert von den vielen Düften der Nacht, und die wenigen Menschen, die sie entdecken konnte, waren in dicke weiße Decken gehüllt, die ihnen das Aussehen zusammengekauerter Engel verliehen, die ihre Flügel noch nicht wieder ausgebreitet hatten.

Das bestellte Maultier war bereits zur Stelle. Es entpuppte sich als kleines Geschöpf, das viel zu schwächlich für diesen Auftrag wirkte. Die Hufe waren klein und unbeschlagen, die Beine mager, das Fell matt und verfilzt. Eine spärliche schwarze Mähne sträubte sich über dem schmalen Hals, und das kleine Tier stand an diesem kalten Morgen reglos da. Der Sattel sah aus wie ein Cowboysattel. Er hatte vorn ein Horn und war dort, wo Monika sitzen sollte, gut gepolstert.

Neben dem Maultier stand ein Mann undefinierbaren Alters. Er war in die obligatorische weiße Decke gehüllt und seine bloßen, dünnen Beine steckten in groben Sandalen.

Monika begrüßte ihn und streichelte dem Maultier vorsichtig über die Nase, wo das Fell kürzer und glänzender war.

Im Dämmerlicht konnte sie ein zweites Maultier und einen jungen Mann in Jeans und Hemd erkennen, der sich als der Fremdenführer erwies.

Der Hotelbesitzer brachte Wasserflaschen, zwei Schlafsäcke und Tüten voller Nahrungsmittel, die er auf zwei Rucksäcke verteilte.

Sie waren drei Personen, zwei Rucksäcke und zwei Maultiere.

Monika sollte ohne Rucksack reiten. Der Reiseführer sollte den einen Rucksack tragen und reiten, der Besitzer der Maultiere den zweiten Rucksack und zu Fuß gehen.

Bilder aus einer Vergangenheit, in der europäische Bleichgesichter mit Tropenhelmen ritten, während die Einheimischen zu Fuß folgen mussten, tauchten unvermittelt vor Monikas innerem Auge auf. Sie wollte nicht reiten, während der sehnige Mann neben ihr zu Fuß ging. Doch gleichzeitig war ihr klar, dass sie selbst zu Fuß nicht weit kommen würde, da die Luft zu dünn und ihr Bein zu schwach war.

»Können wir noch ein Maultier haben? Ich will nicht, dass der Besitzer den ganzen Weg laufen muss.«

Der Reiseführer machte ein überraschtes Gesicht.

»Er ist daran gewöhnt, und wir reiten ja nicht schnell.«

»Wir haben doch auch Gepäck. Können wir nicht noch ein Maultier haben?«

»So viele, wie wir wollen. Warten Sie.«

Weitere Gestalten lösten sich aus den Schatten – es wurde geredet, verhandelt, und nach einer Weile kam der Führer mit besorgter Miene zurück.

»Wir können vier Maultiere haben, drei zum Reiten und eins für das Gepäck, aber das wird teuer.«

»Wie teuer?«

»Hundertzwanzig Birr pro Tier für zwei Tage, und der Besitzer bekommt etwa dreißig.«

Das machte etwas über dreihundert Kronen. Etwas über dreihundert Kronen, um für zwei Tage vier Maultiere zu mieten, dazu einen Mann, der sich um sie kümmern konnte.

Der Führer blickte sie ängstlich an.

»Und dann kommt noch mein Lohn dazu ...«

Das war nicht mehr als der Preis für eine Privatstunde bei einer Stockholmer Reitschule, kaum mehr als eine Fahrstunde und weniger, als schwedische Jugendliche für ihre Markenjeans hinblättern.

»Wie hoch ist denn der Stundenlohn, wenn man jemanden stundenweise anheuert?«, fragte sie.

»Fünf Birr pro Tag. Wenn der Besitzer fünfzehn am Tag bekommt, ist er mehr als zufrieden. Ist Ihnen das zu viel? Er ist Bauer und kann ja nicht arbeiten, solange er mit uns unterwegs ist.«

Monika schüttelte den Kopf.

»Nein«, sagte sie. »Eigentlich finde ich das viel zu wenig. Ich habe mich noch nicht an diese Preise gewöhnt und will mich auch nicht daran gewöhnen. In Wahrheit weiß ich schon fast nicht mehr, was ich will ...«

Der Reiseführer lächelte.

»Mir ging es genauso, als ich in Korea war. Es gab so viele neue Eindrücke, dass ich schon müde wurde, wenn ich nur auf der Straße stand.«

Monika wusste nicht, ob sie richtig gehört hatte.

»In Korea?«

»Ich habe Kulturgeographie studiert, und als ich meine Examensarbeit geschrieben habe, bekam ich ein Reisestipendium für Korea. Waren Sie auch schon mal dort?«

Monika konnte nur noch den Kopf schütteln.

»Egal«, sagte er gelassen, »ich weiß, wie verwirrend das sein kann. Ich werde dafür sorgen, dass Sie hinkommen, wo sie hinwollen, machen Sie sich also keine Sorgen. Haben Sie eine Sonnenbrille?«

Das hatte sie.

»Und ein langärmeliges Hemd gegen die Sonne?«

Sie musste passen.

»Einen Hut?«

Monika, die so fror, dass sie schon zitterte, hatte keine Ahnung, wovon er redete, ging jedoch ins Hotel zurück, um ihre Sonnenbrille und ein Hemd mit langen Ärmeln zu holen. Einen Hut hatte sie nicht.

Und dann ritten sie los, durch die frische, leicht rauchige Morgenluft, ein kleines Gefolge von vier sehnigen Maultieren, Monika, einem Kulturgeographen und einem Bauern.

Monika als Expeditionsleiterin. Der Bauer, der wusste, wie man sich in diesem Gelände bewegte und was die Maultiere brauchten, und der Kulturgeograph, der in Korea gewesen war und als Dolmetscher und Fremdenführer fungierte.

Du siehst, sagte Monika im Stillen zu Babs, wie sehr ich mich auf dich verlasse. Ich verlasse mich darauf, dass du etwas über den SECF herausgefunden hast, was nach dir niemandem mehr aufgefallen ist. Ich weiß nicht, ob ich dir alles verzeihen kann, aber ich respektiere, was du gedacht und gesehen hast. Hier hast du den Beweis.

Es wurde zusehends heller. Das Maultier, das beängstigend klein ausgesehen hatte, kam ihr nun beunruhigend hoch vor, als es zwischen Steinen und Mauern seinen Weg suchte. Sie hatte Angst, es könne stolpern, scheuen, seine ungeübte Reiterin abwerfen. Sie klammerte sich am Horn fest, das am Sattel aufragte. Hätte sie nicht gewusst, dass sie nicht zu Fuß gehen könnte, wäre sie sofort abgesprungen.

Häuser, die kaum mehr als Hütten waren, säumten den Weg, und kleine Kinder winkten aus den Türöffnungen. »Hello!« oder »Mister!«, riefen die abenteuerlustigen unter ihnen.

Monika lockerte ihren krampfhaften Griff um das Sattelhorn, um zurückzuwinken. Die Kinder lachten.

Sie hatte den ganzen Morgen schon die Hühner gehört, und nun sah sie sie auch: leuchtend bunt huschten sie zwischen den Häusern hin und her. Einige Hunde gaben hier und da ein heiseres Bellen von sich, ein letztes Überbleibsel der lauten Wacht der Nacht.

Und es ging immer weiter aufwärts.

Allmählich entspannte sie sich ein wenig. Der Sattel fühlte sich nicht mehr an, als wollte er ständig herunterrutschen, und nachdem sie sich erst einmal daran gewöhnt hatte, schien sich das Maultier mit weichen Schritten unter ihr zu bewegen.

Der Weg ging bald in einen steinigen Pfad über, der ab und zu so steil wurde, dass sie absteigen und die Maultiere ihren eigenen Weg suchen lassen mussten. Beim ersten Mal kam Monika dieses Unterfangen unmöglich vor. Sie schaffte es selber kaum, nach oben zu gelangen, wie sollten die Maultiere den kahlen, steinigen Hang überwinden, ohne sich ihre dünnen Beine zu brechen?

Sie sah es schon vor sich – die abrutschenden Hufe, die spitzen, scharfen Knochenkanten, die sich durch die Haut bohrten. Doch die Tiere setzten ihre kleinen Hufe vorsichtig auf die ungleichmäßigen Steine, sie glitten förmlich den Berg hinauf, als sei die Schwerkraft nur für sie aufgehoben worden.

Als Monika endlich aufhörte, sich um die Maultiere zu ängstigen, konnte sie anfangen, auf die Landschaft zu achten. Unter ihr lag Lalibela, dessen Häuser zu spielzeugähnlichen Gebäuden geschrumpft waren, verstreut wie in Rom auf sanft geschwungenen Hügeln, nur dass es hier drei und nicht sieben waren. Zerstreut hielt Monika Ausschau nach den berühmten Kirchen, konnte sie aber nirgendwo entdecken.

Die Berge waren interessanter. Es schien, als hätte sich das harte Skelett des Planeten an die Oberfläche geschoben. Diese Landschaft hatte die Geburt der Menschheit gesehen – vielleicht war sie seit jener Zeit im Gedächtnis aller Menschen verankert, und vielleicht war dies der Grund, weshalb sich ein überraschender, stiller Friede langsam in Monika ausbreitete.

Sie musste einen Pullover ausziehen und die Sonnenbrille aufsetzen.

Aus den toten Steinen wuchs Leben. Pflanzen, wie Monika sie noch nie gesehen hatte, klammerten sich in Spalten, einsame Bäume gruben ihre Wurzeln zu geheimen Wasserläufen, um grün werden zu können, und saftige Sukkulenten hatten das Wasser in ihren dicken, gezackten Blättern gespeichert.

Monika wurde bewusst, welche Revolution das Flugzeug bedeutet hatte. Die Entfernung zwischen zwei Bergen konnte kurz sein, der Weg dazwischen hingegen oft unfassbar lang und unpassierbar. Sie kletterten den einen Hang hinunter, nur um am nächsten hinaufzusteigen. Und wenn sie oben angekommen waren, mussten sie sich an erneut an einen Abstieg machen.

Immer wieder begegneten ihnen auf diesen Pfaden Menschen. Junge und alte, Männer und Frauen, die ohne jedes Hilfsmittel dort gingen, wo Monika an Seile und Steigeisen dachte. Sie grüßten, lächelten und schienen es völlig normal zu finden, dass Monika in ihren Bergen unterwegs war. Sie erwiderte das Lächeln und fühlte sich seltsam willkommen.

Die Berge waren dichter besiedelt, als es aus der Luft zu erkennen gewesen war. Die runden Häuser, von denen immer mehrere zu einem Rundlingsdorf zusammengefasst waren, bestanden aus dem Material, das die Natur hier bot, und waren deshalb kaum zu sehen. Es gab Schafe, Kühe, Ziegen, Hühner, Hunde und Kinder. Jede Menge Kinder, die aus den Häusern kamen, um die Fremden aus großen Augen anzustarren.

Die Sonne ließ die dünne Luft brennen und der Reiseführer, der Monikas Bemühungen beobachtete, sich mit den Händen Schatten zu spenden, zog ein dünnes, weißes Tuch mit grün schimmerndem Rand hervor und zeigte ihr, wie sie damit Kopf und Schultern verhüllen konnte.

Eine Zeit lang folgten sie einem Flusslauf. Sie aßen zu Mittag und die Maultiere tranken.

Die Luft war so dünn, dass die Umgebung und die Farben näher zu rücken schienen. Monika hatte das Gefühl, als hätte sie ihr ganzes Leben eine ungeputzte Brille getragen, und die sie nun endlich abnahm.

Sie war aus eigener Kraft hierher gekommen. Aus ihrer Kraft, die auf Babs' Kraft und auf der Kraft ihrer Großmutter aufbaute. Sie ritt für alle drei durch diese Berge.

Es dämmerte bereits, als der Führer langsamer wurde.

»Hier«, sagte er. »Hier wollten Sie hin.«

Monikas Gesicht brannte von der Sonne, und ihre Beine schmerzten nach dem ungewohnten Ritt, aber endlich hatte sie den Anfang ihrer Spur erreicht. Sie war am Ziel.

Sie sah einen schiefen Zaun, ein paar Bäume, die im trüben Licht bereits ihre Konturen verloren, einige der üblichen Lehmhäuser am steilen Hang. Ein dünner, hellgrauer Rauchfaden stieg aus dem Strohdach des größten Hauses auf, und ein gelber Hund bellte pflichtbewusst.

Weiter konnte sie vom Leben im Strandvägen 5 A wohl kaum entfernt sein.

Wie immer zeigten sich die Kinder als Erste. Sie drängten sich aneinander und starrten Monika an. Ein kleines Mädchen flüsterte einem anderen kleinen Mädchen etwas ins Ohr, und plötzlich wurden beide von einem Kicheranfall überwältigt.

War das hier das Kinderheim? Waren dies die Kinder,

die von Familien in Vällingby und Salem, in Bromma und Vasastan unterstützt wurden? Sie lebten wirklich in familiärer Umgebung, die Häuser sahen aus wie alle anderen hier.

Monika blickte die Kinder erwartungsvoll an, die für ihre Begriffe wie die anderen Kinder aussahen, denen sie begegnet war. Hier gab es keine Schuluniformen, kein Anzeichen dafür, dass sie in irgendeiner Hinsicht anders waren. Monika fand das gut so.

Aber etwas spielte sich zwischen diesen Kindern ab. Sie kicherten noch immer, tuschelten miteinander, schauten auf, wandten den Blick ab, prusteten wieder los, beruhigten sich, schauten abermals Monika an und brachen wieder in Gelächter aus.

Monika nahm an, dass sie mit ihrer blassen Haut in den Augen der Kinder aussah wie ein Gespenst. Die Japaner hatten die ersten europäischen Kaufleute wegen ihrer unnatürlich farblosen Haut als Spukmenschen bezeichnet. Ob es auch im äthiopischen Volksglauben Gespenster gab? Und wenn ja, waren sie weiß?

»Was sagen sie?«, fragte sie den Führer schließlich.

Er wirkte verlegen, starrte zu Boden und murmelte, es sei nicht der Rede wert.

Monika blickte die Kinder wieder an. Sie entdeckte ängstliche Begeisterung, aber keine Ablehnung, kein Misstrauen und keine Furcht.

»Ich will wissen, was sie sagen. Hat es etwas mit meiner Hautfarbe zu tun?«

Der Führer schüttelte den Kopf.

»Das ist es nicht ...«

»Was ist es dann?«

»Die Haare.«

»Die Haarfarbe?«

»Nein, einfach die Haare.«

Monika fasste sich an die Haare, als wollte sie sich davon überzeugen, dass sie nicht während des Tages eine dramatische Veränderung erlitten hatten, aber sie fühlten sich ganz normal an. Die Kinder starrten sie noch immer an und lachten noch viel mehr.

Der Führer machte ein unglückliches Gesicht.

»Machen Sie sich nichts daraus«, sagte er. »Ich weiß, wie das ist. In Korea hatten viele noch nie einen Afrikaner gesehen. Für diese Kinder sind Sie die erste Europäerin.«

»Jetzt will ich aber wirklich wissen, was sie sagen.«

Er zuckte die Achseln.

»Sie sagen, dass Sie ein Mensch mit Affenhaaren sind.«

Monika starrte ihn verständnislos an.

»Hier gibt es Paviane. Sie haben glattes Haar, genauso wie manche Menschen. Diese Kinder haben noch nie Menschen mit glattem Haar gesehen und deshalb lachen sie«, erklärte er.

Monika lachte ebenfalls.

Der Führer atmete erleichtert auf.

»Und was haben Sie hier nun vor?«

»Ich möchte mit der Familie sprechen, die hier lebt. Mich einfach umsehen.«

Wenn das geht, dachte sie. Vielleicht kann man hier nicht einfach hereinplatzen und Fragen stellen.

Ein Mann, der der Bruder des Bauern und Maultierbesitzers in ihrer Begleitung hätte sein können, kam auf sie zu. Der Führer begrüßte ihn, und nach einem langen und unverständlichen Monolog kam der Mann auf Monika zu und streckte beide Hände aus.

»Hände schütteln«, soufflierte der Führer.

Der Mann nahm Monikas Hand zwischen seine.

»Er sagt, dass Sie in seinem Haus willkommen sind«, erklärte der Führer. »Er lädt Sie ein, hier zu essen und zu schlafen. So will es der Brauch«, fügte er hinzu. »Man gibt stets denen etwas zu essen und ein Dach über dem Kopf, die es brauchen.«

Und dieser Brauch galt offenbar auch für Reisende, die sich durchaus ein Hotel leisten könnten. Monika freute sich und schämte sich zugleich.

»Machen Sie sich keine Sorgen«, meinte der Führer, als hätte er ihre Gedanken gelesen. »Ich habe Geschenke für die Familie mitgebracht.«

Wenn er als Kulturgeograph ebenso fähig war wie als Reiseführer, hatte die Welt viel verloren, als sie ihm keinen Posten gegeben hatte, der seiner Ausbildung entsprach.

Als Monika vom Maultier stieg, schien der Boden unter ihr zu schwanken, und ihre Beine fühlten sich schwach und unzuverlässig an. Sie musste ein paar Sprünge machen, um sie wieder zum Leben zu erwecken.

Wieder kicherten die Kinder los.

Im Inneren des Hauses war es eiskalt. Die fensterlosen Lehmwände waren schlicht, in einem Regal stand ein wenig Hausrat, der Lehmboden war sauber gefegt, und das einzige Möbelstück stellte ein Bett dar, das aus über einen grob zurechtgezimmerten Baumstamm gespannten Lederriemen bestand. In einem Verschlag standen zwei Kälbchen und beobachteten schläfrig, wie zwei Frauen über einem offenen Feuer mitten im Raum Essen zubereiteten.

Neue Begrüßungszeremonien. Wenn die Frauen Monika für einen seltsamen Gast hielten, ließen sie es sich zumindest nicht anmerken.

Die Kinder drängten sich in der Türöffnung, und Monika fragte, wie viele hier wohnten.

Der Gastgeber und seine Frau samt vier Kindern, darüber hinaus seine Mutter, sein Bruder, seine Schwägerin und deren fünf Kinder, von denen eines krank war, dann noch ein Bruder, dessen Frau ihn verlassen und die beiden ältesten Kinder zurückgelassen hatte, und ein Mädchen von fünfzehn und einen Jungen, der gerade nicht zu Hause war, lautete die Antwort.

Und dann waren noch einige Nachbarskinder zu Besuch. Der Gastgeber zeigte auf die Kinder, ehe alle der Reihe nach vorgestellt wurden.

Ob es hier im Dorf denn auch Waisenkinder gebe, erkundigte sich Monika.

Die Frage schien ihn zu überraschen. Er schüttelte den Kopf.

Hatte er je vom SECF, einer schwedischen Hilfsorganisation, gehört?

Erneutes Kopfschütteln.

Das war also das Geheimnis des SECF!

Hier gab es gar kein Kinderheim.

Hier gab es gar keine Patenkinder.

Und dieser Verdacht musste auch Babs gekommen sein, als sie sich über die Finanzen des SECF informiert hatte. Die anderen hatten geglaubt, sie durchschaue es nicht, aber das war ein Irrtum gewesen.

Aber warum hatte Teodoros DebreMarcos dann überhaupt erwähnt?

Aus einem Impuls heraus fragte sie, ob der Gastgeber Teodoros in MacAllé kenne.

Volltreffer.

Alle lächelten. Teodoros war mit ihnen verwandt. Er sei ein guter und großer Mann. Ein frommer Christ, der seine Familie unterstützte. Sie bekreuzigten sich, als sie seinen Namen nannten.

Dann wurde gegessen. Monika hielt sich an die mitgebrachten Spaghetti Bolognese, sah aber fasziniert zu, wie eine Mahlzeit für zwanzig Personen serviert wurde, ohne dass dabei schmutziges Geschirr entstand. Auf großen runden, weichen Broten, die in einem geflochtenen Korb gestapelt waren, wurde ein orangebrauner Brei serviert. Alle saßen um den Korb herum und aßen mit den Händen. Sie rissen ein Stück Brot ab, mit dem sie ein wenig Brei aufnahmen, und wer satt war, machte den anderen Platz. Die Kinder aßen als Letzte. Am Ende war der Korb leer, und nichts stand herum, das gespült werden müsste.

Genial! Das war doch wirklich ein ökologischer Lebensstil.

Nach dem Essen war Schlafenszeit. Monika sollte das Bett bekommen, der Gastgeber und seine Frau würden anderswo schlafen. Ihre Proteste wurden ignoriert.

Sie kroch in den Schlafsack, den sie auf das Bett gelegt hatte. Neben ihr waren die Kälber eingeschlafen, zusammengerollt wie Kätzchen.

In der Dunkelheit überkam sie plötzlich das Entsetzen.

Sei vorsichtig, hatte Bethlehem sie ermahnt. Monika war nicht vorsichtig gewesen, sondern hatte eine Spur von der Breite einer Autobahn hinterlassen. Mario wusste, dass die bleiche Bibliothekarin, die ihn in Addis Abeba aufgesucht hatte, mit dem nächsten Flug nach Mekele gereist und dort im Kinderheim des SECF aufgetaucht war. Teodoros konnte sich denken, wohin sie danach gefahren war. In Lalibela herrschte zwar kein Mangel an Touristen, trotzdem war es sicher kein Problem, herauszufinden, wo sie gewohnt und was sie danach unternommen hatte.

Sie war höchst unprofessionell vorgegangen. Aber schließlich war sie doch als Privatperson hier und brauchte nicht wie ein Profi aufzutreten.

Doch, das musste sie, wenn professionelles Auftreten Schutz bedeutete.

Plötzlich bemerkte sie, dass sie in der Stille das leise Atmen der Kälber hören konnte, das wie zwei leicht defekte Metronomen klang.

Als kleines Mädchen hatte sie einen Wecker gehabt, der wie ein Biber aussah. Er hatte ihre Nächte in eine unüberschaubare Menge von minimalen, exakt gleich großen Zeiteinheiten aufgeteilt und durch ein mechanischen Klicken voneinander getrennt. Sie hatte diesen Wecker nie leiden können.

Doch nun zog sie das lebendige Atmen der Kälber sie in den Schlaf, sorgte dafür, dass ihr Körper sich warm und zufrieden fühlte. Ihr eigener Atem passte sich als dritte Stimme dem der Tiere an, und dann war sie endlich eingeschlafen.

17

Sie wachte auf, als etwas sie kitzelte. Etwas oder jemand hatte sich an ihrem Blut gütlich getan.

Verdammt. So perfekt hatte sie sich den hiesigen Begebenheiten nicht anpassen wollen.

Außerdem hatte sie Muskelkater in den Beinen und einen schrecklichen Sonnenbrand im Nacken und auf den Armen. Bestimmt konnte sie nicht wieder einschlafen.

Während sie darauf wartete, dass auch die anderen aufwachten, rechnete sie nach. Zweihundertfünfzig Kronen im Monat machten dreitausend im Jahr. Wenn der SECF zwanzigtausend Paten hatte, dann ergab das – sieben Nullen – sechzig Millionen!

Sechzig Millionen!

Das konnte doch nicht stimmen!

Sie startete noch einen Versuch. Zwanzigtausend Patenkinder. Zweimal drei ist sechs. Mal tausend macht sechstausend, mal zehntausend sechzig Millionen.

Wenn der SECF fünfzigtausend nicht existierende Patenkinder hatte, ergab das eine Summe von einhundertfünfzig Millionen. Pro Jahr. Und bei hunderttausend waren es dreihundert Millionen!

Unvorstellbar viel Geld.

Eines stand jedenfalls fest: Schon ein Bruchteil dieser Summe konnte ein Menschenleben zur Bagatelle machen.

Angenommen, Babs hatte erkannt, dass die Buchführung nicht stimmte.

Angenommen, Émile bezog Einkünfte aus einem Unternehmen, das fast keine Ausgaben hatte. Die Ausgaben bestanden vielleicht nur aus denen für das kleine Kinderheim in Mekele, dem Büro in Addis Abeba samt Mario und dem Büro in Stockholm mit Stefan.

Angenommen, der SECF war ein einziger großer Betrug. Dann war es auch kein Wunder, dass sie sich für das Stockholmer Büro einen Schauspieler geholt hatten. Vielleicht hatte er damit die Rolle seines Lebens an Land gezogen – Sankt Stefanus im Dienste der armen Kinder –, in einer Vorstellung, die niemals vom Spielplan genommen werden würde. Aber vielleicht hatte er auch nicht die geringste Ahnung, was vor sich ging.

Mario dagegen musste wissen, dass es weder Kinderheim noch Kinder gab.

Und auf einen Schlag war sich Monika mit erschreckender Klarheit bewusst, wie Marios erste Priorität aussah. Er musste Monika auslöschen, ehe sie das SECF auslöschte, falls er glaubte, dass sie das vorhatte.

Als Mario von ihrem Auftauchen im Kinderheim in Mekele gehört hatte, war ihm klar gewesen, dass sie nicht nur eine schüchterne Bibliothekarin auf Stippvisite war.

Als er erfahren hatte, dass Teodoros Monika von DebreMarcos erzählt hatte, war ihm genug Zeit geblieben. Es konnte nicht allzu lange dauern, nach Lalibela zu fahren. Dort konnte er sicher herausfinden, ob jemand sich nach einem so ungewöhnlichen Ziel wie DebreMarcos erkundigt hatte, welcher Führer angeheuert worden war und welcher Bauer die Reittiere zur Verfügung stellte.

Die Angst breitete sich in ihr aus. Sie hatte kein Telefon, und außer dem Hotelbesitzer in Lalibela wusste niemand, wo sie war, aber auch er hatte natürlich seinen Preis.

Wäre die Erinnerung an die Abgründe nicht so frisch gewesen, hätte sie nicht gewusst, wie wenig dazugehörte, um sie hilflos einen steilen Hang hinabstürzen zu lassen, dass der Fall nur mit ihrem Tod enden konnte, wäre ihre Angst nicht ganz so groß gewesen.

Plötzlich fiel ihr Bethlehems Ermahnung wieder ein. *Seien Sie vorsichtig.*

Sie würde vorsichtig sein und die Verantwortung für ihre Sicherheit übernehmen. Das war das Einzige, was sie im Augenblick tun konnte.

Gegen den Führer, der kaum größer war als sie und wahrscheinlich weniger wog, würde sie sich wehren können – ganz im Gegensatz zu einem Heckenschützen. In dieser Gegend wimmelte es doch von Waffen, und die Berge waren wie geschaffen für einen Hinterhalt. Ein gut gezielter Schuss aus der Waffe eines treffsicheren Schützen, der niemals gefunden werden würde, wäre vermutlich perfekt. Das Ganze würde als Unglücksfall dargestellt werden, ein Querschläger hatte unglücklicher Weise eine unschuldige Touristin getroffen.

Aber das Gebirge war nicht einsam. Aus der Luft hatte es zwar menschenleer ausgesehen, aber in Wirklichkeit gab es hier überall Menschen. Einheimische, die herumliefen, auf Maultieren ritten, ihre Schafe und Ziegen hüteten. Es gab so viele Augen, die alles beobachteten. Und Monika konnte sich nicht vorstellen, dass diesen Augen ein Mörder entgehen würde. Hier kam niemand unbemerkt durch.

Dieser Gedanke war so tröstlich, dass sie wieder einschlief und erst aufwachte, als ihre Gastgeberin die Kälber holen kam, die ebenso frisch aussahen wie der Morgen.

Nach dem Frühstück verabschiedeten sie sich voneinander.

Monika musterte das ausdrucksvolle Gesicht des Führers. Es musste doch irgendetwas zu sehen sein, wenn jemand einen Mord plante. Doch sie sah nichts anderes als am Vortag. Er wirkte ruhig, aufmerksam und freundlich. Aber sie kannte ihn schließlich nicht, wusste nichts von seiner Kultur. Vielleicht war seine Körpersprache ebenso schwer zu verstehen wie sein Amharisch.

Aber als sie den ersten Hügelkamm erreichten, drehte er sich mit einem Lächeln zu ihr um, das bis in ihr Innerstes vordrang und ihr ein Lächeln entlockt hatte, noch bevor sie sich dazu entschließen konnte.

Man konnte doch die Freude über die kühle Morgenluft, über die violetten Berge in der Ferne, über die Sicht nicht mit einem Menschen teilen, den man in den nächsten Abgrund stoßen wollte, oder?

Vielleicht hatte sie alles falsch verstanden und der SECF war eine höchst ehrenwerte Organisation.

Der SECF hatte einen Aufsichtsrat und einen Buchprüfer, die doch nicht über so viele Jahre dazu gebracht werden konnten, eine Tätigkeit zu decken, die ein einziger großer Betrug war. Sie konnten doch nicht alle käuflich sein, oder doch? Der alte Industriemagnat, der den Aufsichtsrat leitete, hatte stets als unbestechlicher Ehrenmann gegolten. Wie es hieß, hatte er ein hohes ethisches Profil bewahrt und schien außerdem in Geld zu schwimmen. Es war schwer zu glauben, dass er käuflich sein könnte.

Teodoros hatte das Dorf vielleicht einfach aufs Geratewohl genannt, ein Dorf ohne Kinderheim, um zu verhindern, dass Monika in einem der vielen Heime, wo sie keine großen, bleichen, reichen, wohlwollenden Gäste mit überdimensionalem Lächeln haben wollten, alles durcheinander brachte. Denn die Kinder gab es doch. Die zahllosen Fotos in den vielen schwedischen Haushalten, hunderte, tausende kleiner Gesichter, wie damals das von Bethlehem.

Und während die Stunden vergingen, wuchs Monikas Überzeugung, dass sie sich geirrt hatte. Sie hörte auf, sich Sorgen zu machen und nahm vertrauensvoll die Hand des Führers, wenn es zu steil wurde.

Im Lauf des Nachmittags erreichten sie den letzten Hügelkamm, unter dem, verstreut über die drei sanft geschwungenen Hügel, Lalibela lag. Dort gab es Wasser, etwas Kaltes zu trinken, eine warme Dusche. Seltsamerweise konnte Monika die berühmten Kirchen nach wie vor nicht entdecken. Sie stieg vom Maultier, um ein Stück zu Fuß zu gehen und ihre Muskeln zu bewegen.

Sie rutschte auf dem lockeren Kies aus, blickte auf ihre Füße hinunter und bemerkte den hoch gewachsenen Touristen erst, als sie beinahe mit ihm zusammenstieß. Er war groß, stämmig und hatte gewaltiges Übergewicht. Seine Arme waren tätowiert, und sein Kinn zierte ein schwarzer, ungepflegter Bart. Er nahm seine Designersonnenbrille ab und kniff im Gegenlicht die Augen zusammen.

»Hallo. Scheißboden«, sagte er, als unter seinen groben Sohlen einige Steinchen davonrollten.

Er sprach Englisch mit niederländischem oder deutschem Akzent. Er blickte über die Schulter in Richtung der Frau, die mit den gleichen derben Wanderstiefeln und einem fast ebenso großen Rucksack den Hang heraufkam. Sie schnappte nach Luft und schien um jeden Schritt kämpfen zu müssen, während sie immer wieder ausrutschte.

»Pass doch auf, zum Teufel«, sagte der Mann. »Was hast du denn für eine beschissene Kondition?«

Er selbst hatte noch kaum Luft geholt, und Monika hatte den Verdacht, dass er nicht stehen geblieben war, um mit ihr zu plaudern, sondern, weil er ebenfalls am Ende seiner Kräfte war, es aber um keinen Preis zugeben wollte.

»Haben Sie schon die Kirchen besucht?«, fragte er Monika.

Sie schüttelte den Kopf. Am liebsten hätte sie ihren Weg fortgesetzt, doch die erschöpfte Frau tat ihr Leid. Deshalb beschloss sie, den Mann noch eine Weile aufzuhalten, damit die Frau ihn einholen konnte.

Eigentlich sinnlos, aber trotzdem.

»Dann«, sagte er triumphierend, »können Sie meine Eintrittskarte haben. Die nehmen hundert Birr Eintritt, das ist doch ein Skandal! Eintritt für eine Kirche! Rassisten, das sind sie. Ihre eigenen Leute werden nicht abkassiert, sondern nur die Europäer, die wohl kaum auf dem Absatz kehrtmachen, wo sie schon den ganzen Weg hergekommen sind, um sich die Kirchen anzusehen. Aber nehmen Sie meine Karte, dann kriegen sie immerhin einen Hunderter weniger.«

Die Eintrittskarte war auf Amharisch beschriftet, so dass Monika nur einen Namen, Jan Maartens, die Jahreszahl 1993 und die Summe 100 entziffern konnte.

Mittlerweile hatte die Frau sie eingeholt und ließ sich auf einen Stein sinken, als ob ihre Beine sie keinen Meter weiter tragen könnten. Sie keuchte wie nach einem Hundertmeterlauf.

»An den Kircheneingängen haben sie bewaffnete Wachen postiert, das müssen Sie sich mal vorstellen! Und das nur, damit sich niemand ohne zu bezahlen reinschleichen kann!«, fuhr der Mann fort, ohne sie auch nur anzusehen.

Monika starrte den Mann an.

»Wissen Sie eigentlich, dass dieses Land vom Kaffee-Export lebt? Dass unsere Kartelle den Kaffeepreis drücken, so dass er immer weiter sinkt? Wissen Sie, dass wir unsere eigene Landwirtschaft hoch subventionieren, was den Lebensmittelpreis unten hält und Länder wie Äthiopien daran hindert, uns ihre Agrarprodukte zu verkaufen? Und dann ärgert es Sie, dass sie sich für das bezahlen lassen, was sie haben? Können Sie sich diese hundert Birr nicht leisten? War es die hundert Birr nicht wert?«

Die Frau war jetzt wieder zu Atem gekommen und blickte Monika mit einer Mischung aus Zustimmung und Besorgnis an. Offenbar war Ihr Mann Widerspruch nicht gewohnt.

»Und Sie sollten Ihrer Frau ein Maultier besorgen. Wie soll sie das denn sonst schaffen? Die steilen Hänge kommen ja erst noch.«

Das Maultier wich instinktiv zurück, als der große Mann auf Monika zukam, Monika dagegen blieb stehen. Und Jan Maartens begnügte sich mit einem zornigen Blick, ehe er das Kinn reckte und mit ausholenden, energischen Schritten davonstapfte.

Kurz darauf erreichten sie die Häuser. Der Weg schlängelte sich an Veranden und Zäunen aus dünnen Eukalyptuszweigen entlang. Monika setzte sich wieder in den Sattel. Das kleine Maultier würde ihr fehlen.

Sie ritten bis zum Hotel.

Monika bezahlte, verabschiedete sich und fuhr dem Maultier über die langen weichen Ohren und das struppige Fell.

»Verzeih mir, dass ich dich zuerst für zu klein und zu schwach gehalten habe. Du bist wunderbar gebaut und absolut perfekt. Außerdem bist du brav und stark und hast unglaublich gut das Gleichgewicht behalten.«

Und der Bauer lächelte. Es schien ihm zu gefallen, dass sein Maultier gebührend geschätzt wurde.

Der Reiseführer überreichte ihr seine Visitenkarte. Monika bedankte sich, und damit hatte die Expedition ein Ende.

Im Hotel waren neue Gäste eingetroffen: eine Gruppe hoch gewachsener, kräftiger Niederländerinnen, die eine Stimmung von Normalität und geordneten Verhältnissen verbreiteten. Laut riefen sie die Namen der Kirchen, die sie besuchen wollten.

Monika ging auf ihr Zimmer. Diesmal konnte sie dem Boiler warmes Wasser entlocken, und richtete ihre gesamte Aufmerksamkeit darauf, wieder sauber zu werden.

Mit den Problemen ihrer Ermittlungen konnte sie sich noch früh genug befassen.

In Wahrheit wusste sie nach wie vor nichts. Sie hatte denselben Verdacht wie zuvor, aber um Klarheit in die Frage der Kinderheime zu bringen, brauchte sie eine richtige Überprüfung, vielleicht eine Steuerermittlung. Es reichte nicht, sich in den Gebirgen Äthiopiens herumzutreiben, sondern sie musste zu Hause weitere Recherchen anstellen!

Monika war noch immer vom Frieden der Berge erfüllt. Sie hatte ihr Bestes getan, mehr konnte man von niemandem verlangen. Sie schob ihre Angst vor möglichen Verfolgern beiseite und beschloss, sich ein wenig in der Stadt umzusehen. Vielleicht fand sie ja ein nettes Café, um herauszufinden, ob es in Lalibela ebenso köstlichen Kaffee gab wie in Addis Abeba und Mekele.

Als sie auf die Straße trat, wimmelte es von Kindern in blauweißen Schuluniformen, von denen sie sich mitreißen ließ. Die mutigeren grüßten sie und wechselten einige Worte mit ihr. Sie seien auf dem Heimweg in ihre Dörfer, erzählten sie, der eine bis anderthalb Stunden dauerte. Was sich für Monika als unwegsames, lebensgefährliches Gelände dargestellt hatte, war ihr täglicher Schulweg. Kein Wunder, dass dieses Land so herausragende Langstreckenläufer hervorbrachte.

Und mitten in einer Unterhaltung mit den Kindern sah sie ihn.

Es konnte niemand anderer als Mario sein. Ein kleiner, muskulöser älterer Mann folgte mit aufmerksamem Blick der Kinderschar, ganz anders als die gelassen flanierenden wenigen Touristen.

Er war auf der Jagd und schien zu ahnen, wo seine Beute steckte.

Zwei Gedanken schossen Monika fast gleichzeitig durch den Kopf – erstens: Sie hatte Recht gehabt. Babs hatte Recht gehabt. Das war die einzige Erklärung dafür, dass Mario nach ihr suchte. Zweitens: Wie unglaublich töricht war es gewesen, einfach in die Stadt zu gehen.

Er entdeckte sie und lief los, während seine Hand unter seiner Jacke verschwand.

Zum ersten Mal seit ihrem Unfall sehnte sich Monika nach ihrer Dienstwaffe.

Er war schneller als sie, sein Blut war dieser dünnen Luft angepasst. Außerdem war er durchtrainiert, während sie an Muskelkater litt und ihr verletztes Bein beängstigend schmerzte. Sie würde es nie im Leben schaffen, ihm zu entkommen.

In diesem Moment fiel ihr die Eintrittskarte ein, die Jan Maartens ihr gegeben hatte. Oben links musste eine Kirche sein. Sie war zwar nicht zu sehen, doch überall auf dem Weg befanden sich Touristen, die mühsam den lehmigen Hang erklommen oder abwärts rutschten.

Monika löste sich aus der Kinderschar und lief so schnell sie konnte, vorbei an den keuchenden Touristen mit ihren Führern, vorbei an Bettlern mit ausgestreckten Händen und Besuchern, die sich auf ihren Rucksäcken ausruhten. Sie erreichte eine schmale Brücke, die über einen tiefen Graben führte. Darin standen einige Kühe und tranken friedlich Wasser.

Ein Stück vor ihr traten die Niederländerinnen gerade an einem älteren Mann vorbei, der tatsächlich ein Gewehr bei Fuß hatte. Es handelte sich bestimmt um einen der Kirchenwärter, die Jan Maartens erwähnt hatte Noch immer konnte Monika keine Kirche sehen.

Der Wächter schien sich nicht besonders für die Besucherinnen zu interessieren, sondern blickte nur kurz auf die Eintrittskarten und winkte sie durch. Monika schloss sich ihnen an und bemühte sich, so zu tun, als gehöre sie zu dieser Gruppe, obwohl sie um Atem rang. Wenn er nur nicht den Namen auf ihrer Karte las, dachte sie, ehe ihr aufging, dass er ja wohl kaum wissen konnte, dass Jan ein Männername war. Aber er schenkte dem zerknüllten Stück Papier nicht einen einzigen Blick, und Monika konnte mit den Niederländerinnen weitergehen. Sie schienen von allem entzückt zu sein, was sie sahen, ebenso wie Monika beim Anblick der Öffnung in der Felswand. Wenn sie die hinter sich gebracht hätte, wäre sie außer Schussweite.

Sie wagte nicht aufzublicken, sondern hoffte nur inbrünstig, dass der Wärter Mario nicht durchlassen würde.

Eilig schlüpfte sie durch das Loch im Felsen und kletterte rosafarbene, abgerundete Steinblöcke hinunter, bis sie eine Grotte von der Größe eines Wohnzimmers erreicht hatte. Eine niedrige Galerie zog sich an einer Längsseite hin, hinter der Monika eine gelbrosa Fassade sah, die im Sonnenschein glühte. Hier war die Kirche!

Statt auf den Gipfel war sie in den Berg hineingebaut worden, und um die Anlage zog sich ein Graben, der an die zehn, fünfzehn Meter tief sein musste. Die Niederländerinnen gingen jetzt über eine schmale Brücke, die zur Kirche führte. Monika blieb stehen. Das hier war doch das reinste Labyrinth!

Eine Hand voll halbwüchsiger Kinder starrten die Touristen an, die ihre Blicke erwiderten. Monika wandte sich an ein kleines Mädchen.

»Can you help me get out? Quickly, not that way!«

Die Kleine schien zu verstehen, nickte und steuerte auf das dunkle hintere Ende der Grotte zu – Schatten, in denen Monika ein Bett und dahinter eine noch tiefere Finsternis ahnen konnte.

In diesem Moment schrie der Wärter hinter ihnen, eine

andere Stimme wurde laut, ein Schuss knallte. Offenbar war Mario gekommen, aber der Wärter hatte ihn aufgehalten.

Monika blieb nichts anderes übrig, als der Kleinen zu vertrauen, die auf schmalen Füßen und dünnen Beinen davonrannte. Ihr helles Kleid leuchtete und Monika ertappte sich bei dem Gedanken, dass helle Haut und blondes Haar auf der Flucht reichlich unpraktisch waren. Es wäre erheblich besser, mit den Schatten verschmelzen zu können.

Die Finsternis, durch die die Kleine lief, erwies sich als Mündung eines engen, in den Felsen gehauenen Tunnels, in dem es kein Licht gab. Monika folgte dem kleinen hellen Fleck, den das Kleid des Mädchens ausmachte. Sie sah nicht, wohin sie trat, und stützte sich so gut es ging an den glatten Felswänden ab. Allein der Gedanke an Mario trieb sie weiter. Plötzlich wurde es heller, und sie erreichten eine neue Grotte, in die durch eine ovale Öffnung in Fensterhöhe Licht fiel. An der hinteren Grottenwand öffnete sich ein weiterer Tunnel. Hinter ihnen steigerte sich der Tumult. Jemand schrie, andere Stimmen wurden laut.

Monika folgte der Kleinen so schnell sie konnte in den nächsten Tunnel, der steil nach oben führte. Sie stolperte im Dunkeln über irgendwelche Stufen. Mühsam schleppte sie sich Schritt für Schritt weiter. Wenn es ging, hielt sie sich an der Wand fest. Hatte man in diesem Land noch nie etwas von Geländern gehört? Die Kleine drosselte ihr Tempo und wartete auf sie. Der Weg zur nächsten Grotte schien endlos zu sein. Es gab keine weiteren Tunnel mehr, dafür aber eine riesige, mit Eichenriegeln beschlagene Holztür, die halb offen stand. Dahinter war nur Licht zu sehen.

Der Lärm der aufgebrachten Stimmen drang gedämpft durch die Tunnel. Mario hatte sich bestimmt nicht aufhalten lassen und konnte jeden Moment hinter ihnen auftauchen. Die Kleine hatte die Tür erreicht. Im Gegenlicht sah sie aus wie ein dünner Schatten, dann war sie verschwunden. Monika folgte ihr. Sie versuchte die Tür zuzuziehen, die jedoch nicht richtig in die Türöffnung zu passen schien. Ihr blieb nichts anderes übrig, als weiterzulaufen, obwohl ihre Lunge und ihre Beine protestierten.

Inzwischen hatten sie einen schmalen Weg erreicht, der auf einen weiteren tiefen Graben zuführte. Unter ihnen lag die nächste Kirche. Der Weg führte so dicht am Abgrund vorbei, dass ein falscher Schritt oder ein kleiner Stoß gereicht hätten, um Monika abstürzen zu lassen. Und es gab kein Geländer, kein Sicherheitsnetz, keine Rettung. In dem Moment, als Monika zuerst die Kirche und dann den tiefen Graben zu ihren Füßen sah, verschwand ihre kleine Führerin. Von einem Augenblick auf den nächsten war sie fort.

Sie hatte über die Schulter geblickt, einen Fehltritt gemacht, das Gleichgewicht verloren und war abgestürzt. Sie war hoffnungslos in die Tiefe gestürzt, vermutete Monika, aber nichts war zu hören gewesen. Kein Schrei, kein Aufprall.

»You!«, sagte plötzlich eine klare, helle Stimme.

Monika fuhr herum. Der Kopf der Kleinen schien auf dem Boden zu balancieren; ihr Körper war verschwunden, ihr Lächeln noch vorhanden. Monika war zu erschöpft, um zu reagieren. Sie war zwar ein wenig zu Atem gekommen, doch nun hatte sie offenbar Halluzinationen. Seltsame rote Flecken tanzten vor ihrem Gesichtsfeld. Das hier musste eine Halluzination sein, aber sie sprach mit ihr.

»You!«, wiederholte sie.

Monika schüttelte den Kopf. Die schwarzen Flecken wurden weniger, aber die Kleine war noch immer da. Inzwischen ragte sie ein wenig über den Boden hinaus, so dass nun auch ihr Hals und ihre Schultern zu sehen waren. Monika machte einen Schritt auf sie zu und stellte fest, dass die Kleine einen weiteren Gang betreten hatte. Dort gab es eine Öffnung, die erst aus nächster Nähe erkennbar war, und ein weiterer dunkler Tunnel mit steilen Treppenstufen führte fast senkrecht nach unten.

Monika hatte die Dunkelheit satt. Sie hatte es satt, sich zu bewegen, auf der Flucht zu sein. Sie wollte nicht hinunter in den Tunnel, dennoch würde sie es tun müssen. Jetzt zu sterben, würde bedeuten, dass sie aufgegeben hatte, dass sie es nicht über sich gebracht hatte, noch einmal in die Dunkelheit einzutauchen.

Der Tunnel führte steil nach unten, aber immerhin war sein Ende als leuchtendes Oval zu sehen. Monika konzentrierte sich auf eine Stufe nach der anderen, als es vor ihr plötzlich dunkel wurde. Die Silhouette eines breitschultrigen Mannes war zwischen sie und das Licht getreten. Die Gestalt ging in dem engen Tunnel auf sie zu. Sie hatte keine Kraft mehr, zurückzukehren und wieder nach oben zu laufen. Sie konnte nichts mehr tun. Es gab keinen Ausweg. Der Mann rückte immer näher. Sein Gesicht war im Gegenlicht nicht zu erkennen.

»Good afternoon.«

Und dann war er an ihr vorbei. Ein Tourist aus Asien, wenn sie sein Aussehen richtig eingeschätzt hatte.

Monika sank mit dem Rücken zur Wand auf den Boden. Sie konnte nicht mehr.

»You rest«, sagte die Kleine und setzte sich neben sie.

Die Gelassenheit, mit der sie Monikas Erschöpfung hinnahm, ihre Überzeugung, dass sie schon wieder zu Kräften kommen werde, veranlassten Monika, das Ganze etwas positiver zu sehen, und nach einigen tiefen Atemzügen richtete sie sich auf. Ihre Beine zitterten und sie war wie benommen, aber sie ging weiter.

Es war wirklich ein Labyrinth. Der Tunnel endete vor einer zehn Meter hohen, glatten Felswand. Sie hatten einen der engen Gräben erreicht. Immerhin war hoch oben ein Streifen blauer Himmel zu sehen.

Die Kleine bog nach links ab, und Monika, die jegliche Orientierung verloren hatte, blieb nichts anderes übrig, als ihr zu folgen.

Noch immer war hinter ihnen alles still. Das musste bedeuten, dass sie Mario abgeschüttelt hatten.

Hoch über ihnen wogte sonnenbeleuchtetes Gras vor dem blauen Himmel, während Monika und ihre kleine Führerin durch dunkle Schatten gingen.

Schon bald erreichten sie einen neuen Tunnel, der erneut in den Berg hineinführte. Diesmal ging es aufwärts, und mit einem Mal lag das Labyrinth hinter ihnen.

Sie hatten die Rückseite der Kirche erreicht. Monika ließ sich auf den Boden sinken und atmete tief ein.

Die Kleine lächelte, winkte und lief davon.

Sobald ihr Körper es erlaubte, setzte Monika sich wieder in Bewegung. In den Straßen war sie wehrlos, doch sie hatte keine andere Wahl. So vorsichtig wie möglich kehrte sie ins Hotel zurück.

Das hier war zweifellos das Schlimmste, was sie jemals erlebt hatte.

Ihr einziger Trost war die Gewissheit, dass sie Recht gehabt hatte. Es war richtig gewesen, nach Äthiopien zu fahren, richtig, sich in den Bergen auf die Suche nach Kinderheimen zu machen, die es gar nicht gab.

Den letzten Hang hätte sie beinahe nicht mehr geschafft. Ihre Muskeln glühten vor Schmerz, ihre Lunge schien auf einmal geschrumpft zu sein, und der Boden unter ihren Füßen schwankte.

Obwohl ihr Körper lauthals vor seinem bevorstehenden Zusammenbruch warnte, hörte Monikas Polizistinnengehirn zu ihrer Überraschung nicht auf, zu analysieren und zu planen. Bei jeder Ermittlung gab es einen schwachen Punkt, aber auch immer einen Hinweis, der weiterführen konnte. Im Moment hatte sie das Gefühl, als seien die Fotos dieser

Hinweis. Das Bild von Bethlehem, die in der Nähe von Mekele geboren worden war, war bestimmt dort aufgenommen worden, vermutlich von einem ortsansässigen Fotografen. Die Familien in den Dörfern besaßen keine Kameras und hatten auch kein Geld für Film und deren Entwicklung. Aber irgendjemand hatte Fotos von den vielen Kindern gemacht, für die die Patenfamilien Geld spendeten. Und dieser Jemand war vermutlich in Mekele zu finden.

Schließlich erreichte sie das Hotel, was ihr wie ein Wunder erschien. Vor dem Hotel beluden Malin und Andreas ihren alten Landrover.

»Wollt ihr noch immer nach Mekele?«

»Ja.«

»Was für ein Glück! Ich habe eben gemerkt, dass ich dort im Hotel meine Kamera vergessen habe. Würdet ihr mich wohl mitnehmen? Ich beteilige mich gern an den Benzinkosten.«

»Gern«, antwortete Andreas, bevor Malin etwas sagen konnte. Sie starrte ihn wütend an, ehe sie Monika zulächelte.

Auf dem Rücksitz gab es Platz genug, so dass Monika sich hinlegte. Ihre Verfolger sollten nicht sehen, wie sie die Stadt verließ.

Der Wagen schlingerte über den holprigen Weg, blieb immer wieder stehen und schaukelte hin und her. Trotzdem hatte Monika das Gefühl, nur selten so bequem gelegen zu haben. Sie schlief sofort ein.

Irgendwo unterwegs rüttelte sie Malin wach.

»Wach auf, es wäre ein Verbrechen, dich diese Aussicht verschlafen zu lassen!«

Monika setzte sich auf und riss die Augen auf. Die tief stehende Sonne beleuchtete die steile Berglandschaft – eine Harmonie von fast schmerzlicher Intensität und Schönheit. Doch dann schloss Monika wieder die Augen und schlief im Nachhall der Schönheit ein.

Als sie das nächste Mal erwachte, war es beinahe dunkel, und sie hatten Mekele erreicht.

Gemeinsam mit Malin und Andreas betrat sie das Hotel, in dem sie gewohnt hatte. War das wirklich erst zwei Tage her? Die beiden waren entzückt von den Blumen und der Aussicht, lachten, als Monika Spaghetti Bolognese bestellte und bedauerten, dass sie schon wieder schlafen gehen wollte.

Monika hoffte, dass Mario nicht auf die Idee kam, in Mekele nach ihr zu suchen.

18

Am nächsten Morgen frühstückte sie ein weiteres Mal in der milden Morgensonne auf der Hotelterrasse. Kleine Vögel funkelten wie Edelsteine in dem dichten Laub, das mit Blüten bemalt zu sein schien.

Mikael hatte ihr erzählt, das Wort »Paradies« stamme von dem avestischen »paeiridaisos« ab, dem »umfriedeten Platz«, und dieser umfriedete Platz hatte wahrlich etwas Paradiesisches. Zugleich sah sie hinaus auf eine Stadt, in der wehrlose Zivilisten schonungslos bombardiert worden waren, in dem eine ganze Armee nach und nach vernichtet worden war, während der Völkerbund Sitzungen einberufen und versucht hatte Kommissionen einzurichten. Heute wogten violette Blüten über Monikas Kopf und von einem nahe gelegenen Schulhof drangen die Stimmen spielender Kinder herüber.

Vielleicht hätte sich ihre Großmutter darüber gefreut, dass dieser Ort sich erholt hatte, dass er blühte und lächelte.

Anschließend schlenderte Monika zur Piazza hinunter

und betrat das erste Fotogeschäft, das sie dort fand. Es war in einem einstöckigen Haus aus Beton untergebracht, und das schmale Schaufenster sollte Kundschaft anlocken: mit Bildern von molligen, lachenden Säuglingen, von Teenies in Filmstarpose, von Brautpaaren und lächelnden Geburtstagskindern jeglichen Alters.

Ein junger Mann erkundigte sich nach ihren Wünschen. Sie kaufte einige Filmrollen und erkundigte sich nach der allgemeinen Situation im Fotogeschäft. Der junge Mann berichtete stolz, der Laden gehöre ihm und einem Freund.

Monika war die einzige Kundin im Laden. Sie lächelte und beugte sich über den Tresen. Der junge Mann, erfreut über das Geschäft, das er gemacht hatte, plauderte drauflos. Inzwischen hatte sich ein Grüppchen halbwüchsiger Jungen in der Tür eingefunden. Monika war im Moment offenbar das Interessanteste, was in ihrer Welt passierte.

Es stellte sich heraus, dass es in Mekele nicht weniger als vierzehn Fotoläden gab, von denen die Mehrzahl erst seit relativ kurzer Zeit existierte. Der älteste war ein Laden in der Nähe, der von einem Mann namens HaileIesos betrieben wurde. HaileIesos besaß noch zwei weitere Läden in Mekele sowie Filialen in Lalibela und Adwa. Er hatte die Firma von seinem Vater geerbt, der sie in den vierziger Jahren gegründet hatte.

HaileJesos. Jesu Kraft.

Das war leicht zu merken.

»Und dieser HaileIesos«, sagte Monika, »gehen seine Geschäfte gut?«

Der junge Mann nickte.

»Sehr gut sogar. Sie haben ein Haus aus Stein, ein großes Haus. Er ist ein richtiger Geschäftsmann.«

Das hörte sich ja immer besser an.

HaileIesos' Fotoladen sollte ihr nächstes Ziel sein.

Sie fragte einen der Jungen an der Tür, ob er ihr den

Weg zeigen könne, und sofort rannten fünf Freiwillige vor ihr her.

Die Spur, der sie aus Stockholm gefolgt war, führte sie vor einen eleganten Glastresen, unter dem das reiche Sortiment des Ladens bestaunt, aber nicht berührt werden konnte. Hinter diesem Tresen zeigte eine junge Frau ein freundliches Verkäuferinnenlächeln. Ihre Hautfarbe war etwas dunkler als der Durchschnitt. Ihr Gesicht war ein perfektes Oval, und Monika fragte sich, warum nicht sämtliche Modelagenturen der Welt in diesem Land Schlange standen. Mit diesem Gesicht ließe sich doch jegliche Art Kosmetika verkaufen und schmückte in monumentaler Vergrößerung jedes Warenhaus.

Monika kaufte einen weiteren Film und erkundigte sich nach dem Besitzer.

Die Verkäuferin erklärte, sie sei die Leiterin des Ladens und könne alle Fragen beantworten.

Monika überlegte. Wahrscheinlich war das besser, als in Großformat ausgestellt zu werden, nur weil man mit einem schönen Gesicht geboren worden war. Nicht ganz so lukrativ, aber es war nicht zu übersehen, dass die junge Frau stolz und zufrieden mit dem war, was sie erreicht hatte.

Monika hoffte, dass HaileIesos nicht tot, schwerkrank oder zu einem Besuch bei Verwandten in Australien gereist war.

»Danke. Aber ich würde gern mit jemandem sprechen, der schon in den siebziger oder achtziger Jahren hier gearbeitet hat. Ich bin Journalistin, und ich bezahle gern für die Mühe.«

Die Frau musterte Monika überrascht.

»Fürs Reden lässt er sich nicht bezahlen.«

»Glauben Sie, ich könnte ihn noch heute treffen?«

»Natürlich. Er ist zu Hause, und es ist nicht weit.«

»Kann ich ihn anrufen?«

»Das ist nicht nötig. Gehen Sie einfach hin. Die Kinder können Ihnen den Weg zeigen.«

Sie folgte den Jungen und kaufte eine große Dolde kleiner, süßer Bananen, die sie ihnen gab, als sie ihr Ziel erreicht hatten.

Sie standen, was nicht weiter überraschend war, vor einer Blechtür in einer Mauer aus den hellen Steinen, die die ganze Stadt prägten. Hinter der Mauer war ein zweistöckiges Haus aus den gleichen Steinen mit grünen Fensterblenden und rostigem Blechdach zu sehen.

Die Tür wurde vorsichtig geöffnet. Monika sagte ihren Spruch auf und wurde eingelassen.

Um das Steinhaus drängten sich weitere niedrigere Gebäude aus Lehm und Blech. Der Boden zwischen den Häusern war sauber gefegt, und ein paar glänzende Hühner pickten optimistisch im Sonnenschein. Ein weißgelber Hund musterte Monika unschlüssig, beschloss dann aber, nicht zu bellen.

Und dann sah sie die Menschen.

Mindestens fünfzehn Augenpaare richteten sich auf sie. Der ältere Mann, der die Tür geöffnet hatte, musterte sie skeptisch und schien nicht so recht zu wissen, ob es richtig gewesen war, sie hereinzulassen. Eine Hand voll Kinder starrte aus großen Augen diese seltsame Menschenart an, die so unvermittelt auf ihrem Hof aufgetaucht war. Ein Geistlicher in weißer Kleidung mit einem geschnitzten Holzkreuz in der Hand stand ganz reglos da, wie eine Heiligenfigur. Zwei junge Frauen, von deren Händen lehmiges Wasser tropfte, hatten offenbar die Wäsche unterbrochen, um die Besucherin zu mustern. Auf einer Holzbank vor dem nächstgelegenen Haus saßen zwei weitere Frauen, die weiß gekleidet waren. Eine schien schon alt zu sein, die andere jung, aber es war schwer zu sagen. Das Gesicht der Alten war runzlig wie eine Rosine, und auf ihren Knien saß ein

Mädchen von vielleicht einem halben Jahr, das nackt war und ein Amulett um den Hals trug. Aber es war die Frau neben ihr, die Monikas Aufmerksamkeit erregte. Sie war noch magerer als noch die ausgemergeltsten Junkies oder Magersüchtigen, die Monika in Schweden gesehen hatte, und es schien unbegreiflich, dass sie lebte und sich noch bewegen konnte. Ihre Augen lagen tief in ihren Höhlen und ihr Alter war unmöglich zu schätzen. Der einzige Hinweis bestand darin, dass in ihren Haaren, die vorn in einem komplizierten Muster geflochten waren und hinten wie ein schwarzer Heiligenschein um ihren Kopf lagen, keine Spur von Grau zu erkennen war. Sie erwiderte Monikas Blick und senkte grüßend den Kopf. Monika nickte und sagte guten Tag. Das schien das Signal zu sein, denn wie auf ein Stichwort kamen die Kinder näher, der Geistliche ging auf das Tor zu, und eine der jüngeren Frauen bat sie ins Haus.

Monika wurde in ein kühles Zimmer mit glattem Zementboden, einer Sitzgruppe aus großen, weichen Möbeln aus braun gemustertem Samt und einem kleinen Tisch geführt.

Nach einer Weile wurde Kaffee gebracht, dann erschien Haile Iesos persönlich.

Ihrer Schätzung nach musste er um die siebzig sein, und die weißen Haare und der Bart bildeten einen wirkungsvollen Kontrast zu seinem dunklen Gesicht. Sein Blick war lebendig, er war noch immer groß und hielt sich gerade. Sein Englisch, mit dem sie er begrüßte, war besser als ihr eigenes.

»Ich komme von einer schwedischen Zeitung«, log sie, »und habe gehört, dass Ihre Firma seit den vierziger Jahren existiert.«

Er nickte.

»Gott war immer gütig.«

»Ich nehme an, dass Sie in all diesen Jahren viele Kinderfotos aufgenommen haben.«

»Nein. Inzwischen kommt es häufiger vor, aber am Anfang waren es vor allem Hochzeiten, dann habe ich für die Zeitungen gearbeitet, die damals keine eigenen Fotografen hatten.«

Die Spur verblasste. Verdammt. Das war nicht die Antwort, die sie sich gewünscht hatte.

»Gott hat uns großzügige Freunde geschenkt. Schon im sechzehnten Jahrhundert kamen die Portugiesen und haben uns geholfen, als die Muslime unser Land erobern wollten. Im neunzehnten Jahrhundert kamen Lebensmittel aus Schweden, als wir unter großer Dürre und Hungersnot gelitten haben. Ihr wart so weit weg und habt uns trotzdem geholfen. Das werden wir nicht vergessen. Gott segne euch.«

Er lächelte Monika an. Das dünne weiße Tuch, das in weichen Falten von seinen Schultern fiel, ließ ihn aussehen wie einen Propheten oder einen Engel, und sie spürte, wie sie von einer Woge der Scham erfasst wurde.

»Haile Selassie, der alte Kaiser, sagte immer, jeder Schwede sei sein Freund. Und ich bin ganz seiner Meinung.«

»Wir versuchen gute Freunde zu sein.«

»Das seid ihr. Während der großen Hungersnot 1984 waren hier viele Schweden. Wir hatten damals große Lager, riesige Flüchtlingslager, mit schwedischen Krankenschwestern und Ärzten. Trotzdem ist wahrscheinlich eine Million Menschen gestorben. Die, die dort arbeiteten, haben viele Kinderfotos gemacht.«

Die Spur begann wieder zu pulsieren, wie ein Herz nach einem Stillstand.

»Woher wissen Sie das?«

»Sie haben ihre Filme bei mir entwickeln lassen.«

Monika dachte nach.

»Manchmal kamen die Kinder allein ins Lager. Sie haben sich so schnell verändert. Nach einem halben Jahr waren sie oft nicht mehr wiederzuerkennen. Sie wurden deshalb sofort fotografiert, so dass ihre Haare und ihre Kleider zu erkennen waren. Auf diese Weise würden ihre Verwandten, falls sie überlebt hatten, sie später erkennen.«

»Und dann?«

»Dann wurden Leute mit den Fotos losgeschickt, die in den Dörfern gefragt haben, ob jemand ein Kind erkennt. So hat man häufig Verwandtschaft gefunden.«

»Und Sie haben diese Bilder entwickelt?«

»Die meisten. Damals gab es hier nur zwei Fotografen. Mit Gottes Hilfe war ich besser als der andere.«

Sie verstummten. Monikas Polizistinnenohren hörten, dass das noch nicht alles war.

Sie trank einen Schluck Kaffee und wartete.

Er tat es ihr nach.

»Ich habe auch bei der Überprüfung der Hilfsarbeiter geholfen. Jetzt kann ich es erzählen, denn seit drei Jahren ist Schluss damit.«

»Das klingt wie eine unerwartete Aufgabe für einen Fotografen.«

»Gottes Absichten sind manchmal schwer zu verstehen, aber ich war eben der Einzige, der ihnen dabei helfen konnte.«

»Was haben Sie getan?«

»Eine Unterabteilung der UN, die die Hilfsorganisationen überprüft, hat die Kinder in einem eigenen Register gesammelt. Ich habe sie mit Bildern versorgt.«

Die Spur gewann neue Kraft, neue Farbe.

»Ich habe ihnen eine Kopie von jedem Foto gemacht, das in einem der Lager aufgenommen worden war«, fuhr er fort, als Monika ihn fragend ansah.

Wieder verfielen beide in Schweigen.

»Und diese Kontrollgruppe hat Sie bezahlt?«

»Ja. Gott war gütig.«

»Habe ich Sie richtig verstanden, dass Sie von jedem Bild zwei Abzüge gemacht haben – einen für die, die den Film gebracht hatten, und einen für die Kontrollgruppe?«

Haileıesos nickte. Er lächelte noch immer freundlich und gelassen.

»Und haben Sie Ihrer Kundschaft erzählt, dass sie Abzüge von ihren Bildern verkauft haben?«

»Das durfte ich nicht. Wenn die Kontrollierten davon erfahren hätten, wäre es doch keine Kontrolle gewesen.«

»Und wie sind Sie in Kontakt zu dieser Kontrollgruppe gekommen?«

»Sie waren hier, in meinem Laden, und haben mir erklärt, was sie brauchten.«

»Und wohin haben Sie die Abzüge geschickt?«

»An ein Postfach in Addis Abeba. In einem Ort wie diesem wird viel geredet, man muss vorsichtig sein.«

»Darf ich fragen, was für die Bilder bezahlt wurde?«

»Die UNO hat viel Geld. Für Fotos, Porto und alle Extraarbeiten, die ich erledigen musste, weil das Ganze geheim bleiben musste, habe ich einen halben Dollar pro Foto bekommen. Aber jetzt brauchen sie keine mehr. Sie haben mich gebeten, alle Fotos zu vernichten, und sich für meine Hilfe bedankt.«

Das Geheimnis war gelüftet.

Babs hatte Recht gehabt, und Monika auch.

Die Spur hatte beim Schatz am Ende des Regenbogens geendet.

Haileıesos fragte, ob er ihr noch weiter zu Diensten sein könne, ehe er ihr für ihren Besuch dankte.

Der Hof war fast leer, als Monika aus dem Haus trat. Nur die Kinder winkten, als sie wieder auf die enge Straße hinausging.

Sie wusste nicht, was sie von Haileıesos halten sollte. Wenn er in gutem Glauben gehandelt hatte, war er ahnungslos gewesen, andererseits wirkte er keineswegs ahnungslos. Überall auf der Welt galt es doch als Verbrechen, dieselbe Ware zweimal zu verkaufen. Aber wenn ihm klar wäre, dass er etwas Unrechtes getan hatte, hätte er doch sicher darüber geschwiegen. Falls er nicht dachte, dass Monika ohnehin schon alles wusste. Denn in diesem Fall, und nur in diesem Fall, wäre es sinnvoll gewesen, diesen einträglichen Nebenverdienst zu erklären.

Wenn sie dieses Gespräch als Pokerpartie betrachten wollte, war es durchaus möglich, dass sie gewonnen hatte. Wahrscheinlich würde sie nie erfahren, ob Mario wirklich behauptet hatte, von der UN zu kommen. Aber das Wenige, was sie von ihm gesehen hatte – bei dem Gedanken an ihn krampfte sich ihr Magen unbehaglich zusammen – wies nicht gerade auf ein solches Maß an Raffinesse hin.

Vielleicht war Hailelesos seit Jahrzehnten auf diese Verteidigungsrede vorbereitet gewesen. Geheime, mittlerweile eingestellte Kontrollen der Hilfsorganisationen! Sie hätte fast gelacht. Na schön, er hatte seinen Spruch aufgesagt, und sie wusste, woher der SECF seine rührenden und verkaufsfördernden kleinen Gesichter bezogen hatte.

Das einzige Problem war, dass ihr die Beweise fehlten.

»Hello. I'm Bethlehem.«

Monika fuhr herum. Bethlehem war hinter sie getreten und hatte ihre schmale Hand auf Monikas Arm gelegt.

»Teodoros hat mich geschickt.«

»Und woher wussten Sie, wo ich bin?«

»Diese Stadt hat überall Augen und Ohren. Mario ist noch bei der Polizei in Lalibela, aber er wird sicher bald wieder hier sein. Er hat viel Geld. Sie müssen sich in Acht nehmen. Und Sie müssen fort von hier.«

»Bethlehem, wie viel Gehalt bekommen Sie?«

»Fünfundneunzig Birr.«

»Im Monat?«

»Ja. Damit bezahle ich mein Zimmer und mein Essen.«
»Wie viele Angestellte hat das Kinderheim?«
»Wir sind fünf, und dazu Teodoros.«
»Und es gibt keine weiteren Kinderheime, richtig?«
Bethlehem senkte den Blick und schüttelte den Kopf.
»In dieser Stadt sind schon zu viele Menschen gestorben. Sie müssen bald weg von hier.«

Ein freies Taxi näherte sich langsam und Bethlehem zog sich ihr weißes Tuch übers Gesicht. Monika legte eine Hand auf ihre runde kleine Schulter.

»Danke. Ich werde sehr, sehr vorsichtig sein.«

Eilig ließ sie das Zentrum hinter sich, fort von dem Taxi, das zu einem allzu passenden Moment aufgetaucht war. Stattdessen blieb sie bei einer Pferdedroschke stehen, einem kleinen offenen, zweirädrigen Wagen, aus dem sie im Notfall leicht hinausspringen konnte.

Wieder vermisste sie ihre Dienstwaffe. Sie hoffte, dass Mario vorsichtig war und sich nicht mit zu vielen Mitarbeitern umgab, die wussten, was er tat. Sie hoffte, dass die Polizei ihn nicht so schnell laufen lassen würde, und dachte voller Dankbarkeit an den alten Wächter vor der Kirche in Lalibela. Er war offenbar nicht bereit gewesen, nachzugeben, nur weil irgendein Mann mit einer Pistole herumgefuchtelt hatte.

Im Hotel erfuhr sie, dass sie den täglichen Flug verpasst hatte. Es gebe jedoch einen Bus nach Addis Abeba, den sie noch erreichen könnte, wenn sie sich beeilte.

Sie bat, dass jemand vom Hotelpersonal sie zum Bus fuhr, und sie versuchte, sich in dem kleinen Privatwagen so unsichtbar wie möglich zu machen. Im Bus setzte sie sich zu einigen älteren Frauen ganz nach hinten.

Die Busfahrt war beinahe genauso beängstigend wie ihre Gedanken an Mario. Der Fahrer schien den Streckenrekord brechen zu wollen, und weder er noch die anderen Fahrer waren offenbar der Meinung, dass hier wirklich Rechtsverkehr herrschte. Immer wieder mussten sie Fußgängern, Eseln, Kühen und Schafen ausweichen. Nach ungefähr einer Stunde ertrug Monika die Aufregung nicht länger und schlief ein.

Am Busbahnhof in Addis Abeba sah sie einen erregten, sonnenverbrannten jungen Mann mit Rucksack, dessen Kopf mit dem schütteren blond Haar wie ein Leuchtturm aus der Menschenmenge ragte. Er schrie einen alten Mann in einem Taxi an, dessen Alter nicht einmal zu ahnen war. Der Wagen war überall eingebeult und zerkratzt, die Stoßdämpfer hingen schief, und die Fensterscheibe war zersplittert. Auch das Alter des Fahrers, der aus dem Wagen stieg, war nicht ganz leicht zu erraten. Er war ein kleiner magerer Mann, dessen Jacke zu groß und zu lang war, mit grauen Haaren, eingefallenen Wangen und gekrümmtem Rücken.

»Das kostet doch wohl nur fünfzehn Birr«, schrie sein Fahrgast. »Warum wollen Sie plötzlich zwanzig?«

»Es war weit«, antwortete der Alte leise.

»Und ich will zum Büro der Ethiopian Airlines«, schaltete Monika sich ein. »Dreißig Birr.«

Sie wandte sich dem Touristen zu.

»Hier ist das Taxifahren doch wirklich nicht teuer, oder?«

Und der Tourist gab auf und blätterte die zwanzig Birr hin. Der Alte lächelte, und sie fuhren los. Monika bat ihn, vor dem Büro der Fluggesellschaft zu warten.

Sie traf auf denselben aufmerksamen jungen Mann, der ihr das Ticket nach Mekele verkauft hatte. Sie habe einen Flug für übermorgen gebucht, das schon, und noch am selben Abend gehe eine Maschine, aber leider könne sie nicht umbuchen. Es sei denn, sie steige auf die erste Klasse um.

Sie rechnete. Wenn sie das tat, war ihr Konto nach dieser Reise leer. Aber sie musste so schnell wie möglich aus Marios Reichweite gelangen. Also entschied sie sich für die Business Class.

Nach Äthiopien zu fahren ist keine Kunst, dachte Monika. Man bezahlt bei der Botschaft oder am Flughafen das Visum. Äthiopien zu verlassen schien hingegen fast unmöglich zu sein, wie sie gehört hatte. Die reiche Welt wollte keine armen Äthiopier aufnehmen müssen, die sich ein besseres Leben wünschten.

Sogar für äthiopische Volkstanzgruppen und Studierende war es schwer, ein Visum für Schweden zu bekommen. Und Mario war Einwanderer der dritten Generation – äthiopischen Killern wurde glücklicherweise ebenfalls kein schwedisches Visum erteilt.

Sie bezahlte dem Taxifahrer dreißig Birr für die Fahrt zum Flughafen. Er sah überaus zufrieden aus.

Sobald sie den Flughafen Bole erreicht und die Passkontrolle hinter sich gebracht hatte, war sie in Sicherheit. Wenn Mario sie verfolgen wollte, würde er zuerst bei der schwedischen Botschaft ein Visum beantragen müssen.

»Und was haben Sie in Schweden vor?«

»Ich will eine schwedische Polizistin unschädlich machen, die einen großangelegten Betrug entlarvt hat.«

»Interessant. Und wie lange wollen Sie bleiben?«

»Nur ein paar Tage, so lange eben, wie ich brauche, um diese Frau zu finden und auszuschalten.«

»Und wovon werden Sie in dieser Zeit leben?«

»Da ich durch meine kriminelle Tätigkeit eine Menge Geld auf die Seite legen konnte, ist das kein Problem.«

Die niedrige, gelbe Abflughalle erschien ihr als der erste Vorposten der Sicherheit.

Sie passierte den ersten Flughafenangestellten, der Tickets und Pässe überprüfte. Danach fühlte sie sich zwar schon besser, trotzdem gelang es ihr erst an Bord des Flugzeuges, sich wirklich zu entspannen.

Sie schlief sofort in dem breiten Business-Class-Sessel ein.

In Frankfurt am Main war der Grenzschutz an der Flugzeugtür postiert. Drei Beamte und ein Hund bewachten dieses Schlüsselloch, das Nadelöhr zur Festung Europa. Monika brauchte nur ihren Pass in die Höhe zu halten, um hindurchgleiten zu können, die Schwarze jedoch, die vor ihr gesessen hatte, wurde zur Seite genommen. Sie besaß einen kanadischen Pass, der unter eine tragbare UV-Lampe gelegt wurde. Monikas Blick fiel auf die verschlossenen Gesichter der Polizisten

Sie erstarrte. Sehen wir wirklich so aus? Ist das das Gesicht, das wir nach außen zeigen? Plötzlich fiel ihr die dicke, dunkle Kleidung der deutschen Kollegen auf, ihre breiten Gürtel, die schwere Ausrüstung. Sie sahen nicht aus wie die Vorkämpfer des Lichtes. Mit einem Mal verstand sie besser denn je, wie es kam, dass nicht alle Welt sie als die gute Kraft gesehen hatte, die sie so gern gewesen wäre.

Und dann war sie in Europa.

Sie hatte das Nadelöhr passiert, jenes Nadelöhr, das sie vor Mario beschützen würde.

Sie konnte aufatmen.

19

Flughafen Frankfurt.

Monika steuerte die nächste Cafeteria an und kaufte sich eine Kanne Tee und ein kleines Käsebrot. Der junge Mann hinter dem Tresen schaute kaum auf. Er verlangte sieben Dollar. Sieben US-Dollar! Fast neunzig Kronen für einen Teebeutel, einen Schuss heißes Wasser, eine halbe Baguette, zwei müde Tomatenscheiben, Butter und Käse. Etwa sechzig Birr. Dafür hätten in Addis Abeba sechs Menschen eine Portion Nudeln essen können. Für diese Summe hätte man in einem einfachen Hotel mehrere Nächte verbringen oder drei große Flechtkörbe kaufen können, deren Herstellung mehrere Tage gedauert hatte. Aber hier auf diesem Flugplatz achtete die Kundschaft nicht auf die Preise. Es spielte keine Rolle, ob sie zwei, fünf oder sieben Dollar bezahlte. Sie konnte es sich leisten, das zu verfrühstücken, was nur einige Flugstunden weiter als Wochenlohn gegolten hätte.

Monika blickte sich um.

Sie befand sich unter reichen, wohlgenährten Menschen, zwischen dem Ort, aus dem sie kamen, und dem Ort, den sie erreichen wollten. Sie hatten verschlossene Gesichter, einige dösten vor sich hin, andere lasen oder betrachteten lustlos Krawatten und Uhren, die auch nicht billiger waren als zu Hause.

Hier gab es keine Berührungspunkte mit der Außenwelt.

Das war einer der Gründe, warum Monika versuchte im Flugzeug immer einen Fensterplatz zu ergattern. Sie wollte in Verbindung mit dem Boden bleiben, auch wenn sie hoch über ihm schwebte.

Wenige Stunden später saß sie an ihrem Fensterplatz und blickte hinaus auf das graue Frankfurt, das sie bald verlassen sollte. Sie fragte sich, ob sich wohl jemand neben sie setzen würde.

Prompt nahm eine angenehm duftende Dame mittleren Alters neben ihr Platz. Das Aussehen der Frau verriet ihren kostspieligen Lebensstil, was Monika unter normalen Umständen provoziert hätte, doch stattdessen ließ sie sich durch das offene Lächeln, den Humor in den Augen der Frau und ihre offenkundige Hoffnung auf ein Plauderstündchen entwaffnen, das ihr die Reise verkürzte.

»Bonjour.«

»Sorry – English?«

»Yes! How marvellous! I was so afraid I would wind up next to a Bulgarian or a Kirgisian with whom I wouldn't be able to communicate! So where are you from?«

Monika erzählte, sie lebe in Stockholm, komme aber gerade aus Äthiopien. Ihre Sitznachbarin war aus Paris, hatte ihre jüngste Tochter in deren Schweizer Internat besucht und war jetzt auf dem Weg zur zweiten Tochter, die als Austauschstudentin in Stockholm wohnte.

Sie streckte ihre schmale, gepflegte Hand mit perfekten Nägeln und kleinen, aber funkelnden Ringen aus.

»Entschuldigen Sie, ich habe mich ja noch gar nicht vorgestellt. Ich heiße Marie-Clothilde.«

Monika war noch nie einem Menschen begegnet, der etwas über Schweizer Internate gewusst hatte. Warum also nicht die Gelegenheit nutzen?

»Meine Mutter hat auch ein Schweizer Internat besucht, eine Klosterschule, die oben in den Bergen lag.«

»In der Schweiz liegt alles oben in den Bergen. Wie hieß die Schule denn?«

Und als Monika den Namen nannte, hob Marie-Clothilde die sorgfältig gezupften Augenbrauen.

»Das ist dieselbe Schule. Und wie hieß Ihre Mutter?«

»Barbara oder Ellen oder eine Variante von beidem. Sie spielte gern mit ihrem Namen und nannte sich vermutlich Babbie oder Babs oder vielleicht Babba.«

»Und wann war sie da?«

»1958.«

Marie-Clothilde schüttelte den Kopf, so dass ihr dunkelbraunes, glänzendes Haar wie in einem Werbefilm wogte.

»Dann war sie wohl einige Jahre älter als ich. Ich kann mich nicht an sie erinnern. War sie nur ein Jahr dort?«

Monika hatte es satt, so zu tun, als sei die Welt nicht so, wie sie nun einmal war.

»Sie wurde von der Schule geworfen«, antwortete sie.

»Wie ist denn das passiert?«

»Sie hat sich beschwert, dass eine Nonne sie belästigt hat – sexuell meine ich. Offenbar gab es einen riesigen Aufstand, und sie musste die Schule sofort verlassen.«

Marie-Clothilde war plötzlich ernst geworden.

»Was für ein Kulturschock!«

»Wie meinen Sie das?«

»Ja, bestimmte Dinge müssen bei uns diskret behandelt werden, weil man nie Recht bekommt, wenn man laut darüber spricht. Wir wussten, wie wir uns zu verhalten hatten, wenn eine Nonne sich für junge Mädchen interessierte ... zu sehr«, fügte sie hinzu.

Das musste Monika erst einmal verdauen.

»Soll das heißen, dass es auf dieser Schule Nonnen gab, die die Schülerinnen belästigt haben, und dass die Verantwortlichen davon wussten? Dass sie es einfach geschehen ließen?«

Marie-Clothilde lächelte nur.

»Ich habe meine Töchter selbst hingeschickt, so wie es vor mir meine Mutter und meine Großmutter getan haben.«

Monika starrte sie verständnislos an.

»Sehen Sie das doch einmal so: Ein junges Mädchen ist wie eine Investition – ein Risikoobjekt. Es gibt immer Menschen, die das investierte Geld an sich reißen wollen, und es gibt immer jemanden, der das junge Mädchen will. Von allen vorstellbaren Gefährdungen ist eine alternde Nonne in Wahrheit die geringste. In der Klosterschule werden die jungen Mädchen von älteren Männern und gleichaltrigen Jungen fern gehalten. Sie kommen nicht schwanger nach Hause oder holen sich eine Geschlechtskrankheit. Sie schieben ihr sexuelles Debüt auf, bis sie reif genug sind, um damit umgehen zu können. Es ist nicht sehr schwer, einer Nonne Einhalt zu gebieten, wenn sie zu aufdringlich wird.«

»Waren auch Sie so ein Opfer?«, stieß Monika endlich hervor.

»So würde ich es nicht bezeichnen, aber natürlich ist es passiert, wie bei meiner Mutter vor mir und zumindest einer meiner Töchter, der hübschesten natürlich.«

»Als meine Mutter sich beklagt hat, wurde das als groteske Lüge abgetan.«

»Ja, natürlich. Die arme Kleine. Bestimmt war damals der Teufel los. Wie ist es ihr dann ergangen?«

»Nicht sehr gut.«

»Aber sie hat immerhin Sie in die Welt gesetzt, also kann es kein allzu schlechtes Ende genommen haben. Wenn ich recht verstanden habe, gibt es in Schweden ja nicht viele Nonnen, deshalb können Sie nicht wissen, was man im Umgang mit ihnen beachten muss.«

Monika nickte. Ihre Großmutter hatte offenbar nicht gewusst, was es zu beachten galt, als sie ihre Tochter in eine Klosterschule schickte.

»Meine Großmutter war eine tüchtige Juristin und Politikerin, aber als Mutter hat ihr das nicht viel geholfen.«

»In welchem Bereich war sie denn tätig?«

»Sie war Juristin, erst beim Völkerbund und dann bei der UNO.«

»Und wie hat ihr das gefallen?«

»Das weiß ich nicht. Ich habe sie nie richtig kennen gelernt. Ihr Glaube an das, was sie tat, hat jedenfalls während der Abessinienkrise einen Knacks bekommen.«

Marie-Clothilde nickte nachdenklich.

»Da war sie wohl nicht die Einzige. Obwohl das, was damals passiert ist, ja vorhersehbar war. Der Versailler Friede war insgesamt schlecht durchdacht.«

Wieder sah Monika sie verständnislos an.

»Damals durften doch nur die Siegermächte entscheiden, und das Ziel war einfach der Status quo ... der Völkerbund war von Anfang an eine Fehlkonstruktion«, erklärte sie.

Monika seufzte. Dass es aber auch immer einen weiteren Horizont gab, dass man niemals genug wusste.

»Meine Großmutter hat immerhin an diese Idee geglaubt. Sie war ernsthaft davon überzeugt, dass es keine Kriege mehr geben würde, sondern dass Konflikte friedlich gelöst werden könnten. Und manchmal hat es ja auch funktioniert, wie beim finnisch-schwedischen Streit um Åland«, meinte Monika leise.

Wieder lächelte Marie-Clothilde.

»Ich bin ja keine Expertin, aber mein Bruder ist Historiker. Und als er seine Examensarbeit geschrieben hat, kannte er nur ein einziges Gesprächsthema – den Versailler Friedensvertrag. Unsere ganze Familie hat damals mehr über das Ende des Ersten Weltkriegs gelernt, als wir jemals wissen wollten.«

»Ich bin auch keine Expertin. Aber ich habe das Buch gelesen, das meine Großmutter über die Abessinienkrise geschrieben hat. Sie hat es ›Der Einsturz des Weltengebäudes‹ genannt.«

»Was für ein deprimierender Titel. War das Buch ein Erfolg?«

»Ich glaube nicht.«

»Nein, der Überfall auf Abessinien wurde bestimmt von all dem Elend überschattet, das sich danach in Europa abgespielt hat.«

»Aber meine Großmutter war der Ansicht, der Zweite Weltkrieg hätte vermieden werden können, wenn der Völkerbund sich anders verhalten hätte. Wenn sie Mussolini gegenüber nicht so feige gewesen wären und Abessinien größeren Respekt entgegengebracht hätten. Zum Beispiel hätten sie die italienischen Truppentransporte durch den Suezkanal verhindern können.«

Marie-Clothilde machte ein besorgtes Gesicht.

»Sie hat sich doch hoffentlich nicht die Schuld für den Zweiten Weltkrieg gegeben?«

Auf diese Frage wusste Monika keine Antwort.

Hatte ihre Großmutter sich Vorwürfe gemacht, weil ihre Organisation sich so schändlich verhalten hatte? So wenig Tatkraft an den Tag gelegt hatte? Weil Abessinien nicht als gleichwertiges Mitglied behandelt worden war, als es zur Krise kam?

»Vielleicht«, sagte sie nach einer Weile. »Zu Kriegsbeginn hat sie eine Art Zusammenbruch erlitten, dann kam sie aber langsam wieder auf die Beine und wurde zur UNO geholt. Aber, nein, so hoch hat sie ihre Bedeutung nicht eingeschätzt.«

Als Nächstes plauderten sie über die nun servierte Mahlzeit, die besser schmeckte als die übliche Flugzeugkost, und über den wesentlich schlechteren Kaffee.

Die Stunden vergingen im Nu.

Beim Anflug auf Stockholm sahen sie, dass die Landschaft unter ihnen teilweise noch immer verschneit war. Die Kälte hatte sich während Monikas Abwesenheit offenbar gehalten.

Trotzdem überraschte es sie, als sie das Flugzeug verließ, wie kalt die Luft war und wie wenig Gerüche sie aufwies.

Etwas war immerhin während ihrer Abwesenheit passiert: Das Graffito an ihrem Haus war übermalt worden, mit einer Farbe, die der ursprünglichen ziemlich nahe kam. Das Haus schien ein anderthalb Meter hohes Wasserzeichen aufzuweisen, was zwar etwas störend war, aber immer noch besser aussah als das Sprühkunstwerk.

Im dem bemerkenswert hohen Poststapel, der sie erwartete, befand sich ein Brief vom Sozialamt, Abteilung Familienrecht.

Sie riss den Umschlag auf.

»Ihr Bruder hat sofort angerufen«, so begann der Brief.
Ihr Bruder!
Mein Bruder!
»Es ist ihm bei seiner Familie in Bålsta bei Enköping gut gegangen. Ihr Bruder – er heißt übrigens Carl – hat vor einem Jahr geheiratet, das erste Kind ist unterwegs. Deshalb ist sein Interesse an seinen biologischen Eltern neu erwacht. Er möchte Sie gern treffen. Vielleicht sollten Sie wissen, dass er sich fragt – was allerdings völlig normal ist – , warum sich niemand in Ihrer Familie für ihn interessiert hat.«

Auf diesen Gedanken war Monika noch gar nicht gekommen. Er hatte ja nicht nur eine Mutter gehabt, sondern auch eine Großmutter, darüber hinaus musste es noch ein Großelternpaar väterlicherseits gegeben haben. Was mochte aus ihnen geworden sein?

»Er wartet jetzt darauf, dass Sie sich bei ihm melden.«

Am Ende des Briefes waren eine Adresse in Sollentuna und eine Telefonnummer angegeben.

Wie lange mochte der Brief wohl auf ihrem Dielenboden gelegen haben? Er war am Tag nach ihrer Abreise datiert. Carl fragte sich bestimmt, warum sie nichts von sich hören ließ, und wartete seit Tagen vergeblich auf ihren Anruf.

Sie konnte sich beim besten Willen kein Bild von ihm machen. Ihr Bruder war vielleicht ein halber Philippino. Oder warum nicht Äthiopier? Vielleicht hatte sie einen rothaarigen Bruder.

Aber jetzt sollte er nicht mehr warten müssen.

»Carl? Hier ist Monika Pedersen, deine Halbschwester. Ich komme gerade aus Äthiopien zurück, und hier lag ein Brief vom Sozialamt.«

»Hallo. Ich werde normalerweise Calle genannt. Wie schön, dass du dich meldest. Wo wohnst du denn?«

Sie merkte, dass sie seine tiefe Stimme und seine langsame Sprechweise mochte, und gab ihm ihre Adresse und ihre Telefonnummer.

»Ich möchte dich so schnell wie möglich sehen«, erklärte er. »Aber im Augenblick sind wir so gut wie unterwegs zu meinen Schwiegereltern in Kumla. Wir haben versprochen, ihren Garten in Ordnung zu bringen, aber wir kommen am Montagvormittag zurück.«

Am Montag hatte sie einen Termin mit Erik Granat und Émile Hamid, deshalb schlug sie Dienstag um die Mittagszeit vor.

»Schön. Ich freue mich auf dich!«

Sie legten widerwillig auf, wie ein Liebespaar.

Monika hätte einen Marathonlauf bewältigen, einen Berg besteigen können. Plötzlich schien ihre Energie keine Grenzen zu kennen.

Als sie sich wieder ein wenig beruhigt hatte, wurde ihr klar, dass ihre Spur inzwischen in Richtung Leitung des SECF ging.

Sie musste mit dem Aufsichtsratsvorsitzenden reden. Dabei konnte sie sich wieder als Journalistin ausgeben, was überraschend viele Türen zu öffnen schien. Sie griff zum Telefonbuch, fand seinen Namen jedoch nirgends. Als Nächstes versuchte sie es bei der Auskunft und erfuhr, dass seine Nummer nicht preisgegeben werden durfte. Auch die Adresse wurde geheim gehalten, was keine allzu große Überraschung war.

Sie ging auf die Homepage und nahm die Informationen über die Aufsichtsratsmitglieder unter die Lupe. Der äthiopische Botschafter wirkte am zugänglichsten, also rief sie die Botschaft an und bat, mit ihm sprechen zu dürfen. Sie nannte ihren richtigen Namen und wurde sofort durchgestellt.

Sie erzählte, sie sei eben aus Addis Abeba zurückgekehrt und müsse mit ihm über den SECF sprechen. Er antwortete, das dies kein Problem sei, sie müsse jedoch drei Wochen warten, bis nach seiner Rückkehr von Reisen nach Oslo und Helsinki.

»Aber wenn es wirklich so eilt, können wir uns morgen Mittag treffen. Ich bin trotz des Wochenendes in der Botschaft, da ich am Sonntag abreise und vorher noch allerlei Papierkram zu erledigen habe«, fügte er hinzu, als er ihre Enttäuschung bemerkte.

Sie bedankte sich und notierte die Adresse.

Als sie ausgepackt und geduscht hatte, war sie noch immer voller Energie. Sie lief hin und her, während ihre Gedanken zuerst zu Calle und dem SECF wanderten, ehe sie bei Babs, der Nonne und Olzén hängen blieben.

Sexualisierte Phantasien, so hatte Olzéns Urteil gelautet. Mythomanin. Eine praktisch nicht existierende Person, das war sie in seinen Augen gewesen. Je mehr Monika an ihn dachte, um so wütender wurde sie.

Ein weiteres Gespräch mit Olzén erschien ihr plötzlich als hervorragende Methode, ihre frisch gewonnene Energie einzusetzen. Sie würde zu ihm fahren, nicht lockerlassen, bis er sie hereinließ, und diesmal würde sie die Wahrheit über die angeblichen Bedrohungen gegen Babs aus ihm herausquetschen. Und er würde sich die Wahrheit über die Nonne anhören müssen.

Und dann würde sie Marcus das Buch über Mussolini zurückbringen.

Ein junger Mann, der an der Bushaltestelle Schwedisch in seine Freisprecheinrichtung gesprochen hatte, schob sich im Bus an ihr vorbei und grinste den Fahrer an.

»I don't speak Swedish«, behauptete er, statt sich eine Fahrkarte zu kaufen.

Und damit hastete er weiter und setzte sich hinten in den Bus.

Monika, die dieses Machogehabe so satt hatte, setzte sich auf den Platz neben ihm.

»Warum bildest du dir ein, dass du im Bus nichts zu bezahlen brauchst?«

»Halt einfach die Fresse.«

»Ich habe mir eine Fahrkarte gekauft. Machst du das im Restaurant auch so? Glaubst du, dass du etwas essen darfst, aber nicht bezahlen musst?«

»Das geht dich nichts an. Halt die Fresse.«

»Doch, es geht mich etwas an. Wenn du kein Geld für den Bus und keine Zeit hast, zu Fuß zu gehen, dann können wir für deinen Fahrschein sammeln. Ich gebe gern einen Fünfer dazu.« Sie wandte sich an drei junge Mädchen auf dem Sitz vor ihnen.

»Wollt ihr euch an der Fahrkarte für diesen armen Mann hier beteiligen, der es so eilig hat, aber nicht bezahlen kann?«

Die Mädchen kicherten und griffen zu ihren Portemonnaies.

»Alte«, stöhnte der junge Mann und sank in sich zusammen. »Scheiß doch drauf. Hör auf!«

Aber Monika hörte nicht auf, sie hatte bald zwanzig Kronen zusammen, ging nach vorn, kaufte eine Fahrkarte und legte sie neben den Kerl auf den Sitz. Die Umsitzenden lachten schallend.

Gute Strafe.

Und als Nächstes würde sie sich Olzén vorknöpfen.

20

Bei Olzén brannte zwar Licht, aber niemand reagierte auf ihr Klingeln. Sie ging nach unten und versuchte ihr Glück bei Marcus, der sofort die Tür öffnete.

Er trug einen neuen Pullover oder genauer gesagt, einen anderen, der ebenso alt und ebenso verfilzt wie der erste aussah.

Er hatte frischen Tee gekocht und schien sich über ihren Besuch zu freuen.

»Ich hab Ihr Buch mitgebracht.«

Er nahm es und musterte Mussolinis Foto einen Moment lang.

»Danke. Das ist gut, ich habe neulich gerade mit meinem Kapitel über militärische Fehleinschätzungen angefangen. Das Problem ist, dass die Auswahl riesengroß ist. Wussten Sie zum Beispiel«, fügte er hinzu, ebenso enthusiastisch wie bei ihrer ersten Begegnung, »dass die britische leichte Brigade – ein Eliteverband der Kavallerie – 1854 bei Balaclava mehr oder weniger aufgerieben worden ist, weil sie das falsche Ziel angegriffen hatten? Und zwar wegen eines banalen Missverständnisses.«

Er reichte ihr eine Tasse Tee.

»Wussten Sie«, erwiderte Monika, »dass Mussolini nicht glaubte, dass ein afrikanisches Land auch nur versuchen könnte, es mit der gut ausgerüsteten italienischen Armee aufzunehmen? Obwohl Abessinien 1896 bei Adua über Italien gesiegt hatte. Mussolini dachte, die Abessinier würden sich aus lauter Furcht ergeben. Stattdessen haben sie bis zum letzten Mann gekämpft. Klassische Fehleinschätzung. Und Mussolini war davon überzeugt, dass Hitler am Ende siegen würde«, fügte sie hinzu. »Erst nach dem Fall Frankreichs beschloss er, in den Krieg einzutreten, und zwar auf deutscher Seite. Könnte er nicht ein Kapitel in Ihrem Buch bekommen?«

Marcus nickte nachdenklich.

»Warum nicht? Er fand, dass der Starke nicht nur das Recht, sondern geradezu die Pflicht habe, zuzugreifen. Und dann ist er sowohl in Abessinien als auch zu Hause so auf die Nase gefallen.«

Sie verstanden sich. Ihre Hand lag neben seiner, und plötzlich begann der kleine Raum zwischen ihnen beinahe Funken zu sprühen. Die Haut ihrer Hand war plötzlich so sensibel, dass sie glaubte, seinen rhythmischen Herzschlag zu spüren. Das Gefühl raubte ihr den Atem, sie hörte nicht mehr, was er sagte, sondern schwebte in der Nähe, der Harmonie.

Die Stimmung wurde von einem dumpfen Aufprall vor der Tür und einem leisen Jammern jäh zerstört. Marcus stand auf, sah hinaus und führte ein hoch gewachsenes, dünnes Mädchen in einem bodenlangen schwarzen Mantel und einem grünen Strickschal in die Wohnung.

»Sie ist auf der Treppe gestolpert«, erklärte er Monika über die Schulter hinweg.

Offenbar schloss Marcus gewohnheitsmäßig auf diese Weise neue Bekanntschaften. Er hockte wie eine Spinne hinter seiner Tür und zog die Leute herein, die draußen vorbeikamen.

Wie er es mit Monika gemacht hatte.

Sie lächelte. Es spielte keine Rolle, dass der Zauber gebrochen worden war. Ihr Tag war auch so schon ereignisreich genug gewesen. Sie wollte nicht, dass ihre Haut so unberechenbar war, wollte sich nicht von ihrem Plan ablenken lassen, Olzén auf die Pelle zu rücken.

Außerdem schien das Mädchen Hilfe zu brauchen. Sie hatte den Mantel ausgezogen und saß steif auf dem Sofa, die Arme um ihren schmalen Leib geschlungen, als hätte ihr jemand einen Schlag in die Magengrube versetzt. Ihre glatten, hellroten Haare lagen wie ein glänzender Helm über Kopf und Rücken.

»Hast du dich verletzt?«

Sie schüttelte den Kopf. Ihre Zähne klapperten, und Marcus holte noch eine Teetasse. Als das Mädchen die Hand ausstreckte, sah Monika kleine rote Vertiefungen in der blassen Haut von Zeige- und Mittelfinger der rechten Hand.

Vorsichtig nahm Monika ihr die Tasse ab und griff nach ihrer Hand. Das Mädchen schlug die Augen nieder und überließ Monika ihre Hand, als sei sie nicht mehr Teil ihres Körpers.

Monika hielt die Hand, als wäre sie ein Vogeljunges, und fuhr mit dem Zeigefinger über die Vertiefungen, die einen unregelmäßigen Halbkreis bildeten.

Es waren frische Zahnabdrücke – hier hatte jemand zugebissen, hart und vermutlich schmerzhaft. Und zwar erst vor ganz kurzer Zeit.

Plötzlich wusste sie, was Babs passiert war. Nicht Erik Granat hatte sie mit seinem Geruch markiert, ihren Körper in Besitz genommen, hatte sie verführt oder war von ihr verführt worden.

Sondern Olzén.

Diese Vorstellung war so abstoßend, dass sie den Gedanken nicht zu Ende bringen konnte. Es war Olzén, der Babs' Finger in den Mund genommen und sie gebissen hatte, obwohl sie das so schrecklich fand. Es war Olzén und nicht Niels, mit dem Babs Schluss hatte machen wollen.

Monika strich der Kleinen die Haare aus dem Gesicht, die es jedoch nicht zu bemerken schien. Sie saß vollkommen reglos da, mit gesenktem Blick, während die Tränen über ihre Wangen strömten.

Monika versuchte ihr Kinn zu heben und sie dazu zu bewegen, ihr ins Gesicht zu sehen, doch das Mädchen weigerte sich.

Monika umschloss ihre Hand etwas fester.

»Du warst bei Olzén, richtig?«

Als Antwort kam ein zaghaftes Nicken.

»Ich weiß, was du durchgemacht hast. Ich weiß, dass der

Alte da oben gegen das Gesetz verstößt. Er hat Sex mit seinen Patientinnen, du bist nicht die Erste. Was er da macht, ist kriminell.«

Das Mädchen schüttelte den Kopf und murmelte etwas Unverständliches.

»Bitte sprich etwas lauter, sonst kann ich dich nicht verstehen. Du bist sexuell belästigt worden, und ich schlage vor, dass wir die Polizei rufen.«

Nun schaute das Mädchen ängstlich auf.

»Nein, nein ... es ist meine Schuld ... nicht die Polizei.«

»Es ist nicht deine Schuld.«

»Doch. Ich bin doch so reif für mein Alter ...«

»Und deshalb glaubst du, du bist dafür verantwortlich, dass er dich anziehend findet? Hier trägt nur einer die Verantwortung, und das bist nicht du. Es gibt nur einen, der sich schämen sollte. Ich finde, du solltest ihn anzeigen. Jetzt gleich.«

Wieder schüttelte das Mädchen den Kopf.

Monika konnte das akzeptieren, ohne wütend oder enttäuscht zu sein.

»Jedenfalls musst du dich umziehen, und zwar sofort. Dann fühlst du dich gleich besser. Wir packen deine Sachen in eine Plastiktüte für den Fall, dass du dir das Ganze noch mal überlegst und doch Anzeige erstatten willst. Alles, was mit dem Alten in Berührung gekommen ist, muss weg. Geh jetzt duschen. Wasch ihn dir ab.«

Sie wandte sich an Marcus.

»Geben Sie ihr ein sauberes Handtuch und zeigen Sie ihr, wo das Badezimmer liegt. Hier liegt nicht zufällig eine saubere Damenunterhose herum, oder?«

Marcus gehorchte, ehe er im Schlafzimmer verschwand und mit einer sauberen weißen Spitzenunterhose, an der noch der Preis klebte, einem Sport-BH und einem Trainingsanzug erschien.

»Das kann sie anziehen. Ich weiß, dass Brigitte, der die Wohnung gehört, nichts dagegen hätte.«

Monika nahm die Kleidungsstücke.

»Ich lege hier saubere Kleider für dich hin. Und einen Müllsack für die alten«, rief sie durch die Badezimmertür.

Marcus schaute Monika nachdenklich an.

»Sie sind ein ganz anderer Typ Mensch als die, denen ich sonst begegne. Die anderen denken nur. Sie handeln.«

»Genau, und genau so soll es auch bleiben. Und jetzt werde ich mir Olzén noch mal vornehmen, verdammt noch mal.«

Monika hob den Mantel des Mädchens vom Sofa, zog ihn an und schlang sich den grünen Schal um Kopf und Hals.

Dann ging sie zu Olzén, trat vor den Türspion und klingelte.

Sie bemühte sich, möglichst zaghaft und ängstlich zu läuten, obwohl sie am liebsten die Tür eingeschlagen hätte.

Es dauerte eine Ewigkeit, aber endlich wurde die Tür einen Spalt breit geöffnet. Olzéns eines Auge musterte sie kalt durch den Spalt. Monika hoffte, dass das bedeutete, dass Schwester Marit nach Hause gegangen war.

Sie packte die Klinke und riss die Tür auf, und Olzén, der die Klinke nicht losgelassen hatte, wäre fast aus dem Rollstuhl gefallen.

Monika spürte seine Rippen deutlich durch sein Hemd und die Jacke, als sie ihn zurückdrängte, ehe sie den Griff hinten am Rollstuhl packte und ihn auf den Treppenabsatz stieß. Dann bugsierte sie den Rollstuhl in den Fahrstuhl und drückte auf den Knopf.

Olzéns Hände, bleich und mit Altersflecken übersät, umklammerten krampfhaft die Armlehne seines Rollstuhls. Es dauerte einen Moment, bis er Monika unter dem langen Mantel und dem grünen Schal erkannt hatte.

»Aber was machen Sie denn da? Fahren Sie mich sofort zurück! Sie sind ja genauso gestört wie Ihre Mutter!«

Sie fuhr ihn aus dem Fahrstuhl und aus dem Haus. Inzwischen war es um einige Grad kälter geworden. Olzéns Stimme zitterte.

»Wohin wollen Sie? Was haben Sie vor? Sie können Ihre krankhaften Impulse doch nicht einfach so ausagieren!«

Sie schwieg noch immer.

»Sie müssen doch verstehen, dass Sie nicht mich vernichten wollen, sondern Ihre Mutter«, fuhr er fort.

Monika hielt den Rollstuhl so abrupt an, dass Olzén um ein Haar herausgefallen wäre.

»Es gibt etwas, das man Wirklichkeit nennt«, sagte sie. »Darin leben die meisten von uns, mehr oder weniger. Und die Wirklichkeit sieht so aus: Sie missbrauchen junge Frauen, die zu Ihnen kommen, weil sie Hilfe brauchen. Sie verletzen die, die am verletzlichsten sind. Sie hatten Sex mit Babs, obwohl sie es gar nicht wollte. Und gerade eben war die kleine Rothaarige an der Reihe.«

Der Rollstuhl war schwer zu lenken und rutschte auf der unebenen und vereisten Straße hin und her, aber es tat gut, die Muskeln anstrengen zu können. Monika steuerte auf den Djurgårdsbrunnsvägen zu.

»Sie sind schlimmer als die Mörder, die mir sonst begegnen, verdammt noch mal. Schlimmer als die Vergewaltiger, die sich im Gebüsch herumdrücken.«

Olzén versuchte den Kopf so weit zu wenden, dass er Blickkontakt zu ihr aufnehmen konnte, doch es gelang ihm nicht.

»Beruhigen Sie sich doch. Das ist doch das pure Primärprozessdenken, was Ihnen da unterläuft. Es ist eine Wut, die verstanden, interpretiert, analysiert werden muss. Sie haben das Gute und das Böse gespalten, das ist nicht gesund.«

»Sie haben im Moment keine Macht über sich, weder darüber, wohin Sie fahren, noch darüber, wie irgendetwas zu verstehen ist. Zwei Dinge will ich wissen: die Wahrheit über Ihre Beziehung zu Babs, und was vor ihrem Tod bei Granat & Hamid wirklich passiert ist.«

»Ich kann nichts über meine Beziehung zu Barbara Ellen sagen, ich stehe unter Schweigepflicht.«

»Oh, jetzt halten Sie sich plötzlich an die Gesetze. Bei mir ist es aber genau umgekehrt. Ich scheiße gerade darauf, so wie Sie es machen, wenn es Ihnen gerade in den Kram passt.«

Olzén kniff seine dünnen, violetten Lippen zusammen.

»Ich habe nicht vor, irgendetwas zu sagen.«

»Doch, ich glaube, genau das werden Sie tun.«

Sie bog nach links ab und steuerte auf zwei rote Ampeln zu, die in der Dunkelheit leuchteten. Dort verlief die einspurige kleine Brücke über den Djurgårdsbrunnskanal. Der Bürgersteig fiel steil ab und war rutschig, so dass sie sich zurücklehnen musste, um nicht vom Rollstuhl mitgerissen zu werden.

Als sie den Kanal erreichten, dessen schwarzes Wasser sich träge zwischen verschieden großen Eisschollen bewegte, wurde es flacher. Am anderen Ufer lief mit langen Schritten ein durchtrainierter Mann dahin, ansonsten war kein Mensch zu sehen.

Monika lenkte den Rollstuhl auf den asphaltierten Weg neben dem Kanal und hätte fast losgelassen, als ein Rad in eine vereiste Senke geriet.

Olzéns Stimme war kaum wiederzuerkennen.

»Sie sind doch verrückt! Sie können sich ja gern ausmalen, das hier zu machen, aber Sie dürfen es nicht tun! Das ist unmöglich!«

»Aber ich tue es trotzdem, merken Sie es? Das Eis unter den Rädern ist echt, genauso wie das Wasser zwischen den Eisschollen. Und jetzt werde ich Ihnen sagen, was ich glaube. Ich glaube, dass Sie Babs sexuell benutzt haben. Ich weiß, dass Sie Bissspuren auf ihren Händen hinterlassen haben, dass sie das nicht wollte.«

Sie hielt einen Moment inne.

»Außerdem glaube ich, dass die Sache mit der Morddrohung in der Kanzlei gelogen war.«

Die glatten Reifen des Rollstuhls schlingerten hin und her.

»Ich glaube, der Einzige, der Babs beseitigen musste, waren Sie selbst.«

Monika fuhr weiter.

»Babs war eine ziemlich tatkräftige Frau, tatkräftiger als viele andere. Ich weiß, dass sie dem, was bei den Therapiestunden passierte, ein Ende setzen wollte. Ich glaube, dass sie bei Granat & Hamid einiges über die Gesetze gelernt hat. Meiner Meinung nach wusste sie, dass sie Sie anzeigen konnte. Und für Sie stand alles auf dem Spiel. Ihre Stellung, der Respekt, den andere Ihnen entgegenbrachten, Ihr Einkommen, der Zugang zu neuen Patientinnen.«

Wieder schlingerte der Rollstuhl.

»Ich glaube, Babs war wütender, als Sie dachten, und deshalb haben Sie ihren Unternehmungen auf die primitivste Weise ein Ende gesetzt, die man sich überhaupt nur vorstellen kann.«

Wieder versuchte Olzén sich umzuschauen.

»Sie irren sich. Sie irren sich sogar schwer. Ich hatte von ihr gar nichts zu befürchten. Sie hätte mir nichts tun können. Sie hätte mich anzeigen können, so oft sie wollte. In diesem Fall hätte Aussage gegen Aussage gestanden, und niemand hätte ihr geglaubt. Die Einzige, die sich Sorgen gemacht hat, war Marit.«

Monika blieb stehen.

Das Schlimmste daran war, dass er Recht hatte.

Ihr Zorn loderte auf.

»Sie haben sich also an einem völlig ungefährlichen Opfer vergriffen, einem Menschen ohne jede Glaubwürdigkeit. Das wussten Sie, und Babs wusste es auch. Weil es schon einmal passiert war, richtig? Und damals, in der Schule, wurde sie lächerlich gemacht, verdächtigt, gefeuert.«

Sie riss den Stuhl herum, um Olzén ins Gesicht blicken zu können.

»Was Sie aber nicht wussten, war, dass es in dieser Schule tatsächlich Nonnen gab, die die Mädchen begrabschten. Wir sollten doch inzwischen wissen, dass Frömmigkeit die Menschen nicht unbedingt zu Eunuchen macht, weder Männer noch Frauen.«

Nun, da er sie sehen konnte, versuchte Olzén erneut, die Oberhand zu gewinnen.

»Das ist tragisch. Sie sind genauso gestört wie sie damals. Aber Sie sind noch unkontrollierter, während sie ihre Impulse nicht auf diese Weise ausgelebt hat. Fahren Sie mich jetzt zurück.«

»Impulse! Wer hier Probleme mit seinen Impulsen hat, sind Sie. Ihre Sexualität ist das, was keine Grenzen kennt.«

»Sie besaß eine starke Libido. Die infantile Sexualität kann unerhört ausgeprägt sein.«

»Und damit hat sie Sie überrumpelt und zum Nachgeben gezwungen, ja? Und dafür haben Sie sich auch noch bezahlen lassen, richtig?«

»Es geschah im Rahmen der Therapie. Ihre Mutter hat bezahlt.«

»Meine Großmutter hat Sie also dafür bezahlt, dass Sie mit ihrer Tochter schlafen. War das so vereinbart? Fanden Sie beide, dass Babs das brauchte? Haben Sie sich schon mal überlegt, wie man Menschen nennt, die sich für ihre sexuellen Dienste bezahlen lassen?«

Sie musste sich beruhigen, schließlich hatte sie den Alten nicht in die Kälte und die Dunkelheit gezerrt, um ihn zu beschimpfen. Sie zählte bis zehn. Das half.

»Stellen Sie sich vor, dass sie sich absichtlich vor dieses Auto geworfen hat. Sie haben in Ihrem Buch geschrieben, dass ein Selbstmord keine Überraschung gewesen wäre. Wollte sie sterben?«

»Sie sind doch verrückt. Fahren Sie mich zurück!«

Doch Monika schob den Rollstuhl auf das Wasser zu. Unter ihnen rieben sich die schmelzenden Eisschollen aneinander wie graue Wolken an einem öligen, schwarzen Himmel.

Sie schob den Stuhl so weit vor, dass die kleinen Vorderräder genau die Stelle erreichten, wo die Rasenfläche vor dem Ufer endete.

»Sie sollen meine Fragen beantworten. Also, wie war das? Hatte sie schon Wochen vor ihrem Tod mit dem Gedanken gespielt, sich das Leben zu nehmen?«

Olzén schüttelte den Kopf.

»Sie wollte nicht sterben, sondern war voller unrealistischer Pläne. Sie hielt sich für gesund genug, um die Therapie zu beenden. Sie lebte in ihrer eigenen, fast psychotischen Welt.«

Babs hatte also immerhin nicht sterben wollen! Sie hatte weder Monika noch Niels verlassen wollen.

»Und jetzt«, sagte Monika, »will ich wissen, was bei Granat & Hamid passiert ist. Wer hat sie bedroht und warum?«

Olzén gab keine Antwort, und Monika schob den Stuhl einige Zentimeter weiter, so dass er leicht vornüberkippte und Olzén sich mit seinem gesunden Bein abstemmen musste, um nicht herauszurutschen.

»Ich weiß nicht, wer es war. Ziehen Sie mich hoch!«

»Was hatte Babs getan?«

»Ich weiß es nicht.«

Monika schob den Stuhl noch weiter vor, als er plötzlich den Hang hinunterrollte. Sie konnte ihn auf dem glatten Boden nicht halten.

Verdammt. Sie hatte keine Lust, einen voll bekleideten, behinderten Mann aus dem eiskalten Wasser ziehen zu müssen. Olzén schien nicht zu bemerken, dass sie die Kontrolle verloren hatte.

»Sie haben gesagt, sie soll sich nicht in Dinge einmischen, die sie nichts angehen.«

Der Stuhl kam zum Stillstand. Sie hatten inzwischen einen ebenen Pfad erreicht, der sich auf halber Höhe am Wasser entlang über den Abhang zog.

Monika atmete einige Male tief durch.

»Und das nennen Sie Morddrohung? Ich will wissen, worin sie sich nicht einmischen sollte. Was sie entdeckt hatte.«

»Sie hatte nichts entdeckt …«

»Worin sollte sie sich nicht einmischen?«

»Ich weiß es nicht …«

»Wer hatte sie bedroht?«

Inzwischen wimmerte er. Seine Stimme war ebenso jämmerlich wie seine dünnen Beine. Sie sah, dass ihm der Schweiß ausgebrochen war, seine Kopfhaut glänzte feucht zwischen den schütteren weißen Haaren.

»Ich weiß es nicht mehr …«

»Sie bezichtigen jemanden des Mordes und wissen dann nicht mehr, wer es war. Das glaube ich nicht. Wer war es?«

Olzéns Stimme zitterte so sehr, dass sie ihn kaum noch verstehen konnte.

»Ich weiß es nicht. Es ist so lange her …«

Der Geruch von Exkrementen stieg vom Rollstuhl auf. Sie hatte Olzén im wahrsten Sinne des Wortes eine Scheißangst eingejagt.

»Sie lügen. Aus Ihnen kommt oben und unten nur Scheiße heraus!«

Sie war nicht im Dienst. Endlich konnte sie sich erlauben, Dinge zu sagen, die sie sonst nur gedacht hatte, Dinge, die bei der Polizei nicht gesagt werden durften.

Diese Erkenntnis veranlasste sie, sich zu mäßigen.

Sie sah eine wütende junge Frau mit einem schwachen, verängstigten alten Mann in einem Rollstuhl vor sich, einen Menschen, der gegen das Gesetz verstieß, weil es ihm gerade in den Kram passte. Sie sah einen Menschen, der von Rachsucht getrieben wurde.

Herzlichen Glückwunsch, dachte sie. Herzlichen Glückwunsch, Monika. Du bist soeben in der Klasse der Folterknechte dieser Welt gelandet. Olzén wird alles sagen, nur um dich zufriedenzustellen. Er wird alles tun, um nicht in das schwarze Wasser gestoßen zu werden.

Dies war keine gute Methode, um sich Informationen zu beschaffen.

Und wahrscheinlich stimmte es sogar, dass Olzén sich nicht erinnern konnte. Er konnte sich nicht erinnern, weil er vermutlich nicht richtig zugehört hatte. Er hatte das, was Babs zu sagen hatte, nicht interessant gefunden, die Bedrohung nicht ernst genommen. Er hatte keinen Grund gesehen, Niels oder die Polizei zu informieren oder Babs auch nur zur Vorsicht zu mahnen.

Mühsam begann sie, den Stuhl wieder den Hang hinaufzuschieben.

Olzén schwieg, und Monika hoffte, dass er nicht vor Angst gestorben war. Das war er nicht, denn als sie endlich den Asphaltweg erreicht hatten, sagte er tonlos: »Sie hatte keinen Grund sich zu beklagen. Sie hat viel von mir bekommen, so viel.«

Monika widerstand dem Bedürfnis, ihn doch in den Kanal zu stoßen. Mühsam zerrte sie den Rollstuhl den Hang zu seinem Haus hinauf. Mit einem Mal war ihre überschüssige Energie verbraucht.

Als sie vor der noch immer angelehnten Tür ankamen, war sie schweißnass, erschöpft, aber auch erleichtert und zufrieden. Und sie schämte sich nur ein klein wenig.

Sie ging nach unten zu Marcus, wo das rothaarige Mädchen in einer Ecke des Sofas saß. Inzwischen sah sie wesentlich besser aus und Monika konnte kaum glauben, dass es sich um dieselbe junge Frau handelte.

Sie hörte Marcus sagen:

»Stalingrad. Dadurch wollten sich die Deutschen die Ölfelder im Kaukasus unter den Nagel reißen. Stattdessen wurden sie von der Roten Armee vernichtet. Anfang 43 hatten sie die unvorstellbare Menge von fast zweihunderttausend Mann verloren, und General Paulus ...«, hörte sie Marcus sagen.

Monika lachte und legte Mantel und Schal ab.

»Hier«, sagte Monika. »Ich habe mir deine Sachen ausgeliehen, weil Olzén mir sonst nicht aufgemacht hätte. Danke. Hier ist meine Telefonnummer. Ich kann dir bei der Anzeige helfen, falls du dich doch noch dazu entschließt. Es wäre eine gute Tat.«

Sie wollte an diesem Abend nicht noch mehr erleben, und ihre Hoffnung erfüllte sich. Sie war fast allein im Bus, und in der U-Bahn war alles ruhig.

Sie hatte einen Bruder namens Calle.

Babs hatte nicht sterben und sie verlassen wollen.

Nicht Niels hatte Babs gebissen.

Alles bewegte sich in die richtige Richtung.

Sie schlief erschöpft, aber zufrieden ein.

21

Der äthiopische Botschafter überraschte Monika damit, dass er genau so aussah, wie sie sich einen Botschafter vorgestellt hatte – ein Mann von etwa fünfzig Jahren in einem grauen Anzug, der leise sprach, sich leise bewegte und von tadelloser Höflichkeit war. Das Einzige, das diesen perfekten Eindruck störte, war die dicke Strickjacke unter dem dünnen, eleganten Jackett.

Er schien seine spontane Zusage zu diesem Gespräch mit Monika bereits zu bereuen. Sein Gesicht war verschlossen, aber immerhin nahm er hinter seinem Schreibtisch Platz, als hätte er es trotz der Papierstapel nicht eilig, und er bat seine Sekretärin, die offenbar mit ihrem Chef Überstunden machte, Kaffee zu bringen.

Er erzählte, er habe soeben seinen ersten skandinavischen Winter hinter sich gebracht – ein Erlebnis, auf das er völlig unvorbereitet gewesen sei.

»Und Sie waren gerade in Äthiopien. Was haben Sie dort gemacht?«, erkundigte er sich.

»Ich habe unter anderem das Kinderheim des SECF in Mekele besucht. Sie gehören zum Aufsichtsrat, wie ich gesehen habe.«

»Ja, dort ist immer ein Platz für den äthiopischen Botschafter in Stockholm reserviert.«

»Es ist wirklich sehr freundlich von Ihnen, mich heute zu empfangen. Ich will Ihre Zeit auch nicht unnötig beanspruchen. Ich brauche nur ein paar Auskünfte über die Arbeit des Aufsichtsrates.«

»Da sind Sie aber an den Falschen geraten. Sie sollten Émile Hamid sprechen. Er arbeitet in der Kanzlei Granat & Hamid hier in Stockholm.«

»Das weiß ich. Das Problem ist, dass meine Fragen ein wenig brisant sind.«

Der Botschafter rutschte ein wenig tiefer auf seinem Schreibtischstuhl und blickte so diskret auf die Uhr, dass es Monika beinahe entgangen wäre.

»Ich fürchte, da kann ich Ihnen nicht helfen. Ich bin den anderen Aufsichtsratsmitglieder nur ein einziges Mal begegnet, bei der Jahresversammlung vergangenen Herbst. Es ist eine großzügige und meines Wissens gut funktionierende Organisation.«

Wäre er kein Diplomat gewesen und nicht daran gewöhnt, unangenehme gesellschaftliche Situationen zu meistern, hätte das Gespräch an diesem Punkt wohl ein Ende genommen. Aber er ließ sich nicht beirren. Er hatte ihr Kaffee angeboten und offenbar nicht vor, dieses Angebot zurückzuziehen.

Monika rang sich ein Lächeln ab, als ob alles in Ordnung sei, das er jedoch nicht erwiderte.

»Und wie ist diese Jahresversammlung verlaufen?«, fragte sie.

»Wie es eben bei Jahresversammlungen immer so läuft. Émile Hamid, der ja von Anfang an dabei war, hatte den Vorsitz. In erster Linie werden Vorgehensfragen geklärt. Der Buchhalter hat das Budget vorgelegt, bei dem alles wie immer war, und dann wurde gegessen. Die Stimmung war gut.«

Das war fast noch schlimmer als gar keine Antwort. Monika unternahm noch einen Versuch.

»Ich will ja nicht unverschämt sein, aber darf ich fragen, ob Sie sich mit Finanzfragen auskennen?«

»Ich?« Er schüttelte den Kopf. »Nicht besonders. Ich habe Jura studiert, mit Schwerpunkt Völkerrecht.«

Diese Antwort gab ihr immerhin die Möglichkeit, das Gespräch in eine neue Richtung zu lenken, und Monika nahm sie dankbar an.

»Genau wie meine Großmutter«

Er sah auf. Zum ersten Mal hatte sie sein Interesse geweckt.

»Ihre Großmutter? Erstaunlich. Das muss lange vor der Zeit gewesen sein, als solche Karrieren für Frauen normal waren.«

»Ja. Sie wurde 1900 geboren und hat beim Völkerbund gearbeitet.«

»Wie hieß sie denn?«

Als er den Namen der Großmutter hörte, änderte sich sein Gesichtsausdruck schlagartig.

»Oh, ich habe sie in New York kennen gelernt. Sie war später bei der UNO, nicht wahr?«

Monika nickte.

»Sie war eine großartige Frau, immer korrekt und sehr belesen. Wenn sie gesprochen hat, haben alle zugehört. Und Sie sind ihre Enkelin!«

Er nahm ihre Hand zwischen seine beiden Hände.

»Sagen Sie mir, was kann ich für Sie tun?«

Ihre Großmutter. Hier gab es plötzlich einen Anknüpfungspunkt. Eine Identität.

Die Großmutter hatte gerade eben, achtzehn Jahre nach ihrem Tod, Monika eine Tür geöffnet. Für diesen durchgefrorenen Äthiopier war sie durch die Großmutter zu einer von »uns« geworden, war nicht länger eine von »denen«. Das war ein gutes Gefühl.

Der Kaffee wurde gebracht.

»Sie hat mir so geholfen! Sie ist nie in Äthiopien gewesen, aber ein Teil ihres Herzens war dort, bei uns. Sie war eine fantastische Mentorin für einen jungen Kollegen. Am Ende war sie wie eine zweite Mutter für mich«, erklärte er.

Monikas Großmutter als gute Mutter, ein völlig neues und überraschendes Bild. Ein junger äthiopischer Jurist in der Fremde hatte offenbar Seiten an ihr entdecken können, die weder Babs noch Monika jemals kennen gelernt hatten.

Für einen kurzen Moment sah er aus wie ein Dieb, ein Zuneigungsdieb. Sein Ehrgeiz, sein ausdrucksvolles Gesicht hatten das Engagement ihrer Großmutter geweckt, das ihrer eigenen Familie gefehlt hatte. Doch der Gedanke verflog so schnell, wie er gekommen war. Er hatte das bekommen, was ihre Großmutter geben konnte. Er hatte es nicht gestohlen.

Sie spürte seinen aufmerksamen Blick und kehrte in die Gegenwart zurück.

In der Gewissheit, dass ihre Wahrheit nun Gültigkeit für ihn besaß, beschloss sie, mit der Sprache herauszurücken.

»Ich habe den Verdacht, dass die Buchführung des SECF nicht stimmt, und dass das Geld nicht dorthin fließt, wo es hin soll. Was ich nicht weiß, ist, inwieweit der Aufsichtsrat in diesen Betrug verwickelt ist. Ich habe Sie angerufen, weil Sie mir als das am wenigsten verdächtige Mitglied erscheinen.«

Er nickte.

»Ja, es hat niemand versucht, mich zu bestechen oder auf andere Weise zum Schweigen zu bringen. Wenn Ihr Verdacht zuträfe, wäre das sehr traurig, aber es wäre auch nicht das erste Mal, dass Hilfsgelder in der falschen Tasche landen.«

»Und Bilanzen lesen ist also nicht Ihre starke Seite?«

»Nein. Trotzdem hatte ich das Gefühl, alles verstanden zu haben, als wir die Zahlen durchgegangen sind.«

»Was halten Sie von den anderen? Glauben Sie, es ist möglich, einen ganzen Aufsichtsrat an der Nase herumzuführen, Jahr für Jahr? Einen Geschäftsführer zu betrügen?«

»Mich hätten sie betrügen können. Was auf dem Papier steht, vermittelt doch immer ein falsches Bild von etwas, genau wie ein Foto. Es gibt viele Aufsichtsräte, die über den Tisch gezogen wurden, und dieser hier ist vermutlich ziemlich leichtgläubig. Die Mitglieder sind ja auch nicht gerade Profis. Der Aufsichtsrat besteht aus einem Geistlichen, einem Leiter einer Schule für gehörlose Kinder, einer ehemaligen Primaballerina und einem emeritierten Professor für internationale Ethik. Und aus mir.«

»Wie gut ihr Gedächtnis ist!«

»Das hat mir Ihre Großmutter beigebracht: sich vor jedem Termin vorzubereiten, genau zu wissen, auf wen man treffen wird, und die Namen zu lernen. Damit verbessert sich einerseits der Kontakt zu den Menschen, und andererseits kann man sich leichter merken, wer was gesagt hat.«

»Verstehe. Und wie denken Sie über den Buchhalter?«

»Nun ja, er war fröhlich, ein wenig laut, aber Vertrauen erweckend.«

»Und der Aufsichtsratsvorsitzende?«

»Er hat nicht viel gesagt, war aber trotzdem eine beeindruckende Erscheinung.«

»Ich würde mich gern mit ihm unterhalten, aber seine Telefonnummer und seine Adresse werden geheim gehalten.«

»Da kann ich Ihnen immerhin behilflich sein.«

Er griff nach einem Ordner und reichte ihr eine Adressliste.

Der Aufsichtsratsvorsitzende wohnte in Östermalm, in der Ulrikagatan 15. Auch eine Telefonnummer war angegeben.

Er bat die Sekretärin, die Liste zu kopieren, ehe sie sich dem milden, aromatischen Kaffee widmeten.

Sie unterhielten sich über Monikas Großmutter, ehe Monika von ihrer Reise und von ihrer Suche nach den Kinderheimen erzählte.

»Ich würde gern noch einmal nach Äthiopien fahren, aber dann als Touristin. Zum Beispiel würde ich gern die Kirche besuchen, die mir vermutlich das Leben gerettet hat.«

»Welche war es denn? In Lalibela gibt es elf.«

»Das weiß ich nicht.«

»Wie sah sie aus?«

Monika beschrieb die Öffnung in den hellen Steinen, die Grotte mit den Pfeilern und Balustraden und die Gänge, durch die sie geflohen war.

»Das muss BeteGabriel gewesen sein, Gabriels Haus«, meinte er.

»Was ist Ihrer Meinung nach mit Mario passiert?«, fragte sie.

»Bestimmt hat sich die Polizei um ihn gekümmert. Lalibela sieht ruhig aus, aber es gibt jede Menge Sicherheitskräfte. Wenn in den Kirchen etwas passiert, sind sie im Handumdrehen zur Stelle.«

Sie war also nicht nur von BeteGabriels verschlungenen Gängen gerettet worden, sondern auch von den äthiopischen Kollegen, die sich dem bewaffneten Täter in den Weg gestellt hatten. Einen Moment lang spürte sie die Sehnsucht nach der Gemeinschaft im Einsatzbus, nach dem Geplauder im Pausenraum nach einem erfolgreichen Einsatz und nach dem Adrenalinkick während der Jagd, die jedoch so schnell verflog, wie sie gekommen war.

»Man friert nicht so sehr, wenn man Anzüge aus dickerem Stoff trägt«, sagte sie, ehe sie sich zum Aufbruch bereitmachte.

Er seufzte.

»Ich weiß. Aber alles hat damit angefangen, dass meine Vorgesetzten im Außenministerium mich nach Bangkok schicken wollten. Es sollte mein erster Posten als Botschafter sein, und ich habe mir einige wirklich elegante dünne Anzüge zugelegt. Der hier ist einer davon. In meinem Beruf muss man anständig aussehen, vor allem, wenn man ein Land wie Äthiopien vertritt. Und als alles vorbereitet war, haben sie es sich anders überlegt und mich hierher geschickt. Aber ich konnte mir keine neue Garderobe leisten. Das ist nicht so schlimm, im Haus ist es ja warm.«

Sein Lachen klang entspannt. Offensichtlich vergeudete er keine Energie damit, sich über Dinge zu ärgern, die er doch nicht ändern konnte. Sein Beruf war vielleicht weniger angenehm, als Monika geglaubt hatte.

Sie bedankte sich für die Hilfe, sie tauschten Telefonnummern aus, und er versprach, von sich hören zu lassen.

Er besaß ein Fotoalbum aus seiner New Yorker Zeit, für den Fall, dass Monika Bilder ihrer Großmutter sehen wollte. Das wollte sie.

Als sie das Haus verließ, hatte die Spur abermals an Stärke gewonnen. Jetzt führte sie zurück in Monikas Wohnung und von dort aus über das Telefonnetz zum Aufsichtsratsvorsitzenden des SECF. Zu dem Mann, der eigentlich über jeglichen Verdacht erhaben sein sollte, was jedoch nichts daran änderte, dass Monika ihm nicht über den Weg traute.

Als sie seine Nummer gewählt hatte, meldete sich eine Frau auf Englisch. Monika erklärte, sie sei Journalistin und wolle einen Interviewtermin vereinbaren.

Er gebe keine Interviews, erklärte die Frau.

Monika fragte, ob sie gleich mit ihm reden könne, am Telefon.

Er spreche nicht mit der Presse.

Ob er ihr das nicht selber sagen könne? Das, worüber sie mit ihm sprechen wollte, sei wichtig.

Unmöglich.

Könnte sie später anrufen?

Das habe keinen Sinn.

Monika wusste nicht mehr weiter und rief Mikael an.

Im ersten Moment war er überrascht, weil sie schon wieder zu Hause war, doch dann beschwerte er sich, dass sie sich nicht sofort gemeldet hatte. Er sei ja soooooo neugierig, wie ihre Reise verlaufen und was passiert war. Er schien ausgesprochen froh und erleichtert zu sein, dass sie dieses Abenteuer gesund und lebend überstanden hatte. Er hoffte, sie könne zum Essen herüberkommen, weil er ein neues Rezept für Saibling gefunden habe, das er unbedingt ausprobieren wolle. Sie nahm die Einladung an.

Als sie die Wohnung betrat, konnte sie Mikael nur kurz begrüßen, ehe Patrik sie unterbrach.

»Monika! Du kommst gerade richtig zum Feiern. Wir haben eine Wohnung gefunden«, rief er aus dem Wohnzimmer er

Monika musste über zwei Kartons und einen Bücherstapel klettern, um ihren Mantel aufhängen zu können.

»Herzlichen Glückwunsch. Wo denn?«

»In der Kammakargatan.«

Und der Umzug hatte schon angefangen.

Auf dem Couchtisch lagen Tapetenmuster und Mikael schien sich auch nicht mehr die Mühe zu machen, aufzuräumen, wie er es sonst getan hatte.

Über dem Sofa hatte »Tausend Tage Licht« erneut seine Form verändert – das Bild war leichter, zarter und weniger farbenfroh als in Monikas Erinnerung. Es schimmerte geheimnisvoll, und Monika kehrte ihm sicherheitshalber den Rücken zu, als sie sich setzte.

Mikael nahm ihre Hände in seine und wollte alles hören.

Also erzählte sie von Addis Abeba, von Mario und Mekele, von dem Maultier, BeteGabriel und dem luxuriösen Rückflug. Sie erzählte von Marie-Clothilde und den Nonnen in der Klosterschule, wie sie sich in der Dunkelheit mit Olzéns Rollstuhl abgemüht hatte, und von dem frierenden äthiopischen Botschafter. Sie schilderte ihren erfolglosen Versuch, Kontakt zum Aufsichtsratsvorsitzenden des SECF aufzunehmen. Mikael hörte zu, während Patrik in den Tapetenmustern blätterte.

Am Ende erzählte sie von Calle, ihrem Bruder, der in Stockholm lebte, frisch verheiratet war und demnächst Vater werden würde.

Mikael musterte sie mit ernster Miene.

»Das mit deinem Bruder klingt toll, der Rest erscheint mir ziemlich gefährlich. Wenn du richtig gerechnet hast, erschwindelt sich irgendjemand pro Jahr an die hundert

Millionen. Und sie haben versucht, dich in – wie hieß der Ort noch? – aufzuhalten.«

»Lalibela.«

»Lalibela. Das ist ihnen nicht gelungen. Sie wissen, dass du weißt, dass zumindest ein Kinderheim, mit dem sie werben, nicht existiert. Das hört sich wirklich nicht gut an.«

»Sie wissen doch nicht, wer ich bin. Ich habe mich als Sara Andersson vorgestellt. Und in Schweden muss es viele Frauen mit diesem Namen geben, falls sie überhaupt hier nach mir suchen sollten. Außerdem hatte ich nichts, was sich auch nur ansatzweise als Beweis verwenden lässt. Angenommen, ich wäre Sara Andersson – was könnte ich dann schon tun?«

»Zu den Zeitungen gehen. Zu jemandem vom Aufsichtsrat gehen, der mit diesem Schwindel nichts zu tun hat. Das wollen sie bestimmt nicht riskieren. Hast du dich im Hotel als Sara Andersson einquartiert?«

»Nein, ich musste doch meinen Pass zeigen.« Sie hielt einen Augenblick inne.

»Mario wusste nicht, in welchem Hotel ich abgestiegen bin.«

»Wie viele Hotels gibt es denn in Lalibela? Und wie viele in dem anderen Ort, wo das Kinderheim ist?«

»Vermutlich nicht so viele, dass es schwer wäre, jemanden zu finden.«

Angst machte sich in ihr breit. Es wäre nicht schwer, im freundlichen Mekele jemanden zu finden, wo jeder jeden kannte. Im kleinen Mekele, wo tausende Ohren und Augen für alles offen waren, was passierte.

»Du hast natürlich Recht. Es wäre bestimmt leicht für Mario, herauszufinden, wer ich bin und wo ich hier wohne, falls er meinen falschen Namen nicht geglaubt hat«, sagte sie langsam.

Patrik hatte eine Rolle Klebeband geholt und machte

sich daran, »Tausend Tage Licht« mit Tapetenmustern zu umgeben.

»Hast du überprüft, ob es eine Patin dieses Namens gibt?«

Ein eisiger Schauer erfasste sie. Sie dachte an Marios Zimmer, an das Fenster hinter den grünen Bäumen, den Schreibtisch, den Computer.

Vermutlich hatte er nur Sekunden gebraucht, um das Mitgliedsregister durchzugehen und festzustellen, dass es dort keine Sara Andersson gab. Wie hatte sie nur glauben können, Sara Andersson reiche als Deckmantel aus?

»Wenn Mario sich die Sache mit den nicht vorhandenen Kinderheimen selbst ausgedacht hat, besteht sicher keine Gefahr. Denn er kann nicht herkommen. Wenn es jemand oder mehrere aus dem Aufsichtsrat sind, sieht es nicht ganz so gut aus.«

Mikael machte ein besorgtes Gesicht.

»Du hast erst eine Nacht zu Hause verbracht. Nach allem, was du in letzter Zeit erlebt hast, musst du doch völlig erledigt sein.«

Sein Blick wanderte zum Sofa und dann zu Patrik, der hin und her lief, um die Tapetenmuster aus sämtlichen Blickwinkeln zu betrachten. Monika ging auf, dass er hatte vorschlagen wollen, dass sie auf dem Sofa übernachten sollte, statt nach Hause zu gehen, aber nicht wusste, wie Patrik darauf reagieren würde.

»Mach dir keine Sorgen. Ich bin nicht zu müde, um vorsichtig zu sein. Mein größtes Problem ist im Moment, dass ich nicht an den Aufsichtsratsvorsitzenden herankomme.«

Mikael wusste auch keinen Rat. Kurz danach war das Essen fertig. Gebratener Saibling, dazu Buttersoße mit kleinen Tomatenwürfeln und mit Kräutern gewürztes Kartoffelpüree.

»Wie war eigentlich das Essen in Äthiopien?«

»Keine Ahnung. Ich habe nur Spaghetti Bolognese gegessen.«

Patrik und Mikael prusteten los.

»Aber die waren wirklich gut. Sehr sogar. Und der Kaffee war wunderbar.«

»Und die Menschen?«

»Freundlich. Höflich. Und so schön, dass andere dagegen wie Fehlgriffe der Natur wirken.«

Zum Kaffee tauchte Eloïse mit ihren geladenen Ionen auf. Nähme sie eine Glühbirne in die Hand, würde die wahrscheinlich aufleuchten, vermutete Monika.

Sie sprachen über die Kammakargatan und den SECF.

»Eloïse, was kostet ein tüchtiger Buchhalter für eine Organisation, die an die hundert Millionen umsetzt, deren Finanzsystem aber ziemlich unkompliziert ist?«, erkundigte sich Monika.

»Sieben- oder vielleicht achttausend im Monat, höchstens aber zehntausend. Das macht brutto hundertzwanzigtausend im Jahr.«

»Und wenn man alle Zahlen haben will, obwohl gar keine Geschäfte gemacht werden?«

»Dann wird es wesentlich teurer. Falls dieser Bluff auffliegt, bekommt der Buchhalter nie wieder einen Job. Schlimmstenfalls kann er für ein paar Jahre hinter Gittern landen. Sein Einkommen muss also so großzügig bemessen sein, dass er dieses Risiko auf sich nimmt.«

»Wie findet man jemanden, der ein solches Risiko auf sich nimmt?«

»Wenn man den richtigen Preis bezahlt, findet man immer jemanden. Auch unter den Ehrlichen gibt es immer welche mit Spielschulden oder jemanden, der plötzlich seine Frau auszahlen und mit seiner Neuen ein anderes Leben anfangen will.«

»Was würde das denn kosten?«

»Wenn du einen Überschuss von über hundert Millionen hast, spielt es eigentlich keine Rolle, was es kostet. Der Buchhalter ist die Schlüsselfigur. Ich würde als Erstes zwanzig Millionen auf ein Konto in Jersey einzahlen, dann würde ich ihm pro Jahr vielleicht fünf Millionen geben, steuerfrei natürlich. Außerdem würde ich ihm ein ordentliches Gehalt überweisen und ihn bei Freunden und Bekannten empfehlen, damit er noch viele andere lukrative Aufträge bekommt.«

»Müsste er einen Auftraggeber haben, oder könnte er sich das alles selbst ausdenken?«

»Meinst du, der Buchhalter hat Fantasie? Das kannst du dir gleich abschminken«, meldete sich Patrik zu Wort.

Eloïse lachte.

»Patrik hat so viele Vorurteile. Ich glaube, es wäre sehr schwer für diesen Buchhalter, eine so große Sache auf eigene Faust durchzuziehen. Das heißt, du musst dir den Aufsichtsrat doch genauer ansehen.«

Mikael bot ihr ein selbst gebackenes Plätzchen an.

»Du hast Monika doch bei Granat & Hamid eingeschleust, Eloïse. Kannst du nicht auch ein Treffen mit dem Aufsichtsratsvorsitzenden des SECF arrangieren? Du musst nur an einer Englisch sprechenden Frau vorbei, die alles ablehnt.«

»Das sollte funktionieren«, erwiderte Eloïse. »Gib mir mal die Nummer.«

Sie rief an, ohne das angebissene Plätzchen aus der Hand zu legen.

»Halloho! Hier ist die juristische Abteilung des SECF. Verzeihen Sie den späten Anruf. Wir haben ein Geschenk für unseren Aufsichtsratsvorsitzenden. Wann können wir es denn vorbeibringen? Brauchen wir einen Türcode? Das ist egal? Nur nicht sonntags zwischen neun und elf? Und der Türcode ist 1647, verstehe. Tausend Dank, Angela.«

Monika fragte sich, ob Eloïses Kraft durch die Telefonleitung direkt ins Gehirn ihres Gegenübers fließen konnte.

Eloïse lächelte zufrieden, selbstsicher wie eine überlegene Athletin, die wie erwartet erneut einen Sieg errungen hat.

»Alles klar. Seine Sekretärin oder Haushälterin oder was immer sie ist, geht sonntagmorgens in die Kirche. Wenn du also morgen zwischen neun und elf vorbeischaust, müsstest du ihn erwischen, ohne von Angela abgewiesen zu werden. Dem Akzent nach kommt sie übrigens von den Philippinen.«

Morgen also.

Monikas Dankesschulden bei Eloïse nahmen langsam unangenehme Ausmaße an.

Sie war müde, also bedankte sie sich und ging nach Hause.

Sie bemühte sich, nicht so pessimistisch zu denken wie Mikael. Aber wenn Olzén trotz allem Recht hatte, was Babs' Tod anging, und tatsächlich jemand ihre Mutter beseitigt hatte, gab es möglicherweise eine Verbindung zu Granat & Hamid.

Und wenn diese Verbindung der SECF war, musste Monika wirklich vorsichtig sein, wie auch immer sie das anstellen sollte.

Eines wusste sie jedenfalls: Profi-Killer überließen nichts dem Zufall. Sie ließen sich Zeit, um ihr Opfer zu beobachten und seinen Tod so zu planen, dass alles funktionierte und sie sich selbst nicht in Gefahr brachten. Wenn jemand also Monika aus dem Weg räumen wollte, war es bisher noch nicht gelungen.

Sie fuhr eine Station weiter mit der U-Bahn als sonst, um aus einer anderen Richtung nach Hause zu kommen.

Sie schlief ein, sobald sie das Licht ausgeknipst hatte, und träumte von Mario, der auf einmal breite Schultern bekommen hatte wie ein Superheld aus einem Comic und hinter ihr herlief, eine Hand in der Jacke verborgen.

22

Wer konnte an einem Sonntagmorgen um halb acht wohl anrufen?

»Hallo, Monika. Ich wusste ja, dass du heute früh aufstehen musst. Vorhin hatte ich einen Moment Zeit, und da kam mir eine richtig gute Idee. Du brauchst nur ja zu sagen, dann lege ich los.«

Sie hielt einen Moment inne.

»Hier spricht Eloïse, aber das weißt du bestimmt schon. Also, Mikael hat mir erzählt, was du über Olzén und deine Mutter herausgefunden hast, und da dachte ich, wenn du mich zu deinem juristischen Beistand ernennst, sorge ich dafür, dass der alte Mistkerl das Geld, das er von deiner Großmutter bekommen hat, zurückzahlt, und zwar mit Zinsen. Wie findest du diesen Vorschlag?«

»Hallo, Eloïse. Was sagst du da?«

»Dass du das Geld zurückbekommst.«

»Das Geld?«

»Das deine Großmutter Olzén bezahlt hat.«

»Geht das denn?«

»Falsche Frage. Alles geht, wenn man nur weiß, wie man es anstellen muss.«

How to do it, übersetzte Monika in Gedanken.

»Aber das ist doch zwanzig Jahre her. Oder noch länger.«

»Das macht nichts. Überlass das nur mir. Darf ich also als dein juristischer Beistand auftreten?«

Das klang nicht schlecht.

»Na gut. Was soll ich tun?«

»Mir seine Adresse und Telefonnummer geben.«

»Ich weiß, dass juristischer Beistand nicht billig ist. Du kannst mir nicht ständig irgendwelche Gefallen tun, ohne dich dafür bezahlen zu lassen.«

»In diesem Fall tust du mir den Gefallen. Und mein Lohn besteht darin, dass dieser Mistkerl die Konsequenzen seiner Taten tragen muss. Ich bin doch echte Juristin!«

Angesichts der Energie, die durch die Telefonleitung strömte, blieb Monika nichts anderes übrig, als Eloïse zu sagen, sie solle genau das tun, was sie in dieser Angelegenheit für richtig halte.

Nach dem Gespräch hatte sie das Gefühl, eine Meute enthusiastischer und effektiver Jagdhunde auf Olzén losgelassen zu haben.

Zum Aufsichtsratsvorsitzenden gelangte sie mit demselben Bus wie zu Olzén. Er fuhr am Riddarfjärden entlang zum Nobelpark, wo der Strandvägen nach links abgeht und vom Wasser wegführt. An der nächsten Haltestelle stieg sie aus und ging langsam ein Stück zurück.

Links ragte der hügelige Nobelpark auf, in dem außer einer Frau und einem Dackel niemand zu sehen war. Alles war schwarzweiß – der grauweiße Himmel, der schmelzende Schnee, die kahlen Bäume, die Steine, die durch die Schneedecke lugten, der schwarze Dackel, der schwarze Mantel. Rechts von ihr, auf der anderen Seite des Strandvägen, sollte laut Stadtplan der Ulrikavägen liegen.

Sie überquerte die Straße. Ein Steingesicht mit leeren, klaffenden Augenhöhlen ragte aus einer Hausfassade. Sie blieb stehen. Sollte das Gesicht dafür stehen, dass wir blind durch das Leben gehen, oder war das Ödipus, der sich in Anerkennung seiner Schuld die Augen ausgestochen hatte?

Einige Meter weiter folgte das nächste Steingesicht. Dieses besaß Augen, die jedoch halb geschlossen waren und nichts sahen. Sie musste Mikael fragen, was das zu bedeuten hatte.

Sie bog um die Ecke. Eigentlich müsste sie die Ulrikagatan erreicht haben, aber auf dem Haus stand Strandvägen 63.

Sie ging weiter geradeaus. Hinter dem nächsten Haus begann die Ulrikagatan, besser gesagt, sie endete dort, mit der Nummer 15, Monikas Ziel.

Es war ein elegantes Haus, dessen dunkelrote Klinker so gemauert waren, dass sie die Details der Fassade noch betonten. Zwei Reihen aus großzügigen Erkern waren mit diskreten und komplizierten Mustern versehen.

Es war erst fünf vor neun. Monika ging langsam weiter, als mache sie einfach einen ruhigen Morgenspaziergang.

Unter dem Erker befanden sich zwei Reliefs. Auf der einen Seite breitete ein Adler, der den Kopf in klassischem Profil hielt, seine Flügel aus. Auf der anderen Seite saß ein Pelikan mit Fischen im Schnabel, zu seinen Füßen Jungtiere, die gierig die Schnäbel aufrissen. Vielleicht sollten hier die beiden Gesichter der Gesellschaft oder des Menschen gezeigt werden – die liebevollen, ernährenden Eltern auf der einen und der starke, gefährliche Verteidiger auf der anderen Seite.

Zwischen den Vögeln waren die beiden Eingänge des Hauses. Einer war eng und niedrig, über dem, falls das nicht schon Hinweis genug wäre, die Mitteilung »Zur Küche« in den Granit gemeißelt war. Der andere war standesgemäß hoch und breit, und dazwischen, wie eine Hüterin der Klassengesellschaft, befand sich die seltsamste Statue, die Monika je gesehen hatte: eine liegende, rosafarbene Bulldogge, die den Passanten ihren Granitunterkiefer entgegenreckte. Die Eckzähne waren zu sehen, die Steinohren angelegt. Und über den Türen, wie um die Wirkung des Hundes zu mildern, verlief ein Blumenrelief aus demselben rosa Stein.

Monika beobachtete, wie die Tür – die große – aufging und eine kleine Frau in einem weiten Daunenmantel herauskam. Ihr Haar war glatt und kohlschwarz und sie hatte ein rundes Gesicht. Philippina, hatte Eloïse aufgrund der Aussprache getippt. Es schien zu stimmen. Ein kleines weißes Auto fuhr vor, die Frau stieg ein und fuhr davon, so dass Monika allein mit dem Hund zurückblieb.

Monika hoffte, dass sie gerade Angela gesehen hatte, die nun zwei Stunden wegbleiben würde.

Ein echter Hund hätte Monikas unredliche Absichten wahrscheinlich gewittert, doch die Granit-Bulldogge konnte nichts daran ändern, dass Monika den Code eingab und eines der Treppenhäuser betrat, die sie in Stockholms Gebäuden so liebte.

Dieses hier war in Grün und warmem Gold gehalten, der grüne Marmor war echt und auf dem Boden lag ein dicker Teppich, der es ihr ermöglichte, sich lautlos zu bewegen. Zwei große Vasen mit Farnwedeln waren ebenso dekorativ und ineffektiv wie draußen der Hund.

Er wohnte im ersten Stock. Niemand öffnete, nachdem sie geklingelt hatte.

Vielleicht war er ja nicht zu Hause. Vielleicht war ja ihr Plan nicht ganz so toll, aber man musste nehmen, was man bekam. Immerhin war sie im Haus, während der menschliche Wachhund in die Kirche gefahren war.

Der nächste Schritt führte zu den Nachbarn. Manchmal waren bei irgendwelchen Nachbarn Ersatzschlüssel deponiert, sie musste nur die richtige Wohnung finden.

Aber im Haus gegenüber machte ebenfalls niemand auf, deshalb versuchte Monika ihr Glück eine Treppe höher, wo sie mit einem Bellen und einer Frauenstimme belohnt wurde.

»Still, Valdemar! Still!«

Valdemar – konnte ein Hund wirklich so heißen? – bellte noch einmal, und als die Tür geöffnet wurde, schnellte er vor und stürzte sich auf Monikas Wade.

Es handelte sich um einen kräftigen, kurzhaarigen Hund mittlerer Größe mit eiförmigem Kopf und kleinen, tief liegenden Augen, der seine Kiefer um Monikas Stiefelschaft geschlossen hatte.

»Neeeein!«

Eine Frau mittleren Alters im Jogginganzug sprang hinterher und versuchte den Hund von ihrem Bein zurückzuziehen. Als ihr das nicht gelang, packte sie ihn an der Nase, um ihn zu zwingen, das Maul zu öffnen. Der Hund knurrte, peitschte mit dem Schwanz und verstärkte den Druck auf Monikas Bein. Seine dicke Nase war weiß, sein restlicher Körper schwarzweiß gefleckt. Zu ihrer Überraschung stellte Monika fest, dass der Biss des Hundes nicht schmerzte und dass sie seltsamerweise keinerlei Angst verspürte.

»Verzeihung, um Himmels willen, entschuldigen Sie bitte. Er meint es nicht böse. Er ist erst sechs Monate alt. Eigentlich will er nur spielen, begreift aber nicht, wie stark er ist. Und er will einfach nicht loslassen.«

Monika musste lachen. Was für ein Klassiker. Er hatte Zähne wie ein Säbelzahntiger, sah aus wie ein Kampfhund, wollte nicht loslassen und hatte ihr Bein in festem Griff. Und dann sagte das Frauchen: Er will nur spielen.

Aber sie hatte keine Angst. Sie ärgerte sich, aber Angst? Nein.

Ganz im Gegensatz zu der Besitzerin.

»Was müssen Sie nur denken! Bitte, Valdemar! Herrgott noch mal, was soll ich denn jetzt tun?«

Monika sah auf Valdemar hinunter, der ihren Blick erwiderte, ein leises Knurren von sich gab, mit dem Schwanz wedelte und versuchte den Kopf schief zu legen.

Die Besitzerin kämpfte mit den Tränen.

»Haben Sie nichts, womit Sie ihn ablenken können? Eine Wurst? Ein Kotelett?«, fragte Monika.

Die Frau verschwand in der Wohnung. Es schien ein weiter Weg zur Küche zu sein, denn es dauerte einige Zeit, bis sie mit einer Packung Parmaschinken zurückkehrte. Monika bemühte sich inzwischen nach Kräften, so langweilig wie möglich zu sein, eine öde Spielkameradin, die er bald satt hatte.

Doch er schien sich köstlich zu amüsieren.

Die Besitzerin packte eine hauchdünne Scheibe Schinken aus und ließ sie vor der Nase des Hundes baumeln.

Valdemar legte erneut den Kopf schief, und als auch dieses Mal nichts Lustiges passierte, verlor er tatsächlich das Interesse, ließ von Monikas Bein ab und schnappte nach dem Schinken. Seine Besitzerin schob ihn in die Wohnung und zog die Tür ins Schloss.

»Entschuldigen Sie bitte vielmals. Sind Sie verletzt? Ich verstehe einfach nicht, wie das passieren konnte, sonst macht er das nie. Darf ich mir mal Ihren Stiefel ansehen? Natürlich ersetze ich ihnen den Schaden. Sollen wir uns nicht lieber auch Ihr Bein ansehen? Ich bitte Sie vielmals um Entschuldigung! Er meint es nicht böse, er hat nur so ungeheuer viel Energie. Was kann ich denn für Sie tun?«

»Es ist nicht so schlimm. Aber ich habe wirklich ein kleines Problem. Ich soll Ihrem Nachbarn im ersten Stock ein Geschenk bringen. Er hat mich gebeten, um Viertel nach neun bei ihm zu sein, aber jetzt macht er nicht auf. Ich habe Angst, dass ihm etwas passiert sein könnte, deshalb wollte ich fragen, ob irgendjemand im Haus einen Schlüssel hat.«

Valdemars Frauchen war so schuldbewusst und erleichtert, dass sie sofort »Ja, sicher« sagte.

Sie musste mit Valdemar ringen, um ihre Wohnung betreten zu können, und als sie sich vorsichtig wieder herauszwängte, jaulte Valdemar drinnen frustriert.

Die Besitzerin schwitzte.

»Verzeihen Sie bitte. Sonst macht er nie solchen Ärger ...«

»Hören Sie doch auf, sich zu entschuldigen. Seien Sie froh, dass ich keine Angst vor Hunden habe, sonst hätten wir wirklich ein Problem.«

»Ja, das ist wirklich ein Glück. Aber wie dumm, dass er Sie gerade für diese Zeit bestellt hat. Sonst sind immer Angela oder José da, die sich so wunderbar um ihn kümmern. Sie sind Katholiken und gehen sonntags zusammen in die Kirche. Und dann ist er allein. Bestimmt hat er Ihr Klingeln nicht gehört.«

Die Frau schloss die Tür zur Wohnung des Aufsichtsratsvorsitzenden auf und rief seinen Namen, worauf prompt jemand aus dem Inneren der Wohnung antwortete.

»Hier ist Besuch für Sie. Verzeihen Sie die Störung, aber offenbar haben Sie das Klingeln nicht gehört«, rief sie laut.

»Danke für die Hilfe«, antwortete eine Greisenstimme, die jedoch immer noch kräftig klang.

»Nicht der Rede wert.«

Sie wandte sich an Monika.

»Sie wissen, wo Sie mich finden. Melden Sie sich , wenn ich Ihnen den Stiefel ersetzen soll oder falls es irgendwelche Probleme gibt. Und achten Sie bitte darauf, dass die Tür ins Schloss fällt, wenn Sie gehen.«

Falls es Probleme gibt! Valdemar hatte die Probleme gelöst, nicht verursacht, aber das konnte seine Besitzerin schließlich nicht wissen. Ohne Valdemar stünde Monika wohl kaum da, wo sie jetzt war.

Sie betrat die Diele, während ihr bewusst wurde, dass sie keinen brauchbaren Plan hatte. Sie war bei einem der bekanntesten Industriellen des Landes mehr oder weniger eingebrochen. Wenn sie irgendein kleines Möbelstück, einen Teppich oder ein Bild aus dieser Wohnung mitnähme, wäre sie vermutlich auf einen Schlag um hunderttausend Kronen reicher. Aber zweifellos hatte er eine hervorragende Alarmanlage.

Es wäre der Gipfel der Peinlichkeit, von Kollegen hier abgeführt zu werden.

Was würde er sagen, wenn an einem frühen Sonntagmorgen eine wildfremde Frau in seiner Wohnung auftauchte? Ihr Plan baute darauf auf, dass er ehrlich war. Unbestechlich ehrlich, wie er immer gewesen war oder zumindest immer gewirkt hatte. Wenn er es nicht war, konnte er zudem noch gefährlich sein. Sie ging weiter.

Er saß in einem tiefen Ledersessel und erhob sich, als sie hereinkam. Er war hoch gewachsen, aus seinen Knochen hätte man zwei kleine Philippinos oder Äthiopier machen können. Sein Schädel war grob, das Kinn breit, die Hände massiv. Er lächelte, als habe er sie erwartet.

Das Lächeln jagte ihr Angst ein. Er schien etwas zu wissen, das sie nicht wusste. Würde die Tür hinter ihr ins Schloss fallen? Oder Mario plötzlich durch eine Tapetentür hereinkommen?

Sie musste etwas sagen, doch sein Lächeln hinderte sie daran. Er sah keineswegs überrascht aus. Immerhin hatte er weder einen Alarmknopf noch eine Pistole in Reichweite.

Wie alt mochte er sein? Mindestens fünfundachtzig, schätzte sie, vielleicht sogar älter.

Er streckte die Hand aus.

»Willkommen. Bitte, setzen Sie sich.«

War das vielleicht die berüchtigte lähmende Höflichkeit? Als Einbrecherin hätte sie jetzt wahrscheinlich aufgegeben.

Sie riss sich zusammen.

»Entschuldigen Sie, dass ich einfach hier hereinplatze, aber ich konnte Sie nicht anders erreichen. Ich heiße Monika Pedersen und muss mit Ihnen über den SECF sprechen.«

Er nickte aufmerksam.

»Eine hervorragende Organisation.«

»Ich war gerade in Äthiopien und mache mir Sorgen. Deshalb bin ich bei Ihnen eingedrungen. Ich muss mit Ihnen über das Geld sprechen.«

Er nickte abwartend.

»Ich möchte wissen, wie das Geld zu den Kinderheimen gelangt. Wie Sie es in die Wege leiten.«

Seine weißen Augenbrauen näherten sich einander.

»Ich stelle nur die besten Finanzfachleute ein. Das ist das Wichtigste.«

Monika fühlte sich so dumm wie schon lange nicht mehr. Diesen höflichen, bezaubernden Mann hatte sie in der Rolle des Oberschurken sehen wollen.

Er hatte natürlich Recht. Eine gute Finanzabteilung, ein kompetenter Buchhalter, der auf den Jahresversammlungen die Bilanz vorlegte, ein Aufsichtsrat, der ein waches Auge auf das Geld hatte, das über Stiftungen und Fonds hereinkam, was konnte man sonst noch verlangen?

Etwas anderes hatte er in seiner Zeit als führender Geschäftsmann nie zugelassen. Und etwas anderes würde er auch beim SECF nicht dulden.

Monika erhob sich. Genau wie Mussolini hatte sie ein Szenario ersonnen, das der Realität nicht standhalten konnte. Sie glaubte nicht, dass Émile oder Mario diesen Mann hinters Licht führen könnten. Also konnte sie ebenso gut gleich wieder gehen.

Er erhob sich ebenfalls, nahm ihre Hand und machte eine höfliche Verbeugung, blieb jedoch neben seinem Sessel stehen. Vielleicht hatte er Mühe mit dem Gehen.

In der Diele, deren Decke gemalte Schwalben zierten, fiel ihr ein, dass sie ihre Tasche im Wohnzimmer vergessen hatte. Sie machte kehrt und klopfte an den Türrahmen.

»Entschuldigen Sie, aber ich habe meine Tasche liegen lassen. Wie dumm von mir.«

Sie ging zu dem Sessel, in dem sie gesessen hatte, worauf er sich erhob. Er trat einen Schritt auf sie zu, lächelte warmherzig und verbindlich und streckte seine große, saubere Hand aus.

»Willkommen. Bitte, nehmen Sie Platz.«

Monikas Knie drohten mit einem Mal nachzugeben. Sie setzte sich und starrte ihrem Gegenüber ins Gesicht. Es strahlte Freundlichkeit, Autorität, Interesse aus.

Dann übernahm die Polizistin in ihr die Führung. Fragen stellen, zum Teufel, nicht um den heißen Brei herumreden.

»Können Sie sich an mich erinnern?«

Er lächelte, als wolle er um Entschuldigung bitten, und breitete die Hände aus.

»Leider nein. Ich begegne so vielen Menschen, so ungeheuer vielen Menschen ...«

Auf der Wache oder an jedem anderen Ort hätte sie gesagt: »Ich war eben erst hier. Wir haben vor zwei Minuten miteinander geredet.«

Doch nun fragte sie leise: »Wissen Sie, welches Jahr wir haben?«

Er machte ein besorgtes Gesicht und dachte eine Weile nach.

»1979?«, schlug er vorsichtig vor.

Und um sie herum prallten die noch fehlenden Puzzleteile gegeneinander. Hier wachte Angela. Das hier war der Grund, weshalb niemand vorgelassen wurde. Angela gehörte offenbar auch zum gut bezahlten inoffiziellen Stab des SECF.

Aber jetzt war das Ende in Sicht.

Sie nahm einen Zettel von seinem Schreibtisch.

»Ich kann das hier nicht lesen. Ich unterzeichne ein Dokument, das ich nicht mehr begreife«, schrieb sie, dann zog sie einen Strich und notierte darunter das Datum und seinen Namen.

Sie reichte ihm den Zettel und einen Kugelschreiber, worauf er gehorsam unterschrieb. Sein Namenszug war ein wenig verwackelt und ungleichmäßig, aber nicht viel mehr als bei vielen alten Menschen.

»Ich muss jetzt gehen«, sagte sie. »Danke.«

Etwas in dem leeren Blick aus seinen klaren, blauen Augen und seinem freundlichen Lächeln veranlasste sie, ihm zum Abschied die Hand auf den Arm zu legen. Im ersten Augenblick zog sie die Hand zurück, ehe sie noch einmal tastete. Unter dem gut sitzenden Jackett auf dem Unterarm saß etwas Hartes, Rundes, das sich wie ein kleiner Kolben anfühlte.

Und auf einmal wusste sie, warum er so still in seinem Sessel gesessen hatte. Sie sah die kleinen Stromverteiler an den Türen und musste plötzlich an den großen, ausgemergelten Mischlingshund denken, in dessen zottigem Nacken eine kleine Antenne und ein ähnlicher Kolben befestigt gewesen war, der ihm einen elektrischen Schlag verpasste, falls er sich dem Zaun nähern wollte.

Dieser Hund hatte am Ende erschossen werden müssen, denn nicht einmal die Hundeführer hatten sich ihm nähern können. Der Gedanke an den Hund und an diese leere Hülle von Mann, die ihr gegenüberstand, brachten sie dazu, seine Wange zu streicheln.

»Danke«, sagte er und lächelte.

Monika nahm den unterschriebenen Zettel und floh. Sie stürzte hinaus an die frische Luft und überquerte den Strandvägen. Sie wollte weg, wollte Zeit zum Nachdenken haben. Langsam näherte sich ein Bus der Linie 69 dem

Park, und sie stieg ein. Der Bus fuhr zwar in die falsche Richtung, aber das spielte keine Rolle.

Sie blickte sich um. Inzwischen bestand kein Zweifel mehr, dass sie vorsichtig sein musste. Sie stand zwischen Émile Hamid und seinen Millionen, den vielen, vielen Millionen.

Immerhin war ihr niemand in den Bus gefolgt.

Beim Hotel Villa Källhagen stieg sie aus und ging hinein.

Das Foyer war groß und einladend, mit einem offenen Kamin und einem jungen Mann an der Rezeption.

»Hallo. Ich brauche eine Kopie. Können Sie mir behilflich sein?«

»Natürlich.«

Sie reichte ihm den unterschriebenen Zettel.

»Haben Sie auch einen Umschlag? Und eine Briefmarke?«

»Wir haben einen Freistempler. Wenn Sie mir fünf Kronen geben, schicke ich den Brief gleich los.«

Sie bekam ihre Kopie, schrieb ihren Namen und ihre Adresse auf den Umschlag, besann sich jedoch eines Besseren und adressierte den Brief an sich, c/o Mikael am Jaktvarvsplan. Sie steckte das Original in den Umschlag, reichte ihn dem jungen Mann, schob die Kopie in ihre Tasche und fuhr mit dem nächsten Bus zurück.

Jetzt hatte sie Munition.

Jetzt sollten Erik Granat und Émile Hamid Gespräche führen, die sie so rasch nicht wieder vergessen würden.

23

Montagmorgen.

Um Viertel nach sechs wurde sie von einem unbekannten Geräusch geweckt, an das sie sich später nicht mehr erinnern konnte.

Sie blieb im Bett liegen, hellwach, und lauschte. In der Wohnung war nichts zu hören, und von draußen drangen nur die üblichen Morgengeräusche herein. Vielleicht sollte sie sich doch eine Gittertür zulegen, auch wenn sie eigentlich der Meinung war, dass ein normaler Mensch so etwas nicht brauchte.

Sie konnte nicht wieder einschlafen, deshalb stand sie auf und überprüfte sicherheitshalber die Wohnungstür, die jedoch verschlossen und unversehrt war. Das Wohnzimmer war leer, und auch in Küche oder Badezimmer war kein Eindringling zu entdecken.

Wie schön es wäre, alles hinter sich zu haben.

Ihr Termin bei Erik Granat sollte um zehn Uhr sein, und um halb fünf war sie mit Émile Hamid verabredet. Sie hielt es nicht für sonderlich gefährlich, sich mit den beiden zu treffen. Nicht einmal, wenn der SECF wirklich so groteske Gewinne einfuhr, wie sie vermutete, und Erik und Émile von ihrer Reise nach Äthiopien erfahren sollten. Es konnte ihr wohl kaum etwas zustoßen, während sie der Kanzlei einen offiziellen Besuch abstattete.

Trotzdem war sie nervös und zu unruhig um wieder einzuschlafen.

Also machte sie sich Frühstück, ehe sie sich an den Computer setzte. Je mehr sie über den SECF und Émile Hamid in Erfahrung bringen konnte, umso besser. Sie durchsuchte das Netz und stieß schließlich auf eine überraschende Goldader.

Émiles jüngere Schwester, Aimée Hamid, war in die USA ausgewandert und hatte sich dort eine imposante Homepage zugelegt, bestehend aus Fotos von ihr und ihren vier Kindern.

Eine der frühesten Aufnahmen zeigte die ganze Familie Hamid in Beirut am Strand. Die Mutter, glamourös wie ein Filmstar, mit der kleinen Aimée auf dem Schoß, daneben der Vater, hoch gewachsen, dunkel und athletisch, und die drei Söhne mit dem großen Bruder Émile in der Mitte. Die Mutter war, soweit das hinter ihrer Sonnenbrille zu sehen war, eine zeitlose Schönheit, und viele ihrer weichen Züge fanden sich auch in Émiles Gesicht. Der Vater war Außenminister gewesen, wie Monika nun erfuhr, ein Berufsdiplomat, der eine beachtliche Karriere gemacht hatte. Er war ein hochrangiger Politiker gewesen, zumindest soweit man Aimée Glauben schenken konnte. Ehe er seine Politikerlaufbahn angetreten hatte, war er als Botschafter in Stockholm und in Mexico City eingesetzt worden.

Émile war also ein Diplomatenkind – ein Nomadenkind, das durch die Hauptstädte der Welt stromert und meistens irgendwo unterwegs sein Herz verliert. Wenn Émile sich in jungen Jahren für Stockholm entschieden hatte, musste Monika ihr Urteil über ihn revidieren. Eine solche Liebe ist oft hoffnungslos, doch Émile hatte es geschafft, sich an dem Ort, wo er sich zu Hause fühlte, ein Leben aufzubauen. Keine einfache Aufgabe.

Als sie endlich zum Strandvägen 5 gelangte, fand sie das Haus plötzlich nicht mehr so beeindruckend wie früher, sondern vor allem protzig und überladen. Aber bestimmt konnte diese Architektur viele Besucher der Kanzlei beeindrucken – sie fühlten sich unterlegen angesichts der Größe des Hauses, der muskulösen Steinstatuen, die den Eingang flankierten, und nicht zuletzt der Marmorpfeiler in der Diele, die vermutlich als Vestibül bezeichnet werden musste.

Der gut aussehende Junge saß noch immer am Empfang von Granat & Hamid und erklärte, Erik Granat und Émile Hamid rechneten damit, ihre Termine mit ihr einhalten zu können. Sie solle einfach in Eriks Büro gehen.

Eriks Kleidung war das Einzige, was sich seit ihrem ersten Besuch nicht verändert hatte.

Damals war sein Lächeln breit gewesen, und er hatte sie kaum zur Kenntnis genommen. Doch nun war das Lächeln verschwunden, stattdessen richtete er seine gesamte Aufmerksamkeit auf sie.

»Ich weiß jetzt«, begann er, »dass ich Sie bei unserer ersten Begegnung falsch eingeschätzt habe. Monika Pedersen«, fügte er langsam hinzu. »Krank geschriebene Polizistin. Fünfunddreißig Jahre alt, ohne Familie. Ausreichend an uns interessiert, um sich unter falschen Vorwänden Zugang zu verschaffen. Und tatkräftig genug, um ihr Vorhaben durchzuführen, aber nicht so vorausschauend, um eine Entdeckung zu verhindern. Ich habe Tomas getroffen, in Skeppsholmen, und er hatte noch nie von Ihnen gehört.«

Er legte die Fingerspitzen gegeneinander und musterte sie aus seinen blauen Augen über die Spitze der Pyramide hinweg.

»Dann taucht Monika Pedersen plötzlich in Äthiopien auf.«

Seine Stimme war noch immer freundlich.

»Und das ist die Frage: Wer mag diese Monika Pedersen sein, und warum interessiert sie sich so sehr für uns und den SECF?«

Monika versuchte sich seinem Rhythmus anzupassen, seiner Denkweise. Sie war neugierig und verängstigt, doch die Neugier überwog. Sie beschloss, in die Offensive zu gehen.

»Ich habe nachgerechnet. Der SECF nimmt an die hundert Millionen pro Jahr ein, vielleicht sogar mehr. Die Ausgaben dagegen scheinen kaum ins Gewicht zu fallen.«

Er lächelte – ein kleines, geschäftsmäßiges Lächeln.

»Monika Pedersen ist also eine müde Polizistin mit einem Riecher für Geld. Das respektiere ich.«

Er sah völlig gelassen aus.

»Außerdem scheint Monika Pedersen gestern unseren Aufsichtsratsvorsitzenden besucht zu haben. Auch das war überaus tatkräftig, muss ich sagen.«

Monika sah die Szene vor sich. Die besorgte Nachbarin, der aufgeht, dass es vielleicht nicht richtig war, Monika einzulassen, völlig egal, was Valdemar angestellt hatte. Angela, die erfährt, dass während ihrer Abwesenheit jemand in der Wohnung war. Monikas Beschreibung, das Telefongespräch.

»Nein, ich habe Sie wirklich falsch eingeschätzt. Und im Grunde haben Sie sich eine ganz hervorragende Verhandlungsposition verschafft. Wirklich hervorragend«, sagte Erik.

Als Monika keine Antwort gab, faltete er einige Blätter auf seinem Schreibtisch auseinander und legte sie so hin, dass Monika sie lesen konnte. Es handelte sich um eine Kopie ihrer Steuererklärung.

»Finanziell scheinen Sie gerade so über die Runden zu kommen, aber so braucht es ja nicht zu bleiben. Jetzt nicht mehr.«

Sie versuchte ihm einfach zu folgen, sich von ihm führen zu lassen, interessiert zu wirken, mehr aber nicht.

»Ihr Leben könnte ganz anders aussehen als im Moment. Sie könnten zum Beispiel in diesem Haus hier wohnen, statt in Ihrer hellhörigen Vorstadtbehausung.«

Monika musste sich große Mühe geben, nicht so überrascht auszusehen, wie sie in Wahrheit war. Er glaubte also, sie wolle ihn erpressen, und war bereit zu bezahlen. Er bot ihr an, sie zur Kollegin des Buchhalters, Angelas, Marios und Teodoros' zu machen!

»Überlegen Sie es sich gut. Denken Sie darüber nach, dass Sie nie wieder arbeiten müssen, wenn Sie es nicht wollen. Dass Sie im Restaurant nie mehr auf den Preis achten müssen. Dass Sie kaufen können, was Sie wollen, reisen, wohin und wann Sie wollen. Dass Sie nie wieder einen Befehl entgegennehmen müssen.«

Sie war nicht im Dienst, also ging es hier nicht um versuchte Bestechung.

»Sie reden hier von Geld, das für Waisenkinder gespendet worden ist ...«, sagte sie nachdenklich.

Er musterte sie wie eine ebenbürtige Gesprächspartnerin. Das war gefährlich, denn es ließ ihn glaubwürdig wirken.

»Wir kümmern uns um Waisenkinder. Das haben Sie selbst gesehen. Und welche Rolle spielt es schon, wenn ein paar Kinderheime fehlen? Wem fällt es auf, ob wir für zehn, zwanzig oder dreihundertfünfzig Kinder sorgen? Oder dreitausendfünfhundert? Und wer will all diese Kinder Ihrer Meinung nach haben? Was glauben Sie, wer sie später einstellen wird, wenn sie nicht mehr niedlich genug sind, um durch milde Spenden ernährt zu werden? Das Land ist ohnehin überbevölkert, es ist arm, niemand bittet um noch mehr Münder, die satt werden wollen, noch mehr Kinder, für die es keine Arbeit gibt. Wir sorgen für die Kinder in Mekele und finanzieren ihre weitere Ausbildung, trotzdem fällt es vielen später schwer, sich zu ernähren.«

Seine Miene veränderte sich und verriet nun fast so etwas wie vollständige Aufrichtigkeit. Er war wirklich gut.

»Sie müssen sich vor Augen halten, was wir verkaufen, wenn wir das Ganze aus marktwirtschaftlicher Sicht betrachten wollen. Es geht hier nicht um Plätze in wunderbar organisierten Kinderheimen«, sagte er in fast verschwörerischem Tonfall. »Was wir verkaufen, ist ein gutes Gewissen. Die Familien in Bromma und Vasastan wollen ihren eigenen Kindern Markenjeans kaufen können, ohne daran denken zu müssen, dass andere Kinder Hunger leiden. Und dafür bezahlen sie dem SECF gern zweihundertfünfzig Kronen im Monat. Das sind nicht einmal drei Kinobesuche. Das ist unsere eigentliche Ware, die wir unseren Spendern wie versprochen liefern. Sie haben also keinen Grund zur Klage.«

Er lächelte.

»Und wenn es eine gewisse Zahlung an Sie erfordert, um ihnen dieses gute Gewissen zu bewahren, dann ist das keine schlechte Investition für die Spender. Sie würden ihnen sogar einen Gefallen tun. Einen großen Gefallen.«

Monika fiel ein, mit welchem Abscheu Niels den Namen »Erik Granat« ausgesprochen hatte, und zwar nicht nur, weil er geglaubt hatte, seinen Geruch an Babs bemerkt zu haben, sondern eher wegen seiner Ansichten.

Plötzlich überraschte es Monika nicht mehr, dass Erik Granat Émile in der Kanzlei so freie Hand gelassen hatte, denn auch er spielte nach seinen eigenen Regeln.

Erik schien mit dieser Unterredung höchst zufrieden zu sein.

»Sie haben heute Nachmittag noch einen Termin bei Émile. Ich schlage vor, Sie denken bis dahin über unser Angebot nach, dann können wir später die Details klären.«

»Und wenn ich ablehne?«

»Das wäre wirklich sehr unangenehm für uns alle. Aber ich finde nicht, dass wir in so negativen Bahnen denken sollten.«

»Sie haben gesagt, ich hätte eine gute Verhandlungsposition. Das möchte ich gern verdeutlichen. Barbara Ellen, die in den siebziger Jahren hier gearbeitet hat, war meine Mutter.«

Zum ersten Mal wirkte er ein wenig unsicher.

»Barbara Ellen?«

Er konnte sich nicht an sie erinnern. Und das schien nicht gespielt zu sein.

»Sie hat ein halbes Jahr bei Ihnen gearbeitet und war unter anderem mit der Buchführung des SECF beschäftigt. Danach ist sie ums Leben gekommen.«

»Sie meinen Babsie! Das ist zwar lange her, aber natürlich kann ich mich an sie erinnern. Eine traurige Geschichte! Eine sehr traurige Geschichte.«

Er musterte sie scharf.

»Ich möchte wissen, was passiert ist. Wieso sie sterben musste.«

Endlich war sie bei ihrer eigentlichen Frage angelangt. Wenn ihre Verhandlungsposition so gut war, dass sie ihr eine lebenslange Leibrente einbringen konnte, ließ sich damit vielleicht auch eine Information aus Erik Granat herausholen.

»Ja, es ist vielleicht gar nicht so verkehrt, jetzt auch darüber zu reden. Ihre Kollegen waren danach bei uns, müssen Sie wissen. Wo ich gewesen sei, als Babsie umgekommen ist, wollten sie wissen. Wie meine Beziehung zu ihr ausgesehen habe. Sie gingen hier im Zimmer auf und ab und wollten wissen, ob wir eine Affäre gehabt hätten, so haben sie sich ausgedrückt. Heute hätten sie gefragt, ob wir Sex gehabt hätten. Aber es kam nie etwas dabei heraus. Ich hatte keine derartige Beziehung zu ihr, und das wussten alle in der Kanzlei. Ich war damals, genauso wie heute, glücklich verheiratet. Ich habe keine Ahnung, wie die Polizei auf diese Idee gekommen ist.«

Aber ich, dachte Monika. Bestimmt hatte Niels die Kollegen auf diese Spur gebracht, auch wenn es die falsche gewesen war. In Niels' Augen hatte Erik zweifellos ein Motiv, eine Möglichkeit und die Mittel gehabt, das Problem Babs endgültig zu lösen. Oder es war einfach praktisch gewesen, den Verdacht in eine andere Richtung zu lenken. Obwohl er Erik nicht in die Angelegenheit hatte hineinziehen können, ohne sich selbst darin zu verstricken – ein Mann, der im Begriff ist, seine Frau zu verlieren, steht ganz oben auf der Verdächtigenliste der Polizei. Auf jeden Fall hatte Niels gelogen.

»Am Ende haben sie aufgegeben. Émile und ich waren am Tag des Unfalls auf einer Konferenz in Sandhamn, den ganzen Nachmittag und Abend, und niemand in der Kanzlei glaubte an ein Liebesdrama zwischen Babs und mir. – Obwohl«, fügte er hinzu und ließ sich in seinem eleganten Schreibtischsessel zurücksinken, »sie nicht bedacht haben, ist, dass nur die Mittellosen diejenigen beseitigen müssen, die ihnen im Weg sind.«

Er hielt einen Augenblick inne.

»Die Mittellosen die überaus Impulsiven oder die Verrückten. Ich selbst leiste nie schlechte Arbeit, wo ein Fachmann gute leisten könnte. Bei uns zu Hause gibt es keine schiefen Tapeten, keine schlampig gestrichenen Fenster, keine unregelmäßigen Fliesen. Alles ist von Leuten ausgeführt worden, die ihr Handwerk beherrschen. Sich eines anderes Menschen zu entledigen, ist wesentlich schwieriger und gefährlicher als zu streichen oder zu tapezieren, trotzdem versuchen es viele mit der Do-it-yourself-Methode. Kein Wunder, dass sie sich dabei die Finger verbrennen.«

Er hatte nicht ganz Unrecht. Die meisten von Monikas Mördern konnten wohl zu den unbeholfenen Amateuren gezählt werden. In ihrer Wut oder Verzweiflung wurden sie zu stümperhaften Mördern, die sich ohne Training und das passende Werkzeug an eine überaus schwere Aufgabe wagten.

Aber warum erzählte er ihr das alles? Es hörte sich fast an wie ein Geständnis.

Plötzlich wirkte er belustigt.

»Sie brauchen sich keine Sorgen zu machen. Ich bin Jurist, kein Boxer. Das bedeutet, dass ich mich mit Konfliktlösung befasse, ohne zur Gewalt zu greifen. Ich habe über eine rein hypothetische Situation gesprochen, die sich einstellen kann, wenn jemand mit den nötigen Mitteln sich von einem Rivalen oder einer Bedrohung befreien will.«

Falls jemand mit den nötigen Mitteln sich von Babs hatte befreien wollen, hatte dieser Jemand einen Profi anheuern können. Falls jemand mit den nötigen Mitteln Babs hatte loswerden wollen, hatte sie keine Chance gehabt, ebenso wenig wie die abessinischen Soldaten, die barfuß und mit veralteten Schießprügeln gegen die moderne italienische Armee ins Feld gezogen waren.

Erik machte Anstalten aufzustehen – für ihn war die Unterredung beendet –, aber Monika brachte ihn dazu, sich wieder in seinen Sessel sinken zu lassen, als sie sagte: »Ich möchte Ihnen die Kopie eines Dokuments geben. Betrachten Sie es als eine Lebensversicherung. *Meine* Lebensversicherung.«

Erik Granat las das vermutlich letzte vom Vorsitzenden des Aufsichtsrats unterzeichnete Dokument und lächelte beifällig.

»Verdammt schade, dass ich Sie nicht hier in der Kanzlei einstellen kann. Verdammt schade. Sie können jetzt in aller Ruhe zu Mittag essen – das hätten Sie aber auf jeden Fall gekonnt –, und um halb fünf sehen wir uns wieder.«

Langsam ging Monika in Richtung Stureplan.

Erik Granats Vortrag, wie Menschen mit den nötigen Mitteln ihre Feinde verschwinden lassen konnten, hätte vermutlich auf jemanden, der nicht darüber Bescheid wusste, durchaus Eindruck gemacht. Der Ausländer, der eingeflogen und ein paar Mal in elegante Restaurants eingeladen wird, die Polizei, die nur registrieren kann, dass sich etwas zusammenbraut, aber erst eingreifen darf, wenn etwas vorgefallen ist. Und danach der Profi, der die poröse schwedische Grenze passiert, das Opfer, das gefunden wird, falls auf diese Weise andere zum Schweigen gebracht werden sollen, ansonsten aber nur verschwindet. Und die Polizei, die sich damit begnügen muss, die Stümper, die mittellosen Erstlingsmörder festzunehmen.

Monika versuchte zu begreifen, warum Erik über Profimörder gesprochen hatte.

Es konnte ein indirektes Geständnis sein, andererseits ergab es keinen Sinn. Es konnte auch bedeuten, dass Émile Hamid, Émile, dessen lächelndes Gesicht Erik in jedem erdenklichen Sinne am Herzen lag, nicht nur seine Arbeit vernachlässigen und seine Toyboys anheuern, sondern auch störende Menschen aus dem Weg räumen durfte.

Sinnlos oder nicht, es gelang ihr nicht, ihre Gedanken im Zaum zu halten. War Babs von jemandem umgebracht worden, der sie nicht kannte, sie nicht liebte, nicht einmal wusste, wer sie war? Hatte jemand mit der gleichgültigen Konzentration des Handwerkers Babs' Mann zum Witwer und ihre Tochter zur Waise gemacht?

Erik hatte von Mitteln gesprochen.

Die Mittel, um die es hier ging, mussten in erster Linie monetärer Natur sein, wie immer. Zweitens handelte es sich um Kontakte, wie immer. Bei Babs' Tod hatte Émile Geld, aber vermutlich keine eigenen nutzbaren Kontakte besessen. Erik dagegen hatte über beides verfügt. Niels hatte Kontakte gehabt, aber keine nennenswerten Geldsummen.

Aber um Babs aufzuhalten, hätten sie wohl kaum zu so drastischen Methoden greifen müssen. In einer Hinsicht hatte Olzén leider Recht: Es hatte Babs an Glaubwürdigkeit gefehlt.

Nein, wenn Erik hier von Morden auf Bestellung geredet hatte, hatte er damit wohl eher Monika gemeint.

Er musste wissen, dass sie sich nach wie vor nicht an die Wirtschaftspolizei oder die Anwaltskammer gewandt hatte.

Er schien über gut funktionierende Informationskanäle zu verfügen.

Er musste also dafür sorgen, dass sie auch weiterhin keinen Kontakt zu diesen Stellen aufnahm, deshalb hatte er zu Zuckerbrot und Peitsche gegriffen. Das Zuckerbrot war das Geld, während die Peitsche, falls das Zuckerbrot nicht verlockend genug sein sollte, die Erwähnung eines professionell ausgeführten Mordes darstellte.

Keine angenehme Vorstellung.

Ihr war mit Mord gedroht worden. Erik hatte nicht von Babs gesprochen, sondern von Monika selbst.

Die eleganten Boutiquen, an denen sie vorbeikam, hätten ebenso gut auf einem anderen Planeten liegen können. Die Schaufenster waren bereits für den Frühling dekoriert – stilisierte Frauenkörper trugen Kleider in Größe 36, die dennoch auf dem Rücken noch mit Nadeln zusammengesteckt werden mussten, darüber eine Jacke für dreitausendfünfhundert Kronen, ein passendes Täschchen für zweitausenddreihundert. Ein junger Mann fuhr in einem Porsche vorbei. Mindestens achthunderttausend.

Ein Auktionshaus mit Ölgemälden im Fenster. Pferde, Landschaften, Portraits. Sie konnte die Preise nicht einmal schätzen. Was würde es wohl kosten sich »Tausend Tage Licht« ins Wohnzimmer zu hängen? Sie hatte keine Ahnung, hatte nie auch nur mit dem Gedanken gespielt, sich ein Original zuzulegen.

Teure Kleider, teure Möbel waren für sie stets unerreichbar gewesen, und sie hatte diesen Zustand als selbstverständlich hingenommen. Sie hatte in wirtschaftlicher Apartheid gelebt – die Reichen kauften in anderen Läden ein als sie, kauften andere Waren. Und sie fielen im Straßenbild genauso auf wie ein Chinese oder eine Äthiopierin.

Und nun bot ihr Erik Granat nicht nur einen Klassenwechsel an, sondern geradezu eine neue Identität.

Wenn sie sein Angebot annahm, könnte sie in die Innenstadt ziehen, oder vielleicht in ein wärmeres Land. Sie würde nie mehr fürchten müssen, ihre Rechnungen nicht bezahlen zu können. Sie würde sich keine Sorgen mehr machen müssen, dass die Polizei ihren Auftrag nicht erfüllte, sondern könnte sich damit begnügen, sich selbst zu schützen. Wenn sie genug Geld hatte, wäre das bestimmt kein Problem.

Es war wirklich kein schlechtes Zuckerbrot. Und die Peitsche war auch nicht zu verachten.

Sie wanderte ziellos umher, kaufte sich eine Zeitung und setzte sich in ein Café. Eine kleine Rubrik ungefähr in der Mitte der Zeitung erregte ihr Interesse.

»Zwanzigjähriger an Bushaltestelle überfallen. Schwer verletzt.«

Als Erstes sah sie ein junges, lächelndes Gesicht, daneben ein Foto der Mutter des Jungen. Sie hieß Sara Andersson und sah tatsächlich aus wie eine Bibliothekarin. Sein Vater stammte aus Botswana, der Sohn dagegen war in Stockholm geboren und aufgewachsen. Er war soeben aus dem Musikkorps der Armee in Strängnäs ausgeschieden. An der Endhaltestelle war er aus dem Bus gestiegen und ein Stück zu Fuß gegangen, ehe ihn eine Bande von hinten angegriffen und niedergeschlagen hatte.

Der Busfahrer hatte alles mitangesehen. Er hatte im ganzen Bus Licht gemacht und war quer über die Bürgersteige auf die Bande zugefahren, die auf den inzwischen am Boden liegenden Zwanzigjährigen eintraten. Daraufhin waren die Täter geflohen. Der Fahrer war aus dem Bus ausgestiegen, hatte festgestellt, dass der junge Mann schwer verletzt war, und hatte Krankenwagen und Polizei alarmiert. Irgendwelche Spuren der Täter gab es nicht, aber immerhin existierte eine brauchbare Beschreibung.

Vielleicht sollte sie sich über solche Dinge keine Gedanken machen. Vielleicht hatte Marcus Recht: wie gut die Absichten auch immer sein mochten, die Menschen konnten die Konsequenzen ihrer Taten nicht übersehen. Reformen, die verbessern sollten, machten alles nur noch schlimmer, Gesetze, die für Erleichterung sorgen sollten, erschwerten die Lage. Der Weg zur Hölle ist mit guten Vorsätzen gepflastert, hatte sie gehört. Vermutlich galt das auch für die Gesellschaft im Allgemeinen.

Das hier war eine Gesellschaft, die niemand gewollt, die sich aber doch allen guten Absichten zum Trotz entwickelt hatte. Und Monika hatte plötzlich eine Alternative: Sie konnte aussteigen.

Sie konnte sich auf den Standpunkt stellen, dass sie während der zehn Jahre bei der Polizei genug getan und ihren Beitrag geleistet hatte.

Sie wanderte weiter an den Boutiquen vorbei und wartete darauf, dass die Zeit verstrich. Im Kaufhaus NK fand sie einen rosa Pullover, den sie fast gekauft hätte, ehe ihr einfiel, dass sie nicht genug Geld auf dem Konto hatte. Die Verkäuferin musste ihn zurückhängen.

Verdammter Mist.

24

Als sie Émile Hamids überraschend normales und spartanisches Büro betrat, war sie enttäuscht. Erik Granat war bereits da. Sie würde mit diesem anstrengenden Paar gemeinsam reden müssen, und Erik hatte allem Anschein nach die Absicht, das Wort zu führen. Offensichtlich brauchte Émile noch immer nichts selbst zu tun.

Erik Granat sah älter und dünner aus als am Vormittag. Er wandte sich an Émile.

»Du erinnerst dich bestimmt an Monika. Sie ist keine Ethnologin mit soziologischem Schwerpunkt, wie sie behauptet hat, sondern eine abgehalfterte Polizistin mit Sinn für Geschäfte.«

Diese Einführung konnte nicht dazu dienen, Émile auf den letzten Stand zu bringen, dafür hatte Erik den ganzen Tag Zeit gehabt. Stattdessen versuchte er die Macht über das Gespräch an sich zu reißen, indem er sie in eine bestimmte Schublade steckte – abgehalfterte Polizistin mit Sinn für Geschäfte.

Émile wirkte erschöpft.

Erik wandte sich an Monika.

»Alle Aktivitäten haben doch Nebenkosten, sprich Geld, das für allerlei damit verbundene Dienste gezahlt werden muss. Das können teure Berater sein, eine extrem hohe Miete, die sich am Ende aber wieder auszahlt, oder eine Wachgesellschaft, die gefährdete Lokalitäten schützt.«

Émile schien sich eher für seine Nägel zu interessieren als für Eriks Erörterungen, die zu glatt und fließend gewesen waren, um improvisiert zu sein. Erik hatte sich tatsächlich sorgfältig vorbereitet.

»Bei einer Organisation wie dem SECF kann es um die Garantie dafür gehen, dass der Ablauf nicht gestört wird. In Ihrem Fall bedeutet das, dass Sie uns einen kontinuierlichen Gefallen tun, wofür wir Sie selbstverständlich entschädigen.«

Abgehalfterte Polizistin mit Sinn für Geschäfte, das war die Frau, mit der er hier redete.

Monika dachte an den rosa Pullover.

»Sie haben Recht, es ist anstrengend, von zu wenig Geld leben zu müssen.«

Erik lächelte. Jetzt waren sie auf einer Wellenlänge.

»Tatkräftige Menschen können das meistens ändern.«

Émile unterdrückte ein Gähnen.

Seine Passivität hatte einen paradoxen Effekt. Statt ihn weniger sichtbar werden zu lassen, verlieh sie ihm eine geradezu beängstigende Präsenz – er hing wie eine nicht greifbare, undefinierte Kraft über den Geschehnissen im Zimmer.

»Ich will nichts Gesetzwidriges tun.«

Eriks Lächeln wurde väterlich, wohlwollend.

»Natürlich nicht. Das Ganze wird absolut hieb- und stichfest sein – eine kleine Stiftung, ein anonymer Spender, eine garantierte Ausschüttung. Und im Ausland ein Konto mit ausreichend vielen Nullen auf dem Saldo. Vielen Nullen.«

Monika musterte ihn fragend.

»Sie können das Geld nicht hier beziehen, sonst stellen die Behörden nur Fragen. Es wird im Ausland deponiert, und Sie heben nach Bedarf ab. Vielleicht stimmt es nicht ganz mit den schwedischen Gesetzen überein, aber so machen es alle. Alle.«

Er beugte sich in seinem Sessel vor. Sein neues Projekt schien ihn mit Begeisterung zu erfüllen. Émile saß mit halb geschlossenen Augen da, schien jedoch aufmerksam zuzuhören, wie Monika irritiert bemerkte.

»Wir brauchen natürlich Ihr Dokument, das Original, bevor wir weitermachen. Wir hatten nicht damit gerechnet, dass jemand sich den kurzen Moment in der Woche ausnutzen würde, wo Angela und José nicht da sind. Wir werden das in Zukunft besser organisieren.«

Émile schüttelte leicht den Kopf, als bedaure er das Geschehene oder glaube nicht an eine bessere Zukunft.

Monika dachte an den Kolben am Arm des alten Mannes und erschauderte.

»Woher kommen sie eigentlich?«

»Angela und José? Von den Philippinen. Sie sind beide ausgebildete Krankenpfleger, und Angela hat dort ein kleines Pflegeheim geleitet. Sie sind überaus kompetent und sehr fromm. Was seine Vor- und Nachteile hat.«

»Hat er keine Familie?«

»Seine erste Frau und die gemeinsamen Kinder haben den Kontakt zu ihm abgebrochen, als er sich in eine Stripperin aus Estland verliebt hatte. Das müssen Sie doch mitbekommen haben, seine Frau war außer sich vor Zorn und hat der Presse nichts verheimlicht.«

Monika las niemals Klatschzeitungen, erinnerte sich aber nun wieder an die hässliche Scheidung. Die kurvenreiche junge Estin hatte erklärt, sie habe sich schon immer zu älteren Männern hingezogen gefühlt, ehe sie kurze Zeit später behauptete, der Altersunterschied mache die Ehe unerträglich.

»Wie traurig«, bemerkte Monika aufrichtig.

»Ja, aber er ist in sehr guten Händen, und das hat er uns zu verdanken. Sie arbeiten ein Jahr hier, rund um die Uhr, dann werden sie abgelöst. Solange niemand länger mit ihm reden darf, funktioniert es. Und ihm geht es gut.«

Wieder schüttelte Émile den Kopf.

Monika wartete.

»Und was wird nun aus dem Geld des SECF?«, fragte sie schließlich.

Erik hatte sich entspannt und schien den Eindruck zu haben, dass das Gespräch höchst erfolgreich verlief.

»Das brauchen Sie nicht zu wissen, aber ich nehme an, dass Sie es trotzdem herausfinden würden. Glauben Sie an Religionsfreiheit?«

Monika nickte überrascht.

»Finden Sie, dass ein Kampf für Religionsfreiheit seine Berechtigung haben kann?«

Wieder nickte sie.

»Émile stammt aus einer libanesischen christlichen Familie. In den fünfziger Jahren gab es in der libanesischen

Bevölkerung gleich viele Christen und Moslems, und der Präsident war abwechselnd Christ oder Moslem. Heute sind die Christen zu einer Minderheit in ihrem eigenen Land geworden. Émile gibt sich alle Mühe, dafür zu sorgen, dass sie weiterhin dort leben können. Und das kostet.«

Das war eine Überraschung. Auf die Idee, dass Émile ein Mäzen sein könnte, der Kirchen und Kulturen schützte, war sie bisher noch gar nicht gekommen.

»Wie funktioniert das?«

»Die christliche Miliz braucht Unterstützung. Ihre moslemischen Gegner haben die Ölgelder im Rücken und verfügen über nahezu unbegrenzte Kaufkraft. Émile trägt dazu bei, diese Unterschiede auszugleichen. Es geht nur um Macht. Um nichts anderes.«

Monika wäre im wahrsten Sinne des Wortes beinahe die Kinnlade heruntergeklappt.

Die Patenfamilien finanzierten einen Religionskrieg im Nahen Osten!

Darauf hätte sie auch von selbst kommen können.

Émile Hamid hatte für die Spendengelder Krieg geführt. Er hatte sicher zahllose Todesfälle verursacht, und wahrscheinlich war auch Babs Teil dieser finsteren Statistik.

Monika ließ sich auf ihrem Stuhl zurücksinken und musterte aufmerksam sein schönes Profil. Was hatte sie erwartet? Grüne Haare? Grässliche Stoßzähne?

Vermutlich saß sie nur wenige Meter von dem Mann entfernt, der den Wagen organisiert hatte, mit dem Babs getötet worden war. Monika war heiß und kalt zugleich – heiß vor Wut, kalt vor Angst.

Und die Antwort auf ihre Fragen war noch immer nicht greifbar, denn Émile Hamid hatte sie nach wie vor nicht angesehen und mit ihr gesprochen, und sie hatte keine Ahnung, wie sie das ändern sollte. Émile Hamid war unerreichbar, obwohl sie im selben Zimmer saßen.

Sie hatte keinen Zugang zu ihm.

Dennoch wagte sie einen Versuch.

»Haben Sie meiner Mutter dasselbe Angebot gemacht wie mir? Hat sie abgelehnt?«

Keine Antwort.

»Musste sie deshalb sterben?«

Émile wandte sich an Erik.

»Ich glaube, das war wieder einmal Wunschdenken von dir.« Seine Stimme war tief und träge. »Sie wird das Geld nicht nehmen.«

Die Kälte in seiner Stimme ließ Monika erstarren. Erik schaute Émile unsicher an, als kenne der Monikas Gedanken besser als sie selbst.

»Es wäre leichter für mich, wenn ich wüsste, was mit ihr passiert ist«, schaltete Monika sich ein.

Erik nickte.

»Ich kann verstehen, dass ihr Tod Sie beschäftigt, aber vergessen Sie nicht, dass das über zwanzig Jahre her ist. Wichtig sind im Moment Ihre Zukunft, Ihr Leben. Wir müssen eine Lösung finden, mit der Sie rundum zufrieden sind.«

Monika lächelte, nickte, ließ jedoch nicht locker.

»Ich wäre zufrieden, wenn ich wüsste, was mit ihr passiert ist. Die Ungewissheit war die größte Belastung.«

Erik warf Émile einen Hilfe suchenden Blick zu, doch er reagierte nicht darauf.

Erzähl, was passiert ist, dachte Monika. Was weißt du über Babs' Tod? Kümmere dich nicht um Émile. Wenn ich erfahre, wie sie gestorben ist, nehme ich das Geld und lasse euch in Ruhe!

Der letzte Satz klang so gut, dass sie ihn laut aussprach.

»Wenn ich erfahre, wie sie gestorben ist, nehme ich das Geld und lasse euch in Ruhe.«

Erik runzelte unschlüssig die Stirn und schwieg. Plötzlich fasste er einen Entschluss – seine Schultern senkten sich ein wenig, während sich seine Züge entspannten.

»Das SECF war in vielerlei Hinsicht von Anfang an etwas ganz Besonderes. Unter anderem, weil es leicht war, Geld einzunehmen, aber schwer, es wieder loszuwerden. Normalerweise ist es genau umgekehrt, und das hat Babsie als Erste erkannt.«

Ja!

»Ich glaube, du machst hier einen großen Fehler«, wandte Émile ein.

»Babsie wollte die Bücher prüfen lassen. Daran erinnerst du dich doch bestimmt, Émile. Wir hatten uns für sie eingesetzt, ihr geholfen. Wir haben ihr ein festes Gehalt bezahlt, obwohl wir sie gar nicht brauchten, und als Dank hat sie uns dann den Dolch in den Rücken gestoßen«, fuhr Erik fort.

»Und deshalb musste sie sterben?«, fragte Monika.

Aber Erik war in seinen Erinnerungen versunken.

»Es war eine so dramatische Zeit.«

Émile stand auf.

»Erik, darauf brauchen wir nicht einzugehen. Das ist weder die richtige Zeit noch der richtige Ort.«

»Doch. Wenn Monika verstehen soll, was damals passiert ist, und ich glaube, dass das für unsere Zusammenarbeit gut wäre, muss ich diese Umstände schildern.«

Ja! Monika versuchte diese Ermunterung in Eriks Kopf zu senden. Ja!

Er holte Luft, um etwas zu sagen.

»Hier gibt es keine Zusammenarbeit. Siehst du das nicht? Ich glaube, du wirst auch langsam senil. Hör auf!«, sagte Émile.

Eriks Blick war trotzig, und Monika wusste plötzlich, dass er reden würde. Er würde loswerden, was auch immer er zu sagen hatte. Sie lächelte ihn freundlich an.

Erik warf Émile einen zornigen Blick zu.

»Du solltest dir das auch anhören. Du willst ja nie mit mir reden!«

Émile schien einzusehen, dass Erik nicht aufzuhalten war, und setzte sich wieder.

Still sitzen, tief durchatmen. Du bist so dicht vor dem Ziel, stör sie jetzt nicht. Du bist in einen Ehekrach hineingeplatzt. Still sitzen, tief durchatmen, nichts sagen, warten, dachte Monika.«

»Es hat mit den Zwillingen angefangen ...«, begann Erik.

Émile fiel ihm wütend ins Wort.

»Das ist über zwanzig Jahre her. Es spielt keine Rolle mehr.«

»Wie kannst du so etwas sagen!« Eriks Stimme war laut und verletzt. »Die Zwillinge haben unser Leben doch verändert, deins und meins.«

Émile zuckte resigniert die Achseln.

»Übertreib doch nicht so. Natürlich war es unerwartet, zwei kleine Töchter zu bekommen, die Kopien meines Chefs waren. Rothaarig, schmächtig und mit großen runden Köpfen. Aber es hat ja auch eine Menge erklärt. Du hast mich fest angestellt, obwohl ich nichts konnte. Du hast mich mit Blicken verschlungen, wolltest aber keinen Sex. Du hast mich immer viel zu gut behandelt. Etwas stimmte nicht, und ich habe ja gewusst, dass meine Eltern vor meiner Geburt in Stockholm gelebt haben. Und dann kamen die Mädchen und waren ihrem Großvater wie aus dem Gesicht geschnitten!«

Ihrem Großvater!

Émile war Eriks Sohn, nicht sein Geliebter!

Das Foto in Eriks Brieftasche zeigte keinen jungen, androgynen Émile, geschminkt und in Frauenkleidern, sondern seine Mutter!

Sie fragte sich, wieso sie das nicht längst begriffen hatte.

Eriks Blick suchte Émiles. Er beugte sich vor, doch Émile sah weg.

»Wir wussten ja nicht einmal, wessen Kind du warst. Die Zwillinge zeigten deutlich, dass ich dein Vater war. Und ich habe die Vaterschaft für sie auf mich genommen«, fuhr Erik fort.

Émile starrte aus dem Fenster.

»Es war schrecklich und es war fantastisch. Fantastisch, weil ich geglaubt hatte, kinderlos sterben zu müssen. Entsetzlich, weil mir klar wurde, welchem Risiko ich deine Mutter ausgesetzt hatte. Ich hatte sie so sehr geliebt, aber ich hätte doch nie ihr Leben aufs Spiel gesetzt. Du hättest aussehen können wie die Zwillinge, und dann wärt ihr beide heute vielleicht tot.«

Endlich sah Émile Erik an.

»Warum könnten wir tot sein? Glaubst du, mein Vater hätte uns umgebracht? Weil er Libanese ist?«

»Das hat sie geglaubt. Sie hatte Angst davor.«

Erik sprach weiter – eindringlich, wie ein Betrüger, der sein Opfer breitschlagen will.

»Ich hatte so ein schlechtes Gewissen, ein so unbeschreiblich schlechtes Gewissen, ihretwegen und deinetwegen. Sie war das Schönste, was ich je gesehen hatte, und ihr machte es nichts aus, dass ich hässlich bin. Ihr war es viel wichtiger, dass ich lustig war, hat sie gesagt. Das Jahr mit ihr war das beste meines ganzen Lebens, aber die Liebe hat mich leider verantwortungslos werden lassen. Ich habe mich wirklich nach Kräften bemüht, es wieder gutzumachen.«

Émile verzog gequält das Gesicht, doch Erik war nicht zu bremsen.

»Und in diesem Moment kam Babs und verlangte eine Überprüfung des SECF. Und mit einem Mal war klar, dass der SECF zu einer wirklich guten Milchkuh werden könnte.

Diese Organisation konnte einem jungen Mann die Wahlfreiheit ermöglichen. Unter der Voraussetzung, dass wir es richtig anstellten. Unter der Voraussetzung, dass wir Babsie zum Schweigen bringen konnten.«

Émile drehte sich mit erhobenen Augenbrauen zu Erik um.

»Was sagst du da? Soll das heißen, dass Babsie dem SECF zuliebe ermordet worden ist?«

»Wohl eher dir zuliebe.«

Monika vergaß zu atmen. Sie glaubte durchaus, dass Émile so überrascht war, wie er sich anhörte.

»Aber du bist doch nicht ganz bei Verstand! Man kann Menschen doch auf so viele andere Arten zum Schweigen bringen!«

Eriks Augen glänzten mehr und mehr. Er schien mit den Tränen zu ringen.

»Ich habe es versucht. Aber es ging nicht. Sie hatte kein Interesse. Nicht an mir und auch nicht am Geld. Und sie war ja auch nicht irgendeine kleine Praktikantin. Ihre Mutter hatte einflussreiche Beziehungen und große Macht.«

Émile schüttelte den Kopf.

»Du bist so verdammt melodramatisch. Ich dachte, Babsie sei bei einem gewöhnlichen Verkehrsunfall ums Leben gekommen.«

»Diese gewöhnlichen Unfälle sind teuer. Du solltest es nicht erfahren. Du warst so jung, und wir mussten mit der Polizei sprechen. Es wäre nicht richtig gewesen, von dir zu verlangen, mit einem derartigen Geheimnis zu leben. Ich habe es allein getragen. Für dich. Für euch.«

Babs' Tod war also eine Liebesgabe gewesen. Eriks Liebesgabe an Émile, an dessen Mutter, und Émile hatte es nicht einmal gewusst.

Es wurde still im Zimmer. Erik hatte sein As ausgespielt, doch wenn er gehofft hatte, dass Émile ihm endlich Dankbarkeit und Zuneigung erweisen würde, wurde er jetzt enttäuscht.

In Émiles Stimme und Augen lag nicht der geringste Anflug von Wärme.

»Du warst immer schon viel zu sentimental. Soweit ich mich zurückerinnern kann, sind meine Eltern immer ihrer eigenen Wege gegangen. Mein Vater hat immer Witze darüber gemacht, dass er eigentlich zum Islam übertreten müsste, um auch seine andere Familie zu legitimieren.«

»Seine andere Familie?«

»Bei einem Politiker ist das Image sehr wichtig. Dazu gehört eine schöne Frau, und meine Mutter hat ihren Teil dieser Abmachung eingehalten. Mein Vater hätte eine einfachere und weniger egoistische Frau vorgezogen, und genau so eine hatte er auch, in all diesen Jahren. Mit ihr hat er sieben Kinder, meine Halbgeschwister.«

Jegliche Farbe war aus Eriks Gesicht gewichen.

»Das kann doch nicht sein!«

»Meine Mutter hatte immer ihre Freiheit, und mein Vater hat nichts dagegen einzuwenden, solange sie nur an seiner Seite steht, wenn er sie braucht.«

»Das stimmt einfach nicht. Er war eifersüchtig, misstrauisch. Wenn sie gekonnt hätte, dann hätte sie sich bei mir gemeldet. Was wir beide erlebt haben, war etwas absolut Einzigartiges.«

Wieder stand Émile auf.

»Du bist nicht nur sentimental, sondern auch noch naiv. Natürlich hätte sie sich bei dir gemeldet, wenn sie es gewollt hätte. Es ist mir egal, mit wem meine Mutter sich amüsiert hat und wessen Sohn ich bin. Mein Vater ist der Mann, der mich aufgezogen hat.«

Er starrte Erik an, als wäre er ein x-beliebiger Passant, und Erik sank in sich zusammen.

»Es war überaus praktisch, Stockholm und Granat & Hamid als Basis zu haben, aber eine echte Belastung, dich am Hals zu haben, gefühlsmäßig, meine ich.«

Er ging Richtung Tür, wandte sich auf halbem Weg jedoch noch einmal um.

»Und wenn du vor zweiundzwanzig Jahren dafür gesorgt hast, dass die Mutter dieser Polizistin aus dem Weg geräumt wurde, dann vergiss nicht, dass die Verjährungsfrist noch nicht abgelaufen ist. Offenbar haben dich deine Gefühle wieder einmal in eine höchst unangenehme und schwer zu lösende Lage gebracht.«

Danach wandte er sich zum ersten Mal an Monika.

»Der SECF hat seine Schuldigkeit getan. Das ist schon länger klar, und wir haben die nötigen Maßnahmen ergriffen. Sie werden es schwer haben, irgendetwas zu beweisen. Sie brauchen nicht so ängstlich auszusehen. Sie glauben doch wohl nicht im Ernst, dass wir unsere Kanzlei zu einem vulgären Tatort machen würden, mit Technikern in albernen Overalls, die auf dem Boden herumkriechen und nach Fasern suchen. Wenn Sie wider Erwarten auf unser Angebot eingehen wollten, muss ich Sie enttäuschen. Wir haben Einstellungsstopp, weil die Firma abgewickelt wird.«

»Sie haben durchaus Recht. Ich hatte nicht vor, das Geld anzunehmen. Ich habe gelogen. Ich wollte nur wissen, wie meine Mutter umgekommen ist. Was den SECF angeht, habe ich schon eine Anzeige an die Wirtschaftskripo geschickt und sie telefonisch angekündigt. Jeder Schaden, den ich anrichten kann, ist bereits geschehen.«

Sie hoffte, dass sie sich überzeugend anhörte, denn nichts davon entsprach der Wahrheit.

Émile verließ das Zimmer, und Erik Granat saß zusammengesunken auf seinem Stuhl.

»Das stimmt nicht. Wir haben uns geliebt. Sie hat mich geliebt. Alles, was ich getan habe, habe ich für sie getan. Verzeihen Sie!«, sagte er leise, als Monika aufstand.

Seine Stimme klang hohl, als sitze nur Erik Granats äußere Hülle auf dem Stuhl.

Eine alte, graue, geschrumpfte Schale. Monika wurde bewusst, dass sie sich nicht mehr nach Rache sehnte. In diesem Moment vermochte sie nicht einmal mehr einen Funken Interesse für ihn aufzubringen.

Stattdessen dachte sie an ihren Vater.

Niels hatte mit dem Tod ihrer Mutter nichts zu tun gehabt.

Babs hatte nicht sterben wollen.

Sie hatte ihre Eltern zurückbekommen, alle beide. Sie hatte Ordnung in ihrem Leben geschaffen.

Erik dagegen schien seinen Sohn verloren zu haben, und es war nicht klar, zum wievielten Mal.

»Wen haben Sie damals angeheuert, um diesen normalen Verkehrsunfall zu verursachen?«, fragte sie aus einem Impuls heraus.

»Mario. So habe ich ihn kennen gelernt«, erwiderte Erik tonlos.

25

Monika stand im Strandvägen.

Ein Teil von ihr war erleichtert, denn sie wusste endlich, was mit ihrer Mutter passiert war. Der andere Teil fühlte sich wie eine Selbstmordattentäterin – belastet mit einem klobigen Gürtel aus hochexplosiver Information, der eng um ihre Taille lag.

Erik Granat hatte Babs ermorden lassen. Dafür könnte sie ihn vor Gericht bringen. Mario hatte die Tat begangen. Auch ihn könnte sie vor Gericht bringen, falls zwischen Schweden und Äthiopien ein Auslieferungsabkommen bestand. Émile hatte einen Betrug gigantischen Ausmaßes begangen.

Plötzlich verspürte sie den Drang, sich umzusehen. Vielleicht war Émiles Junge vom Empfang nicht nur dekorativ, sondern fähig, sie zu verfolgen und in letzter Minute den Versuch zu unternehmen, Erik oder den SECF zu retten. Doch nichts geschah.

Sie fühlte sich sicherer, als sie die U-Bahn erreicht hatte und im Zug saß. Niemand schien sich besonders für sie zu interessieren. An der nächsten Haltestelle stieg sie in einen anderen Waggon um. Niemand folgte ihr.

Sie fing an, sich in ihrer neuen Welt zu orientieren. Babs war also wirklich ermordet worden. In dieser Hinsicht, wenn auch in sonst keiner, hatte Olzén Recht gehabt. Und die Motive waren banal gewesen: Liebe, Geld und eine große Portion Schuldbewusstsein.

Es gab nicht nur einen Täter, sondern zwei: einen Auftraggeber und einen Vollstrecker.

Sie schwankte unablässig zwischen der Freude darüber, endlich eine Antwort zu haben, dem Kummer über Babs' schreckliches Ende, dem Zorn auf Erik und Mario und der Angst davor, was als Nächstes passieren würde.

Seltsamerweise überwog die Freude. Auf dem Sitz ihr gegenüber lag eine aufgeschlagene Zeitung, die ein Fahrgast vergessen hatte. Der zu Boden geschlagene Zwanzigjährige lächelte ihr tröstlich entgegen.

Und auf einmal wusste sie, was sie wollte. Zurück zur Polizei. Sie wollte all diese miesen Typen erwischen, die misshandelten und mordeten. Ebenso wie Mussolini und seine Faschisten verachteten sie Schwäche und hielten es für ihr gutes Recht, sich das, was sie haben wollten, mit Gewalt zu holen.

Aber das würde Monika nicht einfach so zulassen.

Sie würde weiterhin als ehrliche Polizistin arbeiten.

Gleich morgen würde sie anrufen und sich dienstbereit melden.

Monika Pedersen, Kriminalinspektorin. So sollte es sein.

Am nächsten Morgen würde sie auch eine hübsche Ermittlung zu Babs' Tod in die Wege leiten und den SECF bei der Wirtschaftspolizei und bei der Anwaltskammer anzeigen.

Plötzlich stellte sich auch die Unruhe wieder ein. Fast hätte sie gefragt, ob sie bei Mikael übernachten könnte, aber der Gedanke an Patrik hinderte sie daran. Sie spielte auch mit dem Gedanken, Niels anzurufen. In seiner Wohnung stand noch immer das schmale Bett aus ihrer Kinderzeit, aber sie fühlte sich nicht imstande für eine weitere Konfrontation.

Vielleicht sollte sie sicherheitshalber in ein Hotel ziehen, aber wenn sie sich nicht einmal einen Pullover leisten konnte, war eine Nacht im Hotel wohl ebenfalls zu teuer.

Es spielte ohnehin keine Rolle, denn bestimmt brauchte es seine Zeit, einen Überfall zu organisieren.

Ihr Mobiltelefon klingelte. Es war Eloïse.

»Monika, was für ein schrecklicher Kerl! Ich würde durchfallen, wenn ich den jede Woche treffen müsste.«

Es dauerte einen Moment, bis Monika begriff, wovon sie redete. Dann ging ihr auf, dass Olzén gemeint sein musste.

»*Durchdrehen*, so heißt das auf Schwedisch. Ich habe gerade zu tun.«

Mit meinen Gedanken. Mit allem, was passiert.

»Diese Geschichte hier geht ganz schnell. Ich glaube, es wird kein Problem werden, zu einem Vergleich zu gelangen. Er will um jeden Preis öffentliche Aufmerksamkeit vermeiden, deshalb dachte ich, es wäre doch eine gute Lösung, wenn er die Wohnung am Jaktvarvsplan für dich kaufen würde. Wärst du damit einverstanden?«

Eloïses Energie drückte so fest gegen Monikas Trommelfell, dass sie zu spüren glaubte, wie es sich nach innen stülpte.

»Ja, sicher«, antwortete sie.

Eloïse gab sich nicht mit Kleinigkeiten zufrieden.

Woher hatte Erik Granat gewusst, dass sie sich in ihrer Wohnung nicht wohl fühlte? Sie konnte sich gar nicht mehr erinnern, wann ihr Unbehagen angefangen hatte.

Es bereitete ihr keinerlei Freude, nach Hause zu kommen – weder als sie das Gebäude betrat, noch als sie die Tür zu ihrer eigenen Wohnung aufschloss.

Und es roch dort auch nicht so, wie es sollte. Sie blieb in der Diele stehen, machte Licht, lauschte. Nichts war zu hören, doch der Hauch eines fremden Duftes stieg ihr in die Nase.

Ihr Herz begann zu hämmern, doch sie rief sich zur Ordnung. Ihre Tür war schließlich vorschriftsmäßig verschlossen gewesen. Aber ihr Herz hatte Recht, denn ihr Blick fiel auf eine Silhouette im Wohnzimmer, die auf sie zukam und sich als kleiner, breiter Mann mit einer Waffe in der Hand entpuppte.

Sie fluchte im Stillen. Wie hatte sie nur so dumm sein können!

Vollkommen reglos stand sie da.

Die Waffe schimmerte matt in der derben Hand mit den kurzen Fingern, als das Licht auf sie fiel. Als der massive Kopf mit den grauen Haaren sichtbar wurde, erwachte sie aus ihrer Starre.

»Mario! Wie sind Sie denn hergekommen?«, fragte sie reflexartig.

»Ihr Schloss ist ein Witz.«

»Nein, ich meine, nach Schweden. Wie haben Sie so schnell ein Visum bekommen?«

»Ich brauche keines.« Und dann begriff er plötzlich, warum sie gefragt hatte. »Ich habe einen italienischen Pass.«

»Nach drei Generationen?«

»Natürlich. Würden Sie auf einen äthiopischen umsteigen?«

Inzwischen war ihr Gehirn wieder in Gang gekommen. Das hier war der Mann, der Babs umgebracht hatte, der Babs' wehrlosen Körper überfahren hatte. Und plötzlich kam die Erkenntnis: Er ist hier, um es noch einmal zu tun.

Er war ins Licht getreten. Alles an ihm war grau – das Haar, die Augen, der Pullover, der italienisch und teuer aussah, die Hose.

»Ich habe nach dem Dokument gesucht. Wo ist es?«

Ihre Eingebung, den alten Mann unterschreiben zu lassen, dass er nicht wusste, was er tat, war ihr im Augenblick der Tat als Geniestreich erschienen, und später hatte sie das Schreiben für einen Schutz gehalten. Aber offenbar hatte sie sich geirrt.

Mario hatte in ihrer Abwesenheit ihre Wohnung durchsucht, in ihrer Unterwäsche gewühlt, was einen kurzen Moment lang eine schlimmere Beleidigung zu sein schien als der Mord an ihrer Mutter.

Sie holte Luft, um zu protestieren, besann sich aber eines Besseren.

Sie war unbewaffnet, und ihr Gegner war stark und schreckte vor einem Mord nicht zurück, deshalb musste sie jetzt vor allem kühlen Kopf bewahren.

Sie hatte nicht vor, seine Frage zu beantworten. Ihre Gegner brauchten das Originaldokument. Solange sie es nicht hatten oder nicht sicher zu wissen glaubten, wo es sich befand, hatte sie einen Handlungsspielraum, den sie ausnutzen musste.

»Ist es hier in der Wohnung?«

»Nein.«

»Dann gehen wir jetzt. Los, Tür auf.«

Sie spielte mit dem Gedanken, ihm die Tür ins Gesicht zu knallen oder im Treppenhaus um Hilfe zu schreien, verwarf die Idee jedoch sofort wieder. Er ging dicht hinter ihr, wie im Film, die Pistole in ihre Rippen gebohrt, einen leichten Regenmantel über Arm, Hand und Waffe.

Sie hatte die Resultate solcher aus nächster Nähe auf den Brustkorb abgegebener Schüsse gesehen. Bilder von zerfetzter Haut, von porösen Lungenfragmenten, die in der Brusthöhle in ihrem Blut schwimmen, flammten unvermittelt vor ihrem inneren Auge auf. Es war so leicht, abzudrücken, und sie wollte leben.

Also versuchte sie lieber, ruhig zu bleiben.

Sie gingen die Treppe hinunter. Auf halber Höhe hörten sie Schritte, die nach oben kamen. Mario drückte den Pistolenlauf noch fester gegen ihren Brustkorb.

Es war Ammanuel, den jedoch nicht zu irritieren schien, dass ein unbekannter Mann so dicht hinter Monika ging. Er grüßte nur kurz und ging weiter.

Verdammt.

In einer Szene mit besserer Regie wäre er stehen geblieben und hätte ein paar Worte mit ihr gewechselt. Was ihr die Möglichkeit gegeben hätte, ihm zu signalisieren, dass etwas nicht stimmte. Sie hätte ihn durch eine scheinbar unschuldige Bemerkung um Hilfe bitten können.

Bei der Polizei hatte sie alle Tricks gelernt, die in einer Lage wie dieser helfen konnten, aber da der Pistolenlauf gegen ihren Leib gedrückt wurde und die Waffe zweifellos geladen war – Menschen wie Mario liefen nicht mit ungeladener Waffe durch die Gegend –, stellte jeder Widerstandsversuch ein gefährliches Unterfangen dar.

Es war gewiss besser, abzuwarten.

Sie näherten sich dem halb vollen Parkplatz und steuerten auf einen dunklen Jeep mit getönten Fensterscheiben zu, der hinten in der Ecke stand, wo er vom Licht fast nicht erreicht wurde. Das Kennzeichen war schmutzig, so dass Monika die Nummer nicht entziffern konnte.

Gut so, Monika, sagte sie sich. Beobachten. Erinnern. Die Lage so gut es geht unter Kontrolle bringen.

Es hörte sich albern an.

Mario machte die Tür zum Beifahrersitz auf und schob sie in den Wagen. Die Innenbeleuchtung war ausgeschaltet, so dass sie nicht richtig erkennen konnte, wohin sie ihre Hände legte. Es ging so schnell. Die Pistole drückte gegen ihren Körper und traf auf einen Nerv, so dass ein brennender Schmerz durch Monikas Körper schoss. Es fühlte sich an, als würde der Nerv zwischen den harten Rippen und dem noch härteren Metall zerrieben werden. Sie schnappte nach Luft.

Sie rutschte auf einen weichen, hellen Ledersitz. Von außen sah der Wagen wie ein Nutzfahrzeug aus, die Innenausstattung jedoch war ausgesprochen luxuriös. Hinter dem Steuer saß – wie ein dunkler, geheimer Gott zwischen Holztäfelung und heller Designereinrichtung – Émile Hamid.

Mario glitt auf den Rücksitz. Inzwischen drückte die Pistole zwar nicht mehr gegen Monikas Haut, stattdessen war ihre Bewegungsfreiheit nun höchst eingeschränkt.

Ihr blieb nichts anderes übrig, als weiter abzuwarten.

»Ich habe überall gesucht. Das Dokument war nicht in der Wohnung«, drang Marios Stimme von hinten an ihr Ohr.

Émiles tiefe Stimme klang ebenso entspannt wie früher an diesem Tag.

»Das habe ich auch nicht angenommen. Ich wollte nur ganz sicher sein.«

Seine Augen funkelten ein wenig in dem trüben Licht, als er sich Monika zuwandte.

»Im Gegensatz zu Erik unterschätze ich Sie nicht.«

Er sprach, als sei keine Pistole auf ihren Nacken gerichtet, als führten sie ein Gespräch unter Ebenbürtigen.

»Wir müssen den SECF abwickeln, das liegt auf der Hand. Ich weiß, dass Sie vorhin in der Kanzlei gelogen haben. Sie haben die Wirtschaftspolizei noch nicht angerufen, das habe ich überprüft. Ich glaube auch nicht, dass sie das Dokument haben. So einen Brief schickt man per Einschreiben und nur an einen Empfänger, der Bescheid weiß.«

Der Wagen war ungewöhnlich geräumig, doch Émile schien ihn trotzdem auszufüllen.

»Ich habe einen Vorschlag«, fuhr er gelassen fort. »Einen, der einfacher und realistischer ist als Eriks.«

Monika konnte sich nur mit Mühe konzentrieren. Ihr Gehirn lieferte einen Fluchtplan nach dem anderen, die sie jedoch ebenso rasch wieder als zu gefährlich oder zu ineffektiv verwarf.

»Sie verkaufen mir das Originaldokument. Ich kann Sie sehr gut bezahlen, und dann warten Sie ein paar Tage, ehe Sie zur Polizei gehen. Und inzwischen können Mario und ich ein wenig Ordnung schaffen und uns in Sicherheit bringen.«

Und inzwischen könntet ihr dafür sorgen, dass auch mir ein ganz gewöhnlicher Unfall zustößt, dachte Monika.

Es stimmte nicht, dass die Paten ihren Reichtum nur teilten, um ihr Gewissen zu erleichtern, und Émile hatte kein Recht, ihr von dem Geld dieser Menschen etwas anzubieten.

Émile hatte offenbar ihre Gedanken gelesen, denn er machte eine kleine, abwehrende Handbewegung.

»Aber das Angebot ist nicht verlockend, was? Ihnen ging es nie ums Geld. Erik hat sich geirrt, wie so oft.«

Mikael hatte Émile als charmant bezeichnet. Und nun wurde genau dieser Charme plötzlich wie eine Waffe auf Monika gerichtet.

»Die Frage ist also, worum es Ihnen geht. Ich habe ziemlich viel darüber nachgedacht, vor allem seit unserer Begegnung im Strandvägen.«

Inzwischen richtete er seine ganze Aufmerksamkeit auf Monika. Diese Intensität überwältigte sie.

»Sie haben ihre Mutter zu spät verloren, um sie ersetzen zu können, und zu früh, um ohne sie zurechtzukommen.«

Das stimmte.

Monika versuchte, sich gegen diese schmerzliche Wahrheit zu wehren, indem sie an Mario und die Pistole dachte.

Doch Émiles Stimme zwang sie, ihm zuzuhören.

»Haben Sie sich schon einmal überlegt, dass wir mit einem bizarren Mythos über die Kindheit leben. Sie soll perfekt sein. Dann, und nur dann, kann es uns gut gehen, wenn wir älter werden. Wer in seiner Kindheit nicht viel Geborgenheit und Liebe bekommen hat, fühlt sich betrogen und benachteiligt. Aber wenn wir uns die Kinder in unserer Umgebung ansehen, müssen wir doch begreifen, dass die Kindheit kein Paradies ist. Ich glaube, Sie wurden von der Sehnsucht nach Ihrer Mutter angetrieben. Weil ihr Tod wie ein Sündenfall war – ein blühender Garten wurde verschlossen, und Sie haben nie erfahren, warum. – Und jetzt sitzen Sie hier und denken, dass Mario und Erik diese Tür verriegelt haben, und deshalb wollen Sie nicht verhandeln. Sie wollen nicht mit uns sprechen, sondern sich am liebsten den Weg aus diesem Auto freischlagen und freitreten.«

Seine Miene verriet Mitgefühl, Verständnis. Er hatte ihren Widerstand gegen einen Verkauf des Dokumentes zu einem gemeinsamen Problem gemacht, das sie gemeinsam lösen würden.

»Aber die Frage ist, ob Sie wirklich durch den Tod Ihrer Mutter aus einem Paradies vertrieben worden sind, oder ob Sie damals wie heute vor dem Tor gestanden und gehofft haben, irgendwie hineinzugelangen. Babsie trank. Im Büro war sie oft angetrunken. Und solche Mütter erschaffen nur selten ein blühendes Paradies.«

Plötzlich wurde Monika von tiefer Trauer übermannt, denn er hatte Recht; und die Wut überkam sie, weil er ihre Gefühle so rasch, so mühelos gegen sie gekehrt hatte. Ein Gefühl der Scham ergriff Besitz von ihr. Sie wollte nicht, dass er die Tränen sah, die ihr in die Augen stiegen.

»Das Tor, das Sie durchqueren wollten, gab es nicht. Es existiert für die meisten von uns nicht. Vielleicht wäre ihr Leben viel schlechter geworden, statt besser, wenn Babsie noch länger gelebt hätte. Ihr Tod braucht unserer Zusammenarbeit nicht im Weg zu stehen.«

Damit war er zu weit gegangen.

»Sie glauben doch wohl nicht, dass ich Mario auch noch dankbar sein soll, dass er meine Mutter ermordet hat?«

»Was?«, rief Mario vom Rücksitz.

»Mario«, erklärte Émile, »versteht nach all den Jahren ziemlich gut Schwedisch, aber jetzt kommt er offenbar nicht mehr mit.«

Er wandte sich auf dem Sitz um und sah Mario an.

Monika hätte die Gelegenheit nutzen und ihm einen Hieb verpassen können, doch sie konnte Mario nicht sehen und wusste nicht, ob er die Waffe auf sie gerichtet hielt. Also unterließ sie es.

»Heute Nachmittag haben Monika und ich erfahren, dass du vor zweiundzwanzig Jahren in Stockholm warst. Dass Erik dich dafür bezahlt hat, ein Problem mit einer Angestellten zu lösen. Die Frau, die dabei ums Leben kam, war Monikas Mutter. Deshalb sitzt sie jetzt hier. Deshalb hat sie sich so genau über den SECF informiert.«

Mario schwieg zuerst.

»Das war ich nicht!«, sagte er dann.

»Du stehst hier nicht vor Gericht, Mario«, erwiderte Émile träge.

»Ich war es wirklich nicht.«

»Soll das heißen, dass Erik uns belogen hat?«

»Nein. Nicht ganz.«

»Hat er dich nicht angeheuert?«

»Doch.«

»Hat er dich nicht bezahlt?«

»Doch. Aber ich war es nicht.«

»Du hast sie also nicht überfahren?«

»Nein.«

Monika lauschte wie gebannt.

»Ich war jung. Ich war nach Italien gegangen. Es war schwer, in Äthiopien sein Geld zu verdienen, und in Europa war es auch nicht viel einfacher. Mein Onkel hatte mir den Kontakt zu Erik vermittelt. Er meinte, es wäre ganz leicht. Das war es aber nicht. Ich musste sie tagelang verfolgen. Und dann plötzlich, eines Nachmittags, kam mir jemand anderes zuvor.«

Émiles Stimme klang inzwischen schärfer.

»Aber bist du nicht bezahlt worden?«

»Das hast du schon einmal gefragt. Doch, ich habe sein Geld genommen. Ich habe es wirklich gebraucht. Erik hatte ja bekommen, was er wollte. Er ist davon ausgegangen, dass ich den Auftrag erledigt hatte. Und ich habe ihm nicht widersprochen.«

»Hast du gesehen, wie es passiert ist?«, fragte Émile mit etwas sanfterer Stimme.

»Ich habe hinter ihr gestanden. Ich hätte die Hand ausstrecken und ihren Mantel berühren können.«

»Dann hast du also gesehen, wer den Wagen gefahren hat.«

Vermutlich nickte Mario, denn Émile lächelte Monika zufrieden an.

»Großartig! Endlich haben wir eine Verhandlungsposition. Sie wollen wissen, wer Babsie umgebracht hat, und wir wollen das Dokument. Wenn wir es haben, kann Mario erzählen, was er gesehen hat.«

Es war wie aus dem Leben gegriffen. Kaum glaubt man, etwas zu wissen, entpuppt es sich auch schon als Illusion.

Monika starrte in die Dunkelheit hinaus und nickte langsam.

Das Dokument gegen das, was Mario gesehen hatte, als er hinter Babs stand.

Ein Auto fuhr auf den Parkplatz. Der Lichtkegel seiner Scheinwerfer schweifte über die Wagen und tauchte das Innere des Jeeps in kaltes Licht, ehe er weiter zum Gebüsch zwischen Parkplatz und Straße wanderte.

Monika bemerkte eine dunkle Gestalt, die geduckt auf sie zugelaufen kam, um durch die spärlichen Zweige nicht gesehen zu werden. Es war Ammanuel!

Also hatte er doch begriffen, was auf der Treppe vor sich gegangen war!

Sie bemühte sich nach Kräften, sich nichts anmerken zu lassen und hoffte, dass weder Émile noch Mario ihrem Blick folgten. Ammanuel war im Anschleichen wahrlich kein Meister.

Wieder nickte sie nachdenklich, als erwäge sie Émiles Angebot.

»Woher soll ich wissen, dass Mario die Wahrheit sagt? Dass Sie sich das nicht einfach ausgedacht haben, damit ich tue, was Sie wollen? Oder damit Mario nicht wegen Mordes im Knast landet.«

Von Émiles Charme war inzwischen nichts mehr zu spüren.

»Ich war genauso überrascht wie Sie. Vielleicht haben Sie Recht. Marios wichtigste Eigenschaft ist, dass er seine eigenen Interessen wahrt. Vielleicht willst du auch nur nicht für das einstehen, was du getan hast, Mario. Vielleicht glaubst du, dass wir heute keinen Erfolg haben und willst retten, was zu retten ist. So wie Hailelesos, nur dass er wesentlich schlauer ist als du. Er macht immer alles rechtzeitig.«

Ammanuel hatte mittlerweile einen silberfarbenen Citroën erreicht, der links neben dem Jeep stand. Monika fragte sich, ob er einen Plan hatte.

Die äthiopischen Soldaten waren auf Mussolinis Panzer gesprungen und hatten die Mannschaft getötet, indem sie ihre Speere durch die schmalen Schießscharten geschoben hatten. Gelegentlich waren sie auch unter die Panzer gekrochen, um sie von unten anzugreifen, an ihrem schwächsten Punkt.

Monika fragte sich, ob Ammanuel wohl über diese Strategien Bescheid wusste.

Mario klang ein wenig beleidigt, als er Émile antwortete. Das war gut. Sollten sie sich doch streiten. Das war Monikas Chance.

»Ich war es wirklich nicht. Ich weiß, wer es war, und ich kann es auch beweisen.«

Émile schien noch nicht überzeugt zu sein.

»Hier und jetzt?«

»Nein, aber ich habe Papiere. Zu Hause.«

»Was für Papiere?«

»Von der Autovermietung. Ich hatte die Autonummer gesehen, deshalb war es einfach. Ich ...«

»Ja, verdammt ...«, unterbrach Émile.

Die Windschutzscheibe des Jeeps begann mit einem Mal, sich zu verdunkeln, ebenso wie das Fenster auf Émiles Seite. Winzige schwarze Partikel landeten auf dem Glas, blieben haften und verschmolzen miteinander.

Monika brauchte einen Moment, bis ihr klar wurde, was hier vor sich ging. Hinter dem riesigen Seitenspiegel bewegte sich eine Hand mit einer Spraydose. Irgendjemand saß vor dem vorderen Kotflügel des Jeep und sprühte schwarze Farbe auf die Fensterscheiben, die inzwischen an manchen Stellen schon undurchsichtig waren. Émile drehte den Zündschlüssel um und schaltete die Scheibenwischer ein, die die immer dicker werdende Farbschicht nur noch weiter verteilten.

Dann zog er seine eigene kleine Pistole hervor und versuchte das Fenster zu öffnen, das inzwischen vollständig mit Farbe bedeckt war. Offenbar begann sie bereits zu trocknen und verklebte den Spalt in der Autotür.

Émile fluchte, schaltete die Zündung an und öffnete die Tür so weit, dass er hinausspähen konnte. Er zielte, hatte aber nicht mit der Spraydose gerechnet, die in der nächsten Sekunde vor seinem Gesicht erschien. Die Farbe landete in seinen Haaren und Augen. Er schrie auf und schlug die Hände vors Gesicht. Ammanuel riss die Tür auf, packte Émiles linken Arm und zog daran. Trotzdem gelang es ihm nicht, ihn aus dem Wagen zu zerren. Monika rutschte auf ihrem Sitz herüber, stemmte ihr unverletztes Bein gegen Émiles Hüfte und stieß zu. Im nächsten Moment verschwand Émile in der Dunkelheit. Monika sah aus dem Augenwinkel, dass Mario auf Ammanuel zielte, aber offenbar nicht zu schießen wagte, da Émile im Weg war.

Die Tür wurde zugeschlagen.

Mario fluchte. Er sah so wütend aus, dass Monika fürchtete, er werde sie an Ort und Stelle aus purer Frustration erschießen. Stattdessen versuchte er sein Fenster zu öffnen, was jedoch bei abgeschaltetem Motor unmöglich war. Wieder fluchte er.

Monika konnte seine Angst förmlich spüren. Er hatte Angst, hier sitzen bleiben zu müssen, als Zielscheibe für den Feind, der dort draußen lauerte.

Nach einer Weile schien er zu einem Entschluss zu gelangen und richtete die Waffe auf sie.

»Raus.«

Monika öffnete die Beifahrertür und sah sich um. Weder Émile noch Ammanuel waren zu sehen. Sie sprang auf den feuchten Asphalt, dicht gefolgt von Mario, der noch immer auf sie zielte. Doch plötzlich schrie er auf und stürzte. Ein Schuss löste sich und hallte gellend von den Hausmauern wider.

»Monika, weg!«

Die Stimme kam von unten. Sie sah Ammanuel unter dem Wagen liegen und Marios Fuß umklammern, der in einem äußerst ungesunden Winkel von seinem Bein abstand.

Mario hatte die Pistole fallen lassen, lag zusammengerollt auf dem Boden und umklammerte seine Wade mit beiden Händen. Monika machte einen Satz und packte die Pistole, deren Lauf noch immer heiß war.

Sie ging neben Mario in die Hocke und presste die Waffe gegen seinen Hals.

»Wer hat meine Mutter überfahren?«

»Ich war's nicht, sondern eine Frau. Hilfe!«

»War es ein Unfall?«

»Nein. Sie hatte auf sie gezielt. Es war Absicht, da bin ich mir sicher. Ich glaube, mein Bein ist gebrochen.«

»Wie sah sie aus?«

»Sie war totenblass. Wütend. Ich will nach Hause.«

»Und was steht in deinen Papieren von der Autofirma?«, fragte Monika, obwohl sie die Antwort bereits kannte.

Sie wusste, wer sie so hasserfüllt angesehen hatte, dass sie eine Gänsehaut bekommen hatte. Sie wusste, wer Babs vermutlich mit demselben Hass angesehen hatte, wessen Leben Babs ebenfalls bedroht hatte, an wen Monika bisher jedoch nicht gedacht hatte.

»Sie hieß Marit. Den Rest weiß ich nicht mehr, aber das steht in meinen Papieren«, winselte Mario.

Schwester Marit ohne Nachnamen. Die unansehnliche Schwester Marit, die gewusst haben musste, was Olzén trieb, aber nicht eingegriffen hatte. Schwester Marit, die einsame Hohepriesterin in einer kleinen, kleinen Sekte, deren Leiter tat, was ihm gerade in den Sinn kam. Deren Leiter beschützt werden musste, um jeden Preis.

Schwester Marit, die vermutlich keine andere Waffe gehabt hatte als einen Wagen.

Sie hatte Glück gehabt. Für eine erstmalige Do-it-yourself-Mörderin hatte sie unglaubliches Glück gehabt. Die Polizei hatte Erik Granat und zweifellos, wenn auch diskret, auch Niels ins Visier genommen, aber um Olzén und Schwester Marit hatte sie sich nicht gekümmert.

Eine Bewegung neben der Straßenlaterne holte Monika ins Hier und Jetzt zurück. Ein hoch gewachsener Mann mit breiten Schultern und geschmeidigem Gang kam auf sie zu, rasch, zielbewusst.

Verdammt!

Émile und Mario durften auf keinen Fall Verstärkung bekommen. Monika blickte sich hektisch um, aber der Mann schien wenigstens allein zu sein.

Sie wich hinter die offene Wagentür zurück und richtete die Waffe auf den Neuankömmling, während Mario vergeblich versuchte aufzustehen.

»Monika!«

Das war Ammanuel. Er tauchte vor dem Wagen auf und lächelte breit.

»Ich hab den Typen an Händen und Füßen gefesselt. Ich hab deinem Gesicht angesehen, dass etwas nicht stimmte.«

Aber leider hatte er noch nicht gesehen, dass sie Gesellschaft bekamen.

Monika konnte ihm nicht mehr sagen, dass er ein Held war, denn Mario versuchte abermals aufzustehen, und Ammanuel zielte mit der Faust auf seinen Kopf. Mario sank zu

Boden, so dass Ammanuels Hand gegen die Autotür prallte. Er fluchte.

Jetzt rannte der Fremde auf sie zu. Er schien nicht bewaffnet zu sein. Monika, die auf keinen Fall auf einen Wehrlosen schießen wollte, zögerte, und plötzlich stand er vor Ammanuel, der die Hand gehoben hatte, um Mario einen neuerlichen Schlag zu verpassen.

Die Hand des Fremden schloss sich um Ammanuels schmales Handgelenk und drückte seinen Arm nach hinten, so dass er vor Schmerz und Überraschung aufschrie.

Inzwischen war Mario auf die Beine gekommen und rammte seine Faust in die Niere des Fremden.

Wenn er also die Verstärkung war, wusste Mario nichts davon. Er versuchte einen rechten Haken folgen zu lassen, doch der Fremde wich zurück, so dass Mario ihn verfehlte.

Stattdessen warf er sich mit größerer Kraft, als Monika für möglich gehalten hatte, gegen die Autotür. Ihr verletztes Bein wurde zwischen Tür und Rahmen eingeklemmt. Es fühlte sich an, als würde ihr Schienbein durchtrennt; sie ließ die Pistole fallen, schrie auf, versuchte dem Druck der Tür standzuhalten.

Vage registrierte sie, wie Ammanuel versuchte den Fremden mit einem Karateschlag in den Nacken lahm zu legen, doch in diesem Augenblick landete ein Ellbogen in seinem Gesicht, und er verschwand aus ihrem Blickfeld.

Sie hätte die Pistole benutzen sollen, musste sie wieder an sich bringen, ehe Mario oder der Fremde ihr zuvorkamen.

Obwohl sich ihr Bein wie betäubt anfühlte, gelang es ihr, das Gewicht darauf zu verlagern und einen Schritt vom Wagen zurück zu machen.

Der Mann war jetzt unmittelbar vor ihr. Seine rechte Faust war geballt und zielte auf Marios Kopf, doch Mario verlor das Gleichgewicht und stürzte. Die Faust streifte seine Schläfe und sein Ohr, schoss mit voller Kraft vor und traf Monikas Kinn. Für einen Moment schien jeder Nerv in ihrem Kinn zu glühen und zu vibrieren, und ihr Kopf füllte sich mit dem Hall einer dumpfen Glocke, ehe sie zu ihrem Entsetzen bemerkte, dass sie zu Boden ging. Sie versuchte ihren Körper zum Stehen zu zwingen, die winzige Kraftreserve zu finden, die sich in extremen Situationen doch sonst immer aktivieren ließ, doch da war nichts. Ihr wurde schwarz vor Augen, ihre Umwelt verschwand, kam wieder näher, zog sich zurück, tauchte abermals auf.

Sie war gestürzt, sie lag auf dem Boden, und als sie die Augen vorsichtig öffnete, blickte sie in Babs' warme, braune Augen mit den dichten Wimpern und wusste, dass sie tot war oder im Sterben lag.

Wie unnötig!

Sie kniff die Augen zusammen und stellte fest, dass die anderen verschwanden. Doch als sie aufblickte, sah sie die Augen wieder vor sich, die besorgt auf sie gerichtet waren.

Und sie hörte eine Stimme, die jedoch nicht Babs, sondern einem Mann gehörte.

»Hallo. Du bist bestimmt Monika!«

Sie konnte weder den Kopf schütteln noch nicken. Der Schmerz war viel zu groß.

»Ich bin Calle, dein Bruder. Tut mir Leid, dass ich dich niedergeschlagen habe, das war nicht so gemeint.«

Babs' Augen verschwammen, und sie sah, dass sie auch nicht Babs' Gesicht vor sich hatte, nicht wirklich, eigentlich gar nicht, aber irgendwie doch.

Es waren Babs' weiche braune Haare, nur kurz geschnitten, ihr langes, schmales Gesicht, nur größer, gröber und mit einem dunklen Bartschatten.

Babs schien eine Geschlechtsumwandlung durchgemacht zu haben.

Monika blickte sich vorsichtig um.

Ammanuel lag reglos auf dem Rücken. Sein rechtes Auge war geschwollen, doch sein Brustkorb hob und senkte sich regelmäßig. Er war offenbar nicht in Gefahr.

»Ich konnte nicht bis morgen warten. Es kam mir so sinnlos vor, dass wir beide eine schlaflose Nacht verbringen sollten, nachdem wir so lange auf ein Treffen warten mussten. Deine Nachbarin hat gesagt, dass du hier unten bist. Tut mir Leid, wenn ich alles durcheinander gebracht habe«, sagte er.

»Ich habe schon gehört, dass Brüder das so an sich haben, und freue mich sehr darauf, mich daran zu gewöhnen. Und ich weiß, wer unsere Mutter umgebracht hat.«

Epilog

Einige Tage darauf las Monika, dass Erik Granat, der Besitzer einer Kanzlei im Strandvägen, mit seinem Wagen in der Nähe seines Hauses in Djursholm von der Straße abgekommen war. Der Wagen war einen steilen Hang hinuntergerast und im eiskalten Wasser versunken. Laut Zeitung handelte es sich um einen Unfall.

Émile Hamid setzte sich eiligst nach Jordanien ab, und die Spender des SECF wurden diskret an ein anderes Kinderhilfswerk verwiesen. Die Angelegenheit ging ohne großes Aufsehen über die Bühne, die Medien schienen die Großzügigkeit der Leute nicht gefährden zu wollen.

Eloïse brachte Olzén dazu, fast den vollen Preis für die Wohnung am Jaktvarvsplan hinzublättern. Man könne hier von Vergleich reden, argumentierte sie, auch wenn Monika sich fragte, ob Erpressung oder Diebstahl nicht die passendere Bezeichnung dafür war. »Scheiß drauf, betrachte es als dein großmütterliches Erbe«, meinte Eloïse, die sich weigerte, noch länger über diese Frage zu diskutieren.

Mikael und Patrik bezogen ihre neue Wohnung in der Kammakargatan. Sie war seit einem halben Jahrhundert nicht renoviert worden, deshalb kampierten sie wie Hausbesetzer in einem Zimmer, ihr gesamtes Hab und Gut in Plastiktüten verpackt. Sie schliefen im Schlafsack und kochten auf einer kleinen Kochplatte, während sie durch die Wohnung wanderten und sich Farbmuster im wechselnden Tageslicht ansahen.

Als Monika zu Besuch kam, lehnte »Tausend Tage Licht« an der Wand des künftigen Wohnzimmers, umgeben von mit Klebeband befestigten Tapetenmustern in diversen warmen Farbtönen. Die bleiche Sonne füllte das Zimmer mit fast farblosem Licht, und sie setzte sich vor das Bild auf den Boden.

Sie sah das zarte, unendlich variationsreiche Gewebe des Lebens, das unüberschaubare Zeiträume umspannte. Sie sah sich selbst mit ihren dünnen, aber stabilen Verbindungen zu anderen – zu Lebenden und zu Toten.

Plötzlich war alles genauso, wie es sein sollte, sein musste.

Alles veränderte sich, alles hing irgendwie zusammen, und alles war gut.

Kurzer Kommentar zu den äthiopischen Namen

In den dreißiger Jahren war Abessinien als einziges afrikanisches Land keine europäische Kolonie. In der von der Mehrheit der Bevölkerung gesprochenen Sprache wurde und wird dieses Land Äthiopien genannt, während es die restliche Welt als Abessinien kannte. Seit Ende des Zweiten Weltkriegs ist Äthiopien der amtliche Name des Landes.

In Äthiopien werden sechzehn Sprachen gesprochen. Lange Zeit war Amharisch oder Amarinja die Amtssprache, eine semitische Sprache, die vor allem in Mittel- und Nordäthiopien verbreitet ist. Es ist die einzige afrikanische Sprache, die über eine eigene ursprüngliche Schriftsprache verfügt. Darüber hinaus gibt es diverse Laute, die im Schwedischen oder Deutschen nicht vorkommen, zum Beispiel einen Vokal, der zwischen a und e liegt. Deshalb gibt es Schreibweisen wie Welwel/Wal Wal, Abeba/Ababa, Selassie/Salassie. Die Stadt Mekele, die Monika besucht, entspricht dem Ort Makale oder Maqualé, über den ihre Großmutter schreibt.

Die Schreibweise hängt auch von der Ausgangssprache ab: Der Fluss, den der Dichter Arthur Rimbaud »Aouache« nannte, wird in englischer Schreibweise zu »Awash«.

In den Passagen, die die Abessinienkrise behandeln, habe ich die (inkonsequente) Schreibweise benutzt, wie sie in den dreißiger Jahren in schwedischen Zeitungen stand.

Für den Teil des Buches, der in der Gegenwart spielt, habe ich die übliche Schreibweise der modernen Karten übernommen.

Danksagungen

Ich danke Karin-Lis Svarre und Johan Holmgren, die mich an ihrem Wissen über Fragen der Entwicklungshilfe teilhaben ließen; Ingrid Stjerne, die meine Fragen nach Adoptionen beantwortet hat; Karin Gezelius, die Mekele während der Hungerkatastrophe 1984 beschreiben konnte, und Karin Vogelius, die mir ihre alten Zeitungsartikel über die Abessinienkrise geliehen hat.

Mein Dank gilt der Äthiopischen Botschaft in Stockholm, Solomon GebeYraw in Lalibela und vielen anderen für ihre Hinweise, ihre moralische Unterstützung und ihr Wissen.

Außerdem danke ich Johanna Thorstensson, die mir ein weiteres Mal mit juristischem Fachwissen zur Seite gestanden hat, Pernilla Jutz, die im letzten entscheidenden Moment noch einen Titel fand, und Agneta Gussander, da ich auch diesmal aus einem ihrer umwerfenden Gemälde Inspiration schöpfen durfte – »Tausend Tage Licht«.

Danke an Ulf, Gustav, Carl und Hjalmar für ihre Hilfe und Unterstützung.

Ich danke Karin Strandberg und Eva Fallenius von Forum für ihre unschätzbare Hilfe bei der Arbeit am Manuskript.

Edvard Ramström kann ich nur posthum für Tatsachen und Zitate danken, die ich seinem Buch »Das Weltengebäude – Ein Buch über den Völkerbund«, Fredens Förlag, Stockholm, 1936, entnommen habe.

Schließlich möchte ich erwähnen, dass ich seit zwanzig Jahren drei Patenkinder in Äthiopien habe, die vom Hilfswerk Rädda Barnen betreut werden, und dass ich mit dieser Organisation sehr zufrieden bin.